本书受中南财经政法大学出版基金资助

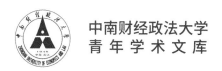

中南财经政法大学
青年学术文库

田　云○著

中国低碳农业发展的
生产效率研究

Research on Production Efficiency of
Low Carbon Agriculture Development in China

中国社会科学出版社

图书在版编目（CIP）数据

中国低碳农业发展的生产效率研究／田云著 . —北京：
中国社会科学出版社，2018.8
（中南财经政法大学青年学术文库）
ISBN 978 - 7 - 5203 - 2503 - 5

Ⅰ.①中…　Ⅱ.①田…　Ⅲ.①节能—农业经济发展—
生产效率—研究—中国　Ⅳ.①F323

中国版本图书馆 CIP 数据核字（2018）第 103406 号

出 版 人	赵剑英
责任编辑	徐沐熙
特约编辑	王　峰
责任校对	丁　翠
责任印制	戴　宽

出　　版	中国社会科学出版社
社　　址	北京鼓楼西大街甲 158 号
邮　　编	100720
网　　址	http://www.csspw.cn
发 行 部	010 - 84083685
门 市 部	010 - 84029450
经　　销	新华书店及其他书店

印刷装订	北京君升印刷有限公司
版　　次	2018 年 8 月第 1 版
印　　次	2018 年 8 月第 1 次印刷

开　　本	710 × 1000　1/16
印　　张	14
插　　页	2
字　　数	200 千字
定　　价	40.00 元

凡购买中国社会科学出版社图书，如有质量问题请与本社营销中心联系调换
电话：010 - 84083683

内容提要

气候变化是当前人类社会面临最为严峻的全球环境问题之一。虽然关于气候变化成因和影响的学术争论一直存在，但不可否认，大气中温室气体浓度的增加是导致这一变化的重要因素。第二、第三产业是碳排放的主导部门，但快速发展的农业也是加速气候变化的重要诱因。在农业碳排放量持续上升、温室气体减排诉求日趋强烈的今天，发展低碳农业已刻不容缓。但同时，我们对低碳农业理念有多少了解？这些年我国低碳农业发展处于什么水平、变化轨迹与发展趋势如何？省域间低碳农业效率存在何种差异、是否具有空间收敛性？导致我国低碳农业生产率变动的关键性因素是什么？很显然，对这些问题进行有效解读将有助于增进我们对中国低碳农业发展现状及其基本特征的宏观认知，进而理论与实际结合，构建更为合理的政策体系，为加快推进我国低碳农业发展步伐、切实践行生态文明建设方针奠定坚实基础。

有鉴于此，本书以低碳农业为研究对象，首先系统梳理了国内外相关文献，对其所涉及的一些重要概念及相关理论进行了回顾与总结，以确保研究根基。然后，对我国农业碳排放/碳汇量进行了全面核算并分析了其时空特征，一方面增强了我们的宏观认知，更为重要的是，为低碳农业生产率的测度提供了数据支撑。在此基础上，基于农业碳排放、农业碳汇以及农业投入产出数据，系统核算了我国低碳农业生产率，并深入探究了其增长源泉、时序演变规律、区域分异特点、动态演进及收敛性。紧接着，分析了影响我国低碳农业生产率增长的宏观因素与低碳农业技术采纳的微观机理,从中探寻出了导致低碳农业水平发生变化的关键动因。最后在总结并借鉴国外低碳农业发展经验的基础上,有针对性地提出了对策建议,以期为我国更好地践行生态文明理念、推进低碳农业发展提供必要的数据支撑与理论依据。具体而言,本书研究内容主要分为文献综述与理论基础(第一、第二章)、农业碳排放/碳汇现状分析(第三章)、低碳农业生产率测度及其时空特征分析(第四、第五章)、低碳农业生产率与技术采纳的影响因素分析(第六章)、低碳农业发展政策体系构建(第七、第八、第九章)五大部分。

目　录

第一章

导　论

第一节　研究背景及意义

一　研究背景

近年来，全球气候变化已给人类社会与经济发展带来了显著不利影响，并逐步成为国际社会普遍关注的全球性问题。2007 年，联合国政府间气候变化专门委员会（IPCC）在第四次评估报告中指出：过去的一百年里，全球地表平均温度升高了 0.74 摄氏度，海平面升高了 0.17 米（Jeff Schahczenski，2009）。全球气候变化给人类及生态系统带来了诸如极端天气、冰川消融、海平面上升、生态系统改变、致命热浪、水资源短缺、干旱与洪涝频发、大气成分改变等一系列前所未有的生存危机。除了自然原因之外，人类活动所导致的碳排放增加是引致全球气候变暖的又一重要原因。为此，实施碳减排以应对气候变化已成为全球共识，世界各国也相继出台了相关政策并承诺了具体的减排目标。而作为一个负责任的大国，我国也郑重向世界承诺，到 2020 年单位国内生产总值温室气体排放较 2005 年要下降 40% ~ 45%，并已将此作为约束性指标纳入国民经济和社会发展中长期规划之中。为实现这一减排承诺，包括农业在内的各个产业部门都应贡献出自己的一分力量。

第二、第三产业是产生碳排放的主导部门，但快速发展的农业也是加速气候变暖的重要诱因。IPCC（2007）评估结果显示，全球 13.5% 的温室气体源于农业生产活动（Norse，2012）。具体到我国，农业碳排放量占温室气体排放总量的比重甚至达到了 16% ~ 17%（赵文晋等，2010；田云等，2013），明显高于全球平均水平。究其原因，一方面是因为近年来我国农业现代化进程明显加快，农业机械的广泛运用和生产资料的大量投入导致了农业温室气体排放量的上升；另一方面，牛、羊等牲畜饲养量的增加进一步加剧了农业碳排放；除此之外，农地利用模式的转变和农业废弃物的不当处理（如秸秆焚烧）也导致了农业碳排放量的增加。由此可见，农业也是重要的碳源，每年引发了大量温室气体排放。但同时，农业又是碳汇，农作物光合作用可吸附大量二氧化碳，在一定程度上起到了净化空气的作用。

我国政府在 2012 年结束的第十八届全国人民代表大会中提出大力推进生态文明建设战略，其中重要的一点就是着力推进绿色发展、循环发展与低碳发展，形成节约资源和保护环境的空间格局、产业结构、生产方式、生活方式，从源头上扭转生态环境恶化趋势。从中不难发现，大力推进低碳发展是实现生态文明建设的重要途径，这要求我们在今后应积极倡导与发展低碳农业。虽然农业碳排放的绝对量要少于第二、第三产业部门，但其所蕴含的碳减排潜力以及所带来的正外部效应却不容小觑。一方面，农业碳减排潜力巨大。同为世界农业大国，中美两国碳排放总量相差无几，但美国农业碳排放量仅占其碳排放总量的 6.3%（Johnson，2007），远低于中国 16% ~ 17% 的水平，可见我国农业生产部门存在较大的碳减排空间。另一方面，农业碳减排正外部效应显著。农业碳减排通常指化肥、农药等农用物资的高效使用与秸秆还田等农业低碳技术的广泛采用，这将有助于土壤营养的提高、土壤结构的改良以及农业环境品质的改善，对推进农业可持续发展具有积极意义。

毋庸置疑，在农业碳排放量持续上升、温室气体减排诉求日趋强烈的今天，发展低碳农业已刻不容缓。但同时，我们对低碳农业理念有多少了解？这些年我国低碳农业绩效处于什么水平、变化轨迹与发展趋势如何？省域间低碳农业效率存在何种差异、是否具有空间收敛性？导致我国低碳农业生产率变动的关键性因素是什么？国外发展低碳农业有何经验？很显然，对这些问题进行有效解读将有助于增进我们对中国低碳农业发展现状及其基本特征的宏观认知，进而理论与实际结合，构建更为合理的政策体系，为加快推进我国低碳农业发展步伐，切实践行生态文明建设方针奠定坚实的基础。

二　研究意义

对低碳农业生产率进行研究具有重要的理论与现实意义，主要体现在以下三个方面：

第一，从研究背景来看，发展低碳农业是推进农村生态文明建设的内在需求。当前农业温室气体排放的持续增加已成为全球气候变暖的重要推力，这要求我们在今后的农业生产活动中要尽可能实现节能减排。低碳农业的核心是低能耗、低排放、低污染与高碳汇，换言之，即农业生产应实现资源节约、环境保护与生态效益的协同共进。这些特质与中共十八大（2012）所提出的生态文明建设要求高度契合，符合生态循环经济发展的基本要求与准则，对加快我国农业碳减排步伐，推进农村生态文明建设均具有重要的战略意义。

第二，从研究内容来看，探究低碳农业生产率是该领域研究由定性向定量的一大转变，实现了理论与实证的统一。一直以来，对低碳农业的研究主要停留在理论层面，涉及低碳农业的内涵、主要发展模式、存在的问题、国际经验借鉴以及未来的发展趋势等几个方面，而鲜有学者基于实证视角对低碳农业问题进行探索，由此制约了相关对策的提出。而本书以低碳农业生产率为切入点，实现了该研究由理论向实证的转变，让大家对我国低碳农业的发展现状、时序演变规律以及空间分异特征形成大致了解。在此基础上，找出制约我国低碳农业发展的关键性因素，进而有针对性地提出对策建议，以此推进我国低碳农业快速、均衡地向前发展。

第三，从研究作用来看，能增进我们对中国低碳农业发展水平的宏观认知，并为决策参考提供必要的文献支撑。长期以来，由于实证研究的缺乏，已有文献既不能满足一些人对低碳农业的基本认知需求，也不利于政府在低碳农业发展道路上做出科学决策。为此，本书对我国低碳农业生产率进行了较为细致的研究，明确了其时序演变规律及增长源泉、空间分异特征及其动态变化与演进趋势、驱动机理与制约因素，让我们对中国低碳农业发展现状有了一个较为清晰的认识；更为重要的是，由于选题所具有的前瞻性，其研究结论在一定程度上能为我国科学应对温室气体减排压力、切实践行农业生态文明与可持续发展理念、实现农业生产低碳转型等一系列实际工作提供重要支撑，具有较强的现实指导意义。

第二节 国内外研究综述

结合本书研究的目的，同时考虑到低碳农业所应具备的基本特征，拟从低碳农业、农业碳排放、农业碳汇以及农业生产率等四个方面对相关文献予以梳理，然后进行简要述评，以使本书研究意义得到进一步升华。

一 关于低碳农业的研究

（一）低碳农业理念及其面临的挑战

王昀（2008）由低碳经济概念推及，提出了低碳农业经济理念，认为农业生产经营如果在实现最少温室气体排放的同时获取最大的收益即可将其定义为低碳农业经济，简言之，即为"低排放、高收益"，这是低碳农业概念的最早雏形。王松良等（2010）在考虑农业碳汇功能的前提下对低碳农业进行了重新界定，认为其是充分利用农业碳汇功能并尽可能降低其碳排功能，进而实现食品生产全过程的低碳排放，在此基础上，还进一步阐述了低碳农业的来源与原理。刘静暖等（2012）则将低碳农业上升到了经济理论高度，认为低碳农业是全球气候变化与低碳经济发展大背景下兴起的一类兼顾经济效益、生态效益与社会效益的全新农业可持续发展方式或新兴经济学范式。田云等（2013）、曾大林等（2013）分别利用主成分分析法与 DEA 方法评价了我国低碳农业发展水平，但均仅考虑了农业碳排放因素，未涉及农业碳汇，所以研究有待进一步深入。

作为一类新兴事物，目前低碳农业在其发展过程中面临着诸多挑战。其中，马晓旭（2011）认为，当前我国低碳农业发展面临的困境主要源于四个方面：一是农业资源利用率偏低，主要体现在化肥、农业用水以及农药的使用上；二是农业污染日趋严重，以化肥、农药、农膜污染最为典型；三是农产品安全问题较为突出，食物中毒事件屡有发生，农药残留超标是其主要诱因；四是相关制度不够健全，资源、环境产权制度缺乏，农村环境管理制度不够完善，碳交易制度极其缺乏。杨培源（2012）将低碳农业发展所面临的挑战归结为三点，即化肥以及化石能源的过量使用、农业资源的低效率利用、相关制度的严重缺失。张莉侠等（2011）、马伦姣（2011）则结合我国农户以及农业的自身特性分析了低碳农业所面临的挑战，包括农户文化素质偏低、农户技术水平较低、分散的农业生产体制、青壮年劳动力缺乏、粮食安全引发的农业生产压力等。

（二）低碳农业发展路径选择

许广月（2010）阐述了低碳农业发展应坚持的基本思路，在他看来，低碳农业作为一个新生事物，在实践过程中应注重农民的主体作用，充分发挥政府的主导作用，不断完善技术支撑体系，同时还要加强国际合作与交流。赵其国等（2009）、Wan et al.（2013）从工程技术层面探讨了低碳农业发展的措施选择，包括垄作免耕技术、灌溉节水技术、施肥技术、病虫害防治技术、新型农作物育种技术、畜禽健康养殖技术、沼气工程节能减排技术以及秸秆资源化利用技术等。刘静暖等（2012）基于我国当前国情，从产业角度提出了推进低碳农业发展的三大模式：一是产业链互动模式，要求农产品生产的各个环节均实现碳排放最小化；二是碳汇农业模式，通过植树造林、退耕还林还草、建设碳汇林与发展森林旅游等措施最大限度实现森林的碳汇效应、生态效益与经济效益；三是立体农业模式，以碳中和为指导思想，将传统种植业、养殖业、林业、渔业看作一个生态大系统，通过构建自然食物链实现生物间的相互制约与和谐共生。马伦姣等（2011）从"三农"视角提出了推进低碳农业发展的对策，一是激励机制与约束机制有机结合，诱导低碳农业发展；二是加大对农村各项事务的投入，提高农民收入；三是优化农业生产经营模式，提升农民组织化程度；四是不断完善农业基础设施建设，为低碳农业技术采用创造条件；五是加强宣传与教育，强化低碳技术服务。郑恒（2011）则在借鉴国外先进经验的基础上，从国家政策、产业以及技术层面较为系统地探究了低碳农业发展之路，具体策略包括强化宏观政策引导、积极转变农业发展方式、广泛采用节碳固碳技术、建立利益引导机制等。

二　关于农业碳排放的研究

（一）农业碳排放的产生机理及特征分析

相比工业碳排放，农业碳排放源头呈现多样性特征，主要源于三个方面：一是农业投入品使用、农业能源耗费以及农业废弃物处理等环节带来的碳排放（赵其国等，2008）；二是稻田甲烷排放及土壤氧化亚氮的直接排放（李迎春等，2007）；三是动物尤其是反刍动物养殖带来的碳排放（李胜利等，2010）。基于上述主要碳源，董红敏等（2008）、谭秋成（2011）、闵继胜等（2012）先后测算了我国农业温室气体排放量，闵继胜还对其时序演变规律及空间分布特征进行了分析，不过由于指标选取的差异导致最终测算结果存在一定差别；为了方便区域间横向比较，田云等（2012）将不同温室气体统一折换成标准碳，对我国农业碳排放量进行了再测算，同时分析了其时空特征，发现自20世纪90年代以来我国农业碳排放量总体呈现"上升—下降—上升"的三阶段变化特征，农业大省尤其是粮食主产省（区）是农业碳排放的主要源头地区，农业碳排放强度西高东低，即西部＞中部＞东部。张广胜等（2014）基于生命周期评价法构建了农业碳排放测算体系，对我国农业碳排放量进行了测度并分析了其结构特征。研究发现，我国农业碳排放总量处于增长趋势，但强度正逐步降低，能源与化学用品是导致碳排放持续增加的关键因素。

　　美国学者 Johnson et al.（2007）认为，农业碳排放主要源于农业废弃物的随意处置、畜禽肠道发酵与粪便管理、农业能源利用、水稻生长以及生物燃烧。基于上述碳源，美国环保局（Environmental Protection Agency，EPA）利用层次分析法，测算了 2008 年美国由于农业生产活动所引发的碳排放，结果表明，其排放量折合成标准二氧化碳约为 4.275 亿吨，其中大约半数与农地利用活动有关，近 1/3 出自肠道发酵。Vleeshouwers et al.（2002）则在充分考虑作物、气候与土壤等因素的前提下，构建了用于分析与评估农地土壤碳转移量的计量模型，并广泛应用于实践中。此外，土地利用方式的转变也是产生农业碳排放的重要因素（Woomer et al.，2004）。Ruben et al.（2006）基于大量试验评估发现，不同利用方式下土壤的碳排放水平或固碳能力存在较大差别。ACIL Tasman Pty Ltd（2009）测算了美国、欧盟、加拿大、新西兰等国的农业碳排放量，发现各自占其碳排放总量的比重差异较大，究其原因，可能在于农业生产方式的不同。

（二）基于特定视角下的农业碳排放问题研究

　　基于特定视角下的农业碳排放问题研究即围绕农业某一方面，对其碳（温室气体）排放量进行测度与分析。其中，李长生等（2003）、李虎等（2012）先后对中国农田温室气体排放情况进行了研究，包括农田土壤温室气体的构成、排放机制的概述、排放量的测度以及减排对策的提出；李波等（2012）、田云等（2011）、王才军等（2012）基于投入视角分别探讨了我国以及湖北、重庆二地的农业碳排放现状及时序演变规律，发现均呈现较为明显的上升趋势；田云等（2011）、李俊杰（2012）、苏洋等（2013）分别测算了我国、我国民族地区以及新疆维吾尔族自治区因农地利用活动所引发的碳排放量，并对其驱动机理进行了分析，发现农业经济水平对农地利用碳排放具有较强的推动作用；李国志等（2010）、韩岳峰等（2013）在分别测算我国农业能源碳排放量的基础上，利用因素分解法从不同层面探讨了导致其变化的主导因素，前者研究表明经济增长是农业碳排放最主要的驱动因素，后者认为贸易条件效应是导致农业能源碳排放量变化的首要原因；刘月仙等（2013）以北京为例，分析了畜禽温室气体排放的时序演变态势与空间变化特征。

国外学者对碳排放的研究相对较早，除了关注一般性问题外，在研究视角的选择上还有许多具有重要借鉴价值的做法。一是关于农场经营模式与农业碳排放。Lal（2004）测算了农场不同耕作方式直接或间接引致的碳排放量，发现常规耕作所导致的碳排放量要明显多于少耕或者免耕。二是关于土地利用变化与生态系统碳平衡。Areval et al.（2011）研究了加拿大阿尔伯达省中部地区农业用地转换为杨树混合林后该生态系统碳储量的变化情况，发现将农业用地转换为快速生长的短伐木本作物具有缓解气候变化的作用。三是关于土壤碳库与生态系统碳平衡。Marland et al.（2001）基于实施背景、经济情况、农业政策、社会组织结构等十大影响因素评估了通过农业土壤碳封存减少大气中温室气体的可行性，发现该模式成功与否主要取决于激励机制的构建以及是否将其全面纳入农业总体政策框架之中；Kindler et al.（2011）研究了欧洲地区的森林、草原以及农田溶解的有机碳和无机碳浸出情况，发现碳浸出导致农田土壤净损失的生物性碳总量增加了24%～105%。

三 关于农业碳汇的研究

（一）农业碳汇产生机理与测算研究

一些学者围绕农业碳汇测算问题开展了大量研究，主要包括三个方面：一是基于大农业视角下的碳汇量测算与分析。张大东等（2012）、陈秋红（2012）、李长青等（2012）、肖玲等（2013）分别测算了浙江、湖南、内蒙古、山东等四地的农业系统碳汇量，发现除山东之外均呈现较为明显的上升趋势。二是农田生态系统碳汇量测算与分析。谷家川等（2012）对皖江城市带主要农作物的碳储量、碳密度进行了估算，结果表明近20年来二者均有一定程度提高，碳汇效应较为显著。李波等（2013）测算了我国主要农作物碳汇量，发现其呈现"蝙蝠形"波动上升趋势，且空间差异特征明显。三是林业碳汇量测算与分析。吕劲文等（2010）、马晓哲等（2011）利用 CO2FIX 模型分别对福建以及我国森林碳汇量进行了测度，为 CDM 造林碳汇项目的开展以及碳减排管理提供了数据参考。储蓉等（2012）研究了我国森林碳汇与经济增长间的关系，发现二者具有显著的库兹涅茨倒"U"形关系。国外学者对林业碳汇研究涉足较早，除了一般性问题之外，还围绕林地土壤碳储量问题展开了大量研究：Jari Liski（2002）研究表明，欧洲14国林地土壤碳汇相对于林地植物（主要是树木）碳汇的比重将由20世纪90年代的32%～48%提升至2040年的61%～69%；Christine（2002）主要基于加拿大、美国、欧洲、俄罗斯以及中国的原始数据，估算了北半球自20世纪90年代以来的历年森林净吸碳量，该数值介于6亿吨与7亿吨之间；Sebastiaan（2008）探讨了原始森林的净碳汇能力，发现位于寒带和温带的半数非托管原始森林（约合3亿公顷）在抵消当地碳排放的同时，每年还单独隔离了1.3亿吨左右的碳。

（二）农业碳汇价值实现路径研究

谢高地（2011）论述了碳汇效用价值形成的现实基础、碳汇价值的构成与度量方法，进而总结了碳汇价值的实现机制，认为可以通过碳交易、碳税和固碳项目实际成本等三种机制实现碳价格，在此基础上，通过补偿实现碳汇价值，该研究为碳汇价值的实现提供了理论基础。朱广芹等（2010）提出了从区域碳汇交易角度进行森林生态效益补偿的设想，分析了其适用性，并从补偿原则、补偿方式、补偿标准和补偿治理等四个方面构建了基于区域碳汇交易的森林生态效益补偿模式。伍楠林（2011）计算了黑龙江省碳汇贸易潜力，并在实证研究的基础上提出了促使该省森林碳汇贸易潜力得到更好发挥的对策建议，以期实现其碳汇效益的最大化。于金娜等（2012）基于碳汇效益内部化和农户与政府行为的相关假设，设计了一个决定最优退耕还林补贴标准的框架，结果显示，现有补贴标准远低于研究所得出的最优补贴额度，说明现有退耕还林政策对农户的激励作用相对有限。杨小杰等（2012）结合西部草原碳汇项目，从碳汇贸易的制度安排、补偿主客体的确定及履约机制等方面对碳汇贸易的特点进行了分析，寻求对我国生态补偿市场化的借鉴。

Locatelli（2004）通过构建模型计算出了人工林项目达到与碳信用额收入补偿CDM交易成本的最小面积，结果表明，基于当时的碳价格与平均交易成本，小于 500 公顷的林地将被排除在清洁发展机制项目之外。Antle（2007）、Shaikh（2007）分别探究了农业碳汇实施定价对农户福利的影响与土地所有者植树造林创造碳汇所可能引起的社会福利变化。Ernesto（2008）以加纳为例，确定了有助于土壤碳汇量与农民收入双增加的最优农用物资成本投入模式（最优农作物种植策略）。Brucel（2008）提出了关于碳注册、碳上限等问题以及将所减少的碳排放量效益货币化的交易系统和税制体系，在此基础上构建了一个用于解释森林固碳、碳储存等问题的三层等级信用体系。Hugh（2009）针对原有碳支付系统存在的不足提出了替代性系统—碳银行，其固碳处理方式与金融机构处理资金方式相同，即森林所有者"存入"碳，获取收益，而碳抵消需求者通过支付"借用"碳。鉴于美国多数林地为私人所有，其是否参与碳交易决定森林固碳成败，为了吸引这些人到碳汇市场进行交易，Susan（2011）探讨了相应的解决方法，包括提高碳价格、减少市场进入成本、降低市场准入门槛、完善管理制度等。

四 关于农业生产率的研究

（一）传统农业生产率研究

增长理论主要是为了探索经济增长的内在机理及决定性因素。凭借着良好的系统性与结构性框架，TFP 被广泛应用到经济增长的分析中。McMillan（1989）、Lin（1992）、Wen（1993）等学者较早对农业 TFP 进行了测算，发现中国农业 TFP 变化呈现一定的阶段性特征：人民公社体制下基本处于停滞状态；家庭联产承包责任制的成功实施带来了短期内的快速上升；但从 1984 年开始 TFP 增速明显放缓，步入一个新的波动阶段。总体而言，在早期，我国农业 TFP 变化受体制影响较大。从研究方法来看，研究者大多采用以 Griliches 生产函数为代表的平均生产函数，这主要是受"索洛余值"法影响。

随着研究的不断深入，自 20 世纪 90 年代开始，以随机前沿生产函数（stochastic frontier analysis，SFA）和数据包络分析（data envelopment analysis，DEA）为代表的生产前沿面方法在 TFP 分析中得到了广泛应用。

Mao（1997）、Lambert and Parker（1998）、李谷成（2009）及全炯振（2009）等利用 Malmquist 指数分析了改革开放以来中国农业全要素生产率变化情况，发现其增长效果较为显著，且呈现较为明显的阶段性波动，从增长源泉来看，主要得益于前沿技术进步，而效率改善的作用相对有限。彭代彦等（2013）基于农村劳动力结构变化视角分析了 TFP 的变化及构成，发现我国农业生产的技术效率水平总体不高，教育与农村劳动力老龄化提高了农业生产的技术效率，而女性化则降低了农业生产的技术效率。杨刚等（2013）通过构建静态、动态空间面板模型对中国省域间农业 TFP 的空间关联性进行了考察，发现存在正向的空间相关性，部分区域存在集聚带。除此之外，车维汉等（2010）基于国际比较视角探讨了农业全要素生产问题，结果显示在人均土地资源同等较少的条件下，发达国家的农业 TFP 增长快于发展中国家，而中国农业 TFP 增长与农业资源配置效率密切相关。刘玉梅等（2011）分析转型期中国农业全要素耕地利用效率，发现在样本考察期内呈现"先上升、后下降、再缓慢上升"的变化趋势，且严格按照东部、东北部、中部和西部的顺序递减。

（二）环境规制下的农业生产率研究

前述研究多以中国作为实证研究对象，系统探讨了农业全要素生产率问题，为我们深入理解农业发展与资源节约二者之间的关系奠定了坚实基础。但稍显不足的是，这些研究几乎都未涉及环境因素，未将环境问题纳入农业全要素分析框架之中。在当今大力提倡低碳农业的大背景下，如果单纯追求农业经济增长而完全忽视环境损失，将会极大扭曲农业发展绩效。为此，一些学者开始尝试将传统农业生产效率问题研究转换为环境因素规制下的农业生产效率问题研究，主要围绕两个方面：一是环境约束（规制）下的农业生产率研究。杨俊等（2011）、李谷成等（2011）及韩海彬等（2013）先后分析了环境约束下中国农业全要素生产率变化情况，其中对于农业面源污染的核算主要利用单元调查评估法，结果表明近年来环境约束下中国各地区生产率基本都保持增长态势，但地区间差异明显；王奇等（2012）将农业生产中的氮、磷流失作为投入要素测算了农业的绿色 TFP 变化指数，并与传统 TFP 进行了对比，发现二者基本相同，但纳入环境要素后的技术效率下降趋势和技术进步的增长趋势都有所放缓。二是碳排放约束下的农业生产率研究，即将农业碳排放定义为非合意产出。钱丽等（2013）分析了碳排放约束下的中国农业生产效率，研究表明，考察期内虽有所提升但仍处于较低水平，而纯技术效率是制约其提升的关键因素；曾大林等（2013）运用 DEA 方法评价了中国各省区低碳农业发展效率，结果表明现代农业较为发达的地区低碳农业发展效率较高，而农业大省却较为缓慢，吴贤荣等（2014）进一步分析表明，三大地区碳排放约束下的农业生产效率的贡献因素存在较大差异，东部主要源于技术进步的推动且生产率处于不断改善中，中、西部主要依赖技术效率的改善且波动性较强。

五 对文献的评述

纵览文献可知，目前国内外关于低碳农业问题的研究主要集中在低碳农业的理念、面临的挑战与发展路径的选择等方面，或者单纯地研究农业碳排放、农业碳汇以及农业生产率问题，鲜有学者基于低碳农业概念，将农业碳排放、农业碳汇以及农业投入产出纳入同一分析框架之内，从实证角度考察低碳农业生产率。换言之，当前对低碳农业的研究主要停留在理论层面，以定性研究为主，缺少相关的实证检验；仅有的实证研究多聚焦于低碳本身，或探究农业碳排放问题，或研究农业碳汇问题，而未能将其与农业经济抑或农业生产率之间形成较好的衔接。事实上，当前农业发展不仅要考虑资源刚性约束下的农产品基本供需平衡，还必须兼顾资源承载能力不足所可能导致的环境灾难问题。为此，有必要对我国低碳农业发展水平进行一个量化评估。可行的做法就是，将农业碳排放、农业碳汇以及农业生产投入产出纳入同一分析框架，基于农业生产率视角探究低碳农业发展，换言之，也就是考察我国低碳农业生产率。

第三节　研究内容与方法

一　研究内容与技术路线

本书分为 9 个部分详细阐述中国低碳农业发展现状、时空特征、影响机理及政策推进机制等。各章节具体内容如下：

第一章是导论部分。首先，对本书选题的国内外大背景进行介绍，在此基础上，分别强调其研究目的及意义；其次，通过梳理国内外相关文献了解当前研究动态，并进一步升华本书研究意义；再次，深入探究与分析本书研究思路、研究内容及其技术路线，并简要阐述本书即将采用的主要研究方法；最后，探讨本书可能的创新之处。

第二章是概念界定与理论基础。一方面，基于已有研究成果以及个人理解，对本书选题所涉及的四大核心概念——低碳农业、低碳农业生产率、农业碳排放以及农业碳汇分别进行界定，以确保研究对象的针对性；另一方面，简要回顾经济增长理论、低碳经济理论与农户行为理论，明确其内涵、基本特征与发展轨迹，以便为本书后续的深度分析提供必要的理论支撑。

第三章是中国农业碳排放/碳汇量的测度及时空特征分析。在参考国内外相关研究成果和 IPCC 等研究机构观点的基础上，全面咨询自然科学领域从事碳排放研究的专家教授，科学编制农业碳排放/碳汇测算体系；在此基础上，对我国农业碳排放/碳汇量进行全面核算，并分析其时空特征，以此增强我们对当前农业碳排放/碳汇量现状的宏观认知，更为重要的是为后续低碳农业生产率的测度提供必要的数据支撑。

第四章是基于国家层面的低碳农业生产率测度与分解。首先，对本书所采用的方法进行较为详尽的介绍，包括环境生产技术、SBM 方向性距离函数、Malmquist-Luenberger 生产率指数；其次，对农业投入变量与产出变量进行界定，并阐述数据来源及处理手段；最后，对中国低碳农业生产率进行测度并分析其时序演变规律，同时明确低碳农业生产率增长的源泉及其作用规律。

第五章是基于区域层面的低碳农业生产率比较。具体分为四部分：一是从省域和大区（东、中、西部）视角分别对考察期内低碳农业生产率的平均值进行比较并分析其源泉；二是基于面板数据考察中国低碳农业生产率省域间的动态变化与趋势演进；三是利用经济增长收敛性理论对我国低碳农业生产率增长的收敛性进行检验，判断其收敛性是否存在；四是通过比较低碳农业生产率与传统农业生产率，对中国"低碳型"农业生产省份进行有效识别。

第六章是探究影响低碳农业发展与其技术采纳的主要因素。分别基于宏观和微观视角对这两个问题进行探讨。其中，宏观层面以低碳农业生产率为因变量，选择农村基础教育、经济发展水平、农业公共投资、农业开放度、产业结构以及自然灾害等因素为自变量，从中探求影响低碳农业生产变化的关键性因素；微观层面以低碳农业技术采纳为因变量，选择性别、受教育程度、收入水平、干部身份、耕地面积、是否安装有线电视以及是否加入农业合作经济组织等因素为自变量，以此探究制约农户低碳农业技术采纳行为的一些重要因素。

第七章是国外低碳农业发展经验及对中国的启示。主要是通过文献梳理，对国外在低碳农业发展上的一些典型经验与做法进行总结，并从中归纳出一些有益做法以供借鉴。具体而言，主要从两方面着手：一是政策制度层面，归纳国外为了推进低碳农业发展在立法建设、政策设计以及制度构建等方面所作出的一些努力及其成效；二是工程技术层面，总结国外在实施低碳农业生产过程中所广泛运用的一些技术手段及农用机械设备。

第八章是构建推进我国低碳农业发展的对策建议。基于前面章节主要研究结论，从三个层面提出对策建议，一是宏观政策引导，着力于顶层设计，对我国未来低碳农业发展的战略方向进行指引；二是中观机制协调，针对低碳农业发展水平存在差异这一现实，区域间、省域间构建协调机制，从而实现不同地区低碳农业发展的协调共进；三是微观技术推进，强化宣传与教育，鼓励农民采用低碳技术，实现农业生产过程低碳化。

第九章是基本结论与研究展望。一方面，通读全书，系统总结与阐述本书的主要研究结论；另一方面，结合自身研究经历指出本书在撰写过程中所存在的一些不足，在此基础上对未来研究进行展望。

基于上述研究内容，本书采取总体把握、重点突破和总结归纳的思路，将整个研究分为 5 个阶段，即文献收集、数据与方法整理阶段及农业碳排放/碳汇现状把握阶段，低碳农业生产率时序演变规律分析阶段，基于区域层面的低碳农业生产率比较阶段，低碳农业生产率影响因素分析阶段，低碳农业发展路径选择与政策设计阶段，如图 1－1 所示。

二 研究方法

本书尝试理论分析与实证分析的有机结合，其中以理论分析为根基，实证分析为重点，注重文献归纳法、统计分析方法与计量经济学方法的结合运用。具体而言，主要采用以下 3 类研究方法：

（一）文献资料查阅法

一方面，尽可能全面地收集有关文献，通过阅读中外文献，了解与低碳农业相关的已有研究成果、所达到的研究水平、主要采用的研究方法、研究过程中的经验教训、存在的问题以及尚待解决的问题等。在此基础上，运用经济学相关理论与方法，对不同类型的低碳农业发展路径进行比较分析，探讨各自的优缺点及方案实施的可行性，以便作出最优决策。另一方面，积极收集统计年鉴资料，为宏观层面的数据分析提供资料积累。

（二）实地问卷调查法

实施问卷调查是获取农户微观数据的重要手段。为此，将选择典型县（市）的农户作为调查对象，就其家庭基本情况、农业生产方式、农业生产水平、对低碳生产方式的认知等问题进行随机抽样调查，获取微观实证研究所需的基础数据。

（三）计量经济学方法

依据研究目的的差异，各部分将采用不同计量分析方法。其中，研

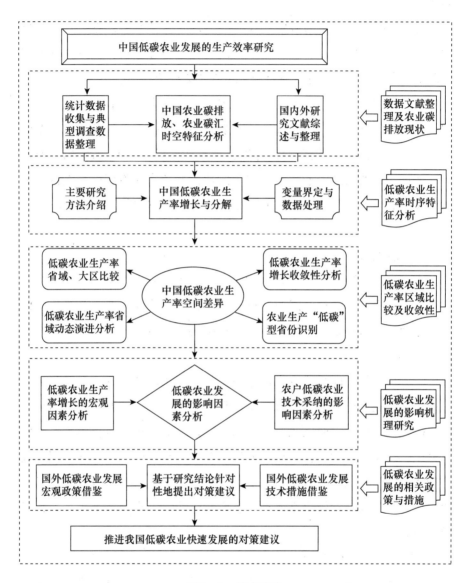

图1-1 技术路线

究低碳农业生产率时将采用环境生产技术、SBM 方向性距离函数、Malmquist-Luenberger 生产率指数等方法；探讨我国低碳农业生产率空间分布特征时将采用 Kernel 密度函数、收敛性检验等分析方法；研究低碳农业生产率与农户低碳农业技术采纳的影响因素时将分别采用 Tobit 模型

（用于宏观面板数据）与 Logistic 模型（用于微观截面数据）等分析方法。由于在相关章节会对上述计量分析方法进行详细阐述与论证，在此就不做过多讨论与分析。

第四节 主要创新点

以往关乎低碳农业的研究多停留在理论层面，以定性研究为主，缺少相关的实证检验。本书以低碳农业生产率为切入点，在对我国及各省（市、区）低碳农业发展水平进行量化评估的基础上，分析了影响其发展的关键因素，与既有研究相比，这是一个大胆的尝试，在一定程度上也体现了研究视角的新颖性。具体而言，本书可能的创新主要体现在以下三个方面：

（1）对我国农业碳排放/碳汇进行了较为细致的测算，并分析了其时空特征。近年来，农业碳排放/碳汇问题得到了广泛关注，并形成了一系列研究成果。但同时，相关研究却普遍存在指标设置相对单一、分析不够深入、视角选择较为孤立等问题。为了克服这些问题，在本书第三章中，我们参考了大量国内外文献，并咨询了一些相关专家，构建了广度与精度衔接较好的农业碳排放/碳汇测算指标体系。在此基础上，对我国及其30个省（市、区）的农业碳排放量、农业碳汇量进行了测算，并分析了其时序演变规律及空间分异特征；同时，基于碳汇视角对我国农业碳排放分布的公平性进行了探讨。相比以往研究，本书对农业碳排放/碳汇的测算更为全面、分析更为深入，较大程度地增强了我们对其现状的宏观认知；而更为重要的是，这些测算结果的获取为低碳农业生产率的测度提供了必要的数据支撑，使得本书的核心研究得以顺利开展。

（2）分析了我国低碳农业发展水平的历史变迁，并探究了其区域差异特征。对于低碳农业研究，现有文献更多的是采用定性分析方法并以理论探讨为主，较少开展基于定量分析方法的实证研究。其结果是，虽了解低碳农业的内涵与发展模式，但对其发展程度与地区差异却缺少足够的认知，由此导致政策的针对性不强。为了实现低碳农业研究由单纯的定性分析向定性、定量相结合的方向转变，在本书的研究中，引入了全要素生产率理念，利用 DEA-Malmquist 分析方法对我国低碳农业生产率进行了测度，并分析了其时序演变规律及源泉。与此同时，基于省域、大区（东、中、西部）的视角分别测算了各自低碳农业生产率水平，并从省域层面分析了其动态变化与演进趋势，识别和判定了我国农业生产的低碳省份，从而清晰地指出了我国低碳农业发展水平的地区差异。

（3）实证检验了影响低碳农业发展与其技术采纳的主要因素，且兼顾了宏观与微观。在过去的文献中，由于实证分析不足，使得人们对低碳农业影响因素的认知多停留在主观层面，从而出现仁者见仁、智者见智的现象。为了克服这一不足，本书利用实证分析探究了影响低碳农业发展与其技术采纳的关键性因素。其中，在本书的第六章第一节中，以低碳农业生产率为因变量，以农村基础教育、经济发展水平、农业公共投资、农业开放度、产业结构以及自然灾害等为自变量，基于省域面板数据利用 Tobit 模型从宏观视角分析了影响低碳农业发展的主要因素。而在第六章第二节中，则以低碳农业技术采纳为因变量，以性别、受教育程度、收入水平、干部身份、耕地面积以及对低碳农业的认知等为自变量，基于调研数据采用 Logistic 模型考察了影响农户低碳农业技术采纳行为的一些重要因素。

第二章

概念界定及理论基础

由于需要考察低碳农业生产率，有必要对一些相关的概念与理论进行归纳与总结，以便为接下来的研究奠定根基。基于此，本章一方面在参考已有研究成果的基础上，结合自身研究经历与个人理解，分别对低碳农业、低碳农业生产率、农业碳排放以及农业碳汇的内涵进行合理界定，从而凸显本书的研究目的；另一方面，对研究可能涉及的一些重要经济理论进行较为系统的回顾与阐述，明确其内涵、基本特征与发展轨迹，以凸显本书的研究深度。本章主要涵盖三个理论，即经济增长理论、低碳经济理论和农户行为理论。具体而言，本章内容分为三节：第一节为概念界定，对低碳农业等一些基础概念进行必要的阐述；第二节为理论基础，对后续研究可能涉及的一些经济理论进行回顾与总结；第三节是对本章进行小结。

第一节　概念界定

一　低碳农业

对于低碳农业，虽然当前学术界尚未给出较为统一的概念界定，但结合一些学者的研究，可进行大致归纳。其中，王昀（2008）结合农业生产全过程（包括产前、产中和产后）均与能源消耗、温室气体排放存在较大关联这一事实，由低碳经济概念推及，提出了低碳农业经济理念，认为农业生产经营在实现最少温室气体排放的同时如能获取最大收益即可将其定义为低碳农业经济,简言之,可概括为"低排放、高收益",这是低碳农业概念的最早雏形。王松良等(2010)认为,低碳农业是低碳经济的重要组成部分,且鉴于农业具有碳源(排放)与碳汇的双重属性,对低碳农业进行概念界定应着眼于"增汇减排",一方面充分利用其碳汇功能;另一方面尽可能减少碳排放,以实现农业全生产过程的低碳排放。郑恒等(2011)结合低碳经济的定义,认为低碳农业就是在农业生产领域推广节能减排与生物固碳,并开发生物质能源与可再生能源,将传统农业改造成具有"三低"(低能耗、低排放与低污染)特性的一种新型农业发展模式。高文玲等(2011)综合低碳经济的内涵以及其他一些学者对低碳农业的诠释,再结合其自身对农业生产长期以来的研究实践,对低碳农业进行了一个较为系统的概念界定。在她看来,低碳农业是指在满足社会需求的基本前提下,科技、政策和管理等多种措施并举,以达到农资投入降低、碳排放减少及面源污染控制的目的,进而提高农用物资的转化利用率、农业生产的经济效益及生态效益(碳汇),最终实现生产全过程(包括产前、产中和产后)温室气体排放(含直接排放和间接排放)最小化的一种农业生产系统。除此之外,许广月(2010)、罗吉文等(2010)、赵其国(2011)等学者也对低碳农业内涵进行了相关阐述。综合来看,低能耗、低排放、低污染与高收益、高碳汇的同步实现是低碳农业追求的终极目标。为此,结合以往学者研究,本书认为低碳农业是指充分利用技术、政策与管理等措施,在实现农业产出持续增长的同时,尽可能提高农业碳汇能力,并降低农用物资投入,减少农业碳排放,进而构建集经济功能、生态功能与社会功能于一体的新型现代化农业生产方式。

二 低碳农业生产率

由于当前对低碳农业的研究多停留在理论层面,主要涉及概念界定(王昀,2008;罗吉文,2010;高文玲,2011)、所面临的困境(马晓旭,2011)、国外经验借鉴(曾以禹,2010;袁平红,2012)以及发展路径选择（赵其国，2009；郑恒，2011；肖大伟，2011；张莉侠，2011；赵金龙，2012）等，而鲜有学者从定量角度对其展开探究，从而导致学界缺少对低碳农业生产率概念的界定。在本研究中，低碳农业生产率，其实质是利用全要素生产率（Total Factor Productivity）思想考察低碳约束下的农业生产率变动特征。换言之，即充分运用数理统计方法与计量分析软件对低碳农业生产水平进行测度与比较，从而实现低碳农业由定性研究向定量分析的跨越。实际研究中，为了体现低碳农业的特性，在产出指标的选择上与传统农业生产率研究相比有明显区别。一般情况下，通常将农林牧渔总产值（或者增加值）作为传统农业全要素生产率研究的产出指标。后期随着研究的逐步深入，一些学者开始思考环境规制下的农业生产率问题，此时产出指标分为两类：一是合意（期望）产出，通常以农林牧渔总产值或者增加值作为替代变量；二是非合意产出，通常选择农业面源污染量或者碳排放量作为替代变量。总体而言，在以往的农业生产率问题研究中，切入点虽由单纯的侧重经济效益逐步向资源节约、环境保护与农业效益并重的方向转变，但却缺少对农业生态功能的关注。本书由于考察的是低碳农业生产率，"碳"因素毫无疑问会被纳入产出指标体系。其中，农业碳排放将作为非合意产出，具体以大农业范畴下的碳排放量为准，不仅包括农用物资利用所引发的碳排放，还涉及稻田、牲畜养殖所导致的碳排放；至于合意产出的选择，除了保留常用的农林牧渔总产值之外，还将增加农业碳汇，以反映农业的生态功能。

三　农业碳排放/碳汇

探究低碳农业生产率是深化低碳农业研究的重要手段，而准确把握农业碳排放/碳汇量则是实施低碳农业生产率核算工作的基本前提。为了更好地对农业碳排放/碳汇进行测度，有必要对其概念进行合理界定。目前，关于农业碳排放国内虽已形成大量研究成果，但却鲜有学者对其理论内涵进行探讨，多习惯采用先入为主的叙述模式确定碳源因子，进而对其进行测算，这无疑带有一定的主观随意性（田云等，2014）。不过，也有部分学者对其概念进行了探究，并基于其源头特征形成了四类观点：一是农用能源论，认为农业碳排放即为农业生产活动所耗费的各类能源所引发的二氧化碳排放（李国志等，2010；韩岳峰等，2013）；二是农用物资论，认为农业碳排放即为化肥、农药、农膜、农用柴油以及灌溉投入直接或间接所引发的温室气体排放（李波等，2011）；三是农地利用论，认为农业碳排放是人类在农地生产活动中直接或间接引发的温室气体排放（李俊杰，2012）；四是农业生产论，认为农业碳排放是农民在从事农业生产活动过程中所引发的温室气体排放（田云等，2013）。综合其他学者对农业碳排放的诠释并结合本书研究目的以及笔者自身的实践经验，将农业碳排放界定为：农民在从事农业生产与畜禽养殖过程中直接或间接引发的温室气体排放，主要包括碳（C）、甲烷（CH_4）和氧化亚氮（N_2O）。

至于农业碳汇，在明晰其概念之前需对"碳汇"有基本了解。按照《联合国气候变化框架公约》和《京都协议书》的规定，能够大量将温室气体从大气中移除的过程、活动和机制是一个"碳汇"。从碳汇途径角度，可分为人工碳汇和自然碳汇。而农业碳汇属于自然碳汇范畴，是碳汇最为重要的组成部分，具体包括森林碳汇、草地碳汇和农田碳汇。在接下来的研究中，主要考察农田碳汇，而不考虑碳汇效应同样突出的林地和草地，其原因在第三章会详细阐述，在此不作过多讨论。所谓农业（田）碳汇，即农作物生长周期中的碳吸收，具体是指作物光合作用形成的净初级生产量，即生物产量。

第二节 理论基础

一 经济增长理论

关于经济增长问题的研究，最早的理论可追溯至1776年亚当·斯密出版的经典著作《国富论》，其后，约翰·穆勒于1848年出版的《政治经济学原理》对经济学增长问题进行了更为深入的探索。但自此以后，鲜有主流经济学家对经济增长问题展开研究，直到 1939 年英国著名经济学家哈罗德发表《动态理论》一文，经济增长理论才重新被主流经济学家所关注（赵辉，2009），并步入了一个全新发展阶段。20 世纪 50 年代开始，索洛（1956，1957）、斯旺（1956）等人将凯恩斯经济学中的边际生产率理论与生产函数理论引入了经济增长分析中，从而形成了新古典经济增长理论。新剑桥学派的钱珀努恩（1953）、斯拉法（1950）等人则以李嘉图的收入分配理论为依据，将其与经济增长理论有机结合，并充分考虑宏观经济的稳定条件，来研究经济增长问题。20 世纪 80 年代中后期开始，伴随着两篇经典论文《收益递增和长期增长》（罗默，1986）与《论经济发展机制》（卢卡斯，1988）的问世，经济增长理论发展步入了一个全新的阶段，即新经济增长理论阶段（杨凤林等，1996；虞晓红，2005）。

（一）古典经济增长理论

亚当·斯密的《国富论》是古典经济增长理论的起源，该著作主要解决社会财富的来源以及财富如何积累这两个核心问题。对于前一个问题，亚当·斯密给出如下解释：分工是促使社会财富持续增长的源泉，其与专业化程度一道成了影响市场范围大小的两大关键性因素。对于后一个问题，斯密认为，可以通过两种方式实现财富的增长（积累）：第一，通过劳动分工提高生产率，具体手段包括三类，即拥有熟练的劳动技能、尽可能减少劳动时间、机器生产取代手工劳动。第二，增加生产性劳动人数。不过，生产性劳动是否增加完全取决于资本是否增加，由此可见，决定财富生产最为关键的因素是资本积累。换言之，可将资本积累看作引致劳动分工与技术进步的决定性因素（虞晓红，2005）。在亚当·斯密之后，李嘉图沿着收入分配这一逻辑主线，构建了新的经济增长理论。在他看来，劳动、资本与土地构成了生产的三大基本要素，其中，经济增长与资本积累二者之间存在较强的相关性；与此同时，资本又是利润的函数，而利润的多寡主要取决于工资与地租水平的高低。由于主要受劳动者及其家庭生活必需品价格影响，从长期来看，工资基本维持不变；但地租却并非如此，因为土地属于稀缺性资源，随着数量的减少其价格必然会持续上升，所以当土地被利用到最大限度时，地租将达到最高值，此时利润会降为0，其资本积累的原始动力就此消失，经济也会随之停止增长。从中可以获取的信息是，财富增长较快的国家其地租增长通常较为缓慢。与亚当·斯密相比，李嘉图不再将经济增长仅仅看作一个技术过程，而是强调了收入的合理分配对经济增长所产生的决定性作用。总体而言，由于受亚当·斯密思想的长期影响，物质资本在古典经济增长理论中被反复提及并不断强化，资本存量尤其是资本积累速度被看作推进或者抑制经济增长的首要因素。

20世纪40年代后期所提出的哈罗德—多马模型是古典经济增长理论最为典型的代表之一。其中，哈罗德的增长模型主要从资本和劳动两方面展开，其目的是阐述某个生产主体（一个国家或地区）长期基于特定增长率均衡增长所须满足的一些基本条件（或假设），具体包括四个方面：一是全社会只能生产一种产品，且该产品具有消费与投资的双重属性；二是全社会只存在资本和劳动两种相对单一的生产要素，且二者不能相互替代；三是生产规模报酬不变，即单位产品成本与生产规模之间不存在相关性；四是技术条件一直处于不变状态。其标准表达式如下：

$$G_w = S_w / V_w \ (\ V_w = K/Q, S_w = I/Q = S/Q\ ) \qquad (2-1)$$

式2-1中，G_w、S_w与V_w分别表示经济增长率、储蓄率与资本系数（资本–产出率），K、I、S和Q则分别代表资本、投资、储蓄和产出。为了让经济保持均衡增长，须满足储蓄等于投资（$S = I$）这一前提，换言之，即须将储蓄全部转化为投资。与哈罗德相比，多马所构建的经济增长模型仅有一处不同，就是用"资本生产率"代替了"资本—产出率"。

哈德罗—多马模型（以下简称"哈—马模型"）是对凯恩斯理论的一大拓展，因为它克服了凯恩斯理论所存在的两大局限性：一是解释经济现象仅从需求层面着眼；二是采用的分析方式以短期分析为主。"二战"以后，哈—马模型被广泛运用到发展中国家经济问题的研究上，主要涉及经济的长期增长、投资—储蓄与经济增长二者关系的处理等方面。不同于发达国家，发展中国家虽劳动力资源较为丰富，但资本严重匮乏，且前者远不足以替代后者在生产中所能发挥的巨大效用，为此，强调资本形成与经济增长之间的动态关系就显得极为必要。也正是基于这一点，哈—马模型还成了现代发展经济学的一个重要组成部分。当然，该模型也存在一些缺陷，主要体现在三个方面：第一，储蓄全部转为投资是该模型成立的基础，但在实际中，储蓄能否全部转为投资受多种因素影响，如利率弹性、投资者/消费者心理预期以及收入分配制度等，非常复杂，在模型中仅凭抽象描述必然会影响其解释力。第二，哈—马模型排除了技术进步对经济增长的影响，因为它满足了一个假定条件，即资本与产出的比例维持不变。但很显然，该假定不适用于长期经济增长问题的研究，因为在长期条件下生产技术必然会对资本—产出比例产生影响。第三，哈—马模型突出的是资本决定论，这与古典经济学早期强调的劳动价值论是相悖的，虽然模型肯定了劳动力与资本均是推动经济增长的重要因素，但着重阐述的是资本要素与经济产出间的动态关系，而较少涉及劳动力对经济增长的关系。

（二）新古典经济增长理论

随着研究的进一步深入，有学者开始对哈罗德—多马模型所得出的"资本主义市场经济不能实现持续稳定增长"的结论提出了质疑，认为这一结论的得出与该模型假定了资本与劳动无法相互替代（二者比例固定不变）有着较为密切的关系，而一旦二者可以相互替代，资本主义市场经济就能实现持续稳定的增长。正是基于对哈罗德等人研究结论的质疑，20 世纪 50 年代后期诞生了新古典经济理论，其最大的特点就是将技术当成外生变量，具体到经济学家主要以索洛、斯旺、丹尼森等人为代表，其理论自此占据统治地位近 30 年。

其中，索洛在接受哈—马模型一些基本假设的同时，摒弃了要素比例不变这一前提，并在具体的生产函数构建中引入了资本、劳动这两类生产要素，且二者可以相互替代（陶斌贤，2001），由此形成了新古典经济模型，其表达式为：

$$\frac{\Delta Y}{Y} = \lambda + \alpha(\frac{\Delta K}{K}) + \beta(\frac{\Delta L}{L}) \qquad (2-2)$$

式（2-2）中，$\frac{\Delta Y}{Y}$、$\frac{\Delta K}{K}$ 与 $\frac{\Delta L}{L}$ 分别表示经济增长率、资本增长率与劳动力增长率，λ 代表技术进步的增长贡献率，α、β 分别是资本、劳动力的产出弹性。通过式（2-2）可知，索洛等人将经济增长归结于资本、劳动与技术进步三者的共同作用，其中无法用资本和劳动解释的经济增长部分均被看成是技术进步所致，这也就是著名的"索洛余值"，这是索洛对经济增长理论一个最大的贡献，因为即使我们可以识别多种投入要素，经济在运行过程中也总会存在一些无法识别的因素，所以利用索洛余值测度生产率增长是非常有意义的（熊俊，2002）。而后，丹尼森通过实证分析美国经济增长验证了索洛的观点，使其思想得到了进一步巩固。其研究表明，资本与劳动力对经济增长的贡献率正呈现逐步下降态势，而技术进步等因素开始取代它们成为推进经济发展最为重要的源头。

相比哈罗德—多马模型，索洛增长模型具有三大显著特点：第一，经济增长源于劳动与资本的共同促进；第二，劳动与资本可以相互替代；第三，可通过价格机制（主要是利润率与工资率的相对变动）调节劳动与资本的投入量及其投入比。但与此同时，索洛增长模型也存在一些不足，同样表现在三个方面：其一，技术进步虽被看成促进经济增长的关键因素，但又将其作为外生变量而未进行全面深入的研究，使其成为了一个悬而未决的"黑箱"问题；其二，由于其根基是凯恩斯主义产生前的自由市场经济理论，一些假定与实际情况存在不符，比如投资与储蓄、工资与劳动边际生产力、利息率与资本边际生产力都存在相等关系，这些问题的存在极大降低了该模型的解释力与适用性；其三，生产过程中资本与劳动可任意相互替代与实际也是不符的，在现实中劳动与资本的合理组合是由生产过程中的技术因素所决定。

（三）新经济增长理论

虽然意识到了技术进步对经济增长的决定性影响，但新古典经济理论仅将技术进步看作外生变量，并未对"索洛余值"的发生机理作出科学解释。从20世纪80年代中后期开始，以罗默等为代表的一批经济学家围绕如何将"索洛余数"内生化这一问题，分别从技术变化、人力资本积累等方面着眼，重新构建了经济增长模型，进而引发了经济理论研究视角与方法的全面转移，为了与古典经济增长理论区分，将其称为新经济增长理论。

其中，罗默（1990）提出了"收益递增增长模型"，这区别于传统的收益递减或不变的增长模式。其生产函数为：

$$F_i = F(K_i, K, \overline{X_i}) \qquad (2-3)$$

式（2-3）中，F_i 为 i 厂商的产出能力，K_i 为 i 厂商生产某类产品所具备的"特殊知识"；K 为全部厂商均可使用的一般性知识，$K = \sum_{i=1}^{M} K_i$；$\overline{X_i}$ 为 i 厂商所有生产要素的向量；函数 F 属于连续可导的生产函数。其满足两个假定条件，其一，F 关于 K_i 和 $\overline{X_i}$ 具有零阶齐次性，同时还存在着竞争性均衡特点；其二，F 具有全球性知识边际生产力递增性。据此不难推得，F 具有递增的规模收益，即对于任何 $\Psi > 1$，均存在：

$$F(\Psi K_i, \Psi K, \overline{\Psi X_i}) > \Psi F(K_i, K, \overline{K_i}) \qquad (2-4)$$

由此可见，在罗默模型中，技术变化具有内生性。特殊知识作为一个独立要素，不仅自身能形成递增收益，还能带动资本、劳动等投入要素，进而促使整个经济主体规模收益得到大幅提升。1990年，通过"内生的技术变化"与"非凸性对理解增长重要吗"这两篇论文的前后发表，罗默将经济增长归结于资本、非技术劳动、人力资本与知识四种要素的共同作用，其中以知识最为重要。在他看来，收益之所以能递增、不同国家经济增长率存在差异的重要原因在于知识可以提高投资效益。作为一种生产要素，知识与资本等其他要素一样，也须放弃当前消费才可获得，因此，只有对知识进行投资，才能促进经济持续增长。投资与知识二者相互促进，投资能提升认知水平，而知识储备的增加反过来又能促进投资，如此良性循环，就能让一个国家的经济持续快速增长。

卢卡斯（1988）则从另一个视角解释了经济增长的内在机制。在他看来，经济产出的增加应归功于人力资本的积累，具体而言，是将舒尔茨的人力资本与索洛的技术进步概念相结合，定义为"专业化的人力资本"或者"每个人"。在卢卡斯的假定中，每一个生产者从事生产与学习的时间合计为 1 个单位，其中从事生产所花费的时间为 $u(t)$，那么用于增加人力资本积累的学习时间则为 $1-u(t)$，为此，可将人力资本变化率用公式表示为：

$$\dot{h}(t) = h(t)\delta[1-u(t)] \qquad (2-5)$$

式 (2-5) 中，$\dot{h}(t)$、$h(t)$ 与 δ 分别表示人力资本变化率、人力资本存量和人力资本产出弹性（为正常数）。卢卡斯也是基于 C-D 函数的基本原理阐述其增长模型：

$$Y(t) = \beta A K(t)^{\beta-1}[u(t)h(t)N(t)]^{1-\beta}h(t)^{\gamma} \qquad (2-6)$$

式 (2-6) 中，$Y(t)$、A、$K(t)$、$N(t)$ 与 $h(t)^{\gamma}$ 分别表示产出量、技术水平、资本投入量、工人人数（或等同的工时数）和人力资本的外部效应。其中，$0<\beta<1$，γ 为正常数。在该模型中，卢卡斯强调了人力资本的重要性，并将其作为独立因素内生化，进而认为产出的多少与物质资本、人力资本的投入量以及知识的溢出效应紧密相关。在他看来，知识的溢出效应主要由人力资本的投入量决定，而与物质资本投入的关系不大，人力资本投入的增加不仅能提高产出，还有助于社会人力资本总水平的提升，进而提高社会总体效率，使企业和个人从中获益。

除此之外，斯科特（1990）基于总投资角度，构建了一个"缺少总产量生产函数"的经济增长模型，该模型主要涉及经济增长率、工资增长率、劳动力增长率、年均投资率、投资增长（收益）率、劳动效率等变量。斯科特认为，产出的提高主要取决于资本投资率与劳动生产率的增加，技术进步、新知识增加与人力资本积累均不是独立的要素。杨小凯和博兰德（1991）在借鉴亚当·斯密分工理论的基础上，立足于微观视角，为经济增长理论确定了一个新的发展方向。

二 低碳经济理论

虽然低碳经济术语在 20 世纪 90 年代中后期就曾出现在文献中

（Kinzig，1998），但一直到 2003 年，英国在其发布的能源白皮书《我们未来的能源——创新低碳经济》中才正式明确提出了低碳经济概念（Hartman，2003）。其指出，低碳经济是基于较少的资源消耗与较轻的环境污染获取较多的经济产出，是为了创造更高的生活标准与更好的生活机会，也为先进科学技术的研发、应用、推广与输出积极创造机会，同时还能使商家数量保持增加，进而创造出更多的就业机会（付允等，2008）。为此，英国政府还制订了较为明确的计划，即 2050 年温室气体排放量相比 1990 年需减少 60%，使英国成为一个名副其实的低碳经济国家（刘再起等，2010）。不过，英国虽然率先提出了低碳经济观点，但由于其出自政府文件，对概念的界定多基于实际工作，更多的是对生态经济现象的描述，而对其理论内涵的诠释却较为缺乏（刘思华，2010）。接下来将对低碳经济的基本内涵、主要原则以及存在的一些争议进行探讨。

（一）低碳经济的内涵

最早提出低碳经济概念的英国虽未明确界定其内涵，但从它所实施的"战略计划基金"（英国外交部于 2003 年开始实施）能看出一些端倪，该基金的目标之一是促进全球经济的低碳高速增长，由此可见，在英国人眼里，低碳经济的实质是以最少的碳排放实现尽可能多的经济产出。潘家华等（2010）、付加锋等（2010）认为，低碳经济是在碳生产力与人文发展均达到一定水平后所呈现的一种经济形态，旨在实现控制温室气体排放与发展社会经济二者协调的全球共同愿景。其中，碳生产力是指单位二氧化碳排放所产生的 GDP，利用较少的物质能源消耗获取更多的社会产出则意味着碳生产力的提高。低碳经济与低碳发展是有机统一的，二者呈现互补关系。前者是一种经济形态，后者强调的是发展模式。至于实践路径，主要依赖于技术的跨越式发展与制度的约束。庄贵阳等（2011）进一步指出，对于不同类型的国家，低碳发展所具有的含义是存在差异性的。其中，对于发展中国家，低碳发展是指经济总量增加时碳排放量的相对下降；而对于发达国家，低碳发展是在保持人文发展高水平前提下的碳排放总量的绝对降低。

方时姣（2010）将低碳经济纳入可持续发展经济学的理论框架之下，

使其基本内涵得到了极大扩展与延伸，在她看来，低碳经济是一种经济发展过程中实现"三低"的经济类型，所谓"三低"，即指碳排放量最低、生态环境代价最低以及社会经济成本最低，同时，低碳经济还是一种能够有效改善地球生态系统自我调节能力且具有很强生态可持续性的经济。低碳经济应具备两个基本点：一是整个经济活动的社会再生产全过程均应实现低碳化，具体包括生产、交换、分配以及消费等各个环节，以此将二氧化碳排放降至最低程度乃至实现零排放，进而实现生态经济效益的最大化；二是整个经济活动的社会再生产全过程均应实现能源消费生态化，国民经济体系的形成立足于低碳能源和无碳能源，从而保证生态经济社会有机整体的清洁发展、绿色发展与可持续发展。

总体而言，由于研究视角选择的不同，理论界对低碳经济概念的诠释仍然存在较大差异，未能形成一个统一的描述。尽管如此，学者们也形成了一些共识，如低碳经济应具备"三低"特性，即低能耗、低排放与低污染，同时还应包括五部分内容，即低碳政策、低碳技术、低碳产业、低碳城市与低碳生活（刘再起等，2010）。综合多位学者的研究成果，笔者认为，可将低碳经济定义为：以低排放、低污染、低成本为基本特征，以技术跨越式发展和制度创新为手段，最大限度地节约利用资源，在尽可能获取最大经济产出的同时减少污染物对大气的排放，最终实现温室气体减排、生态环境保护与社会经济发展协调共进的一种新型经济增长模式。

（二）低碳经济的理论基础与指标体系构建

1. 低碳经济形成的理论基础。冯之浚等（2009）指出了低碳经济形成的四大理论基础，一是生态足迹理论，生态足迹（ecological footprint，简称 EF）又称生态空间占有，这一概念最早由加拿大生态经济学家 William Rees 在 1992 年提出，其后由其博士生 Wackemagel（1996）逐步完善。基于"生态足迹"理论，逐渐引申出了后来的"碳足迹"理论，其主要用来衡量不同人类所导致的温室气体排放量。二是脱钩理论，该理论在当前主要用于分析经济发展与资源消耗二者间的响应关系。从脱钩理论来看，发展低碳经济能极大提高资源、环境生产率，实现用较小的投入和较少的排放换取较好的经济效益与社会发展。三是 EKC 理论，即环境库兹涅茨曲线。在经济发展过程中，随着 GDP 的增长，人均收入的增加，生态环境会不可避免地出现持续恶化，只有当经济发展到一定水平之后，环境污染才会随着经济水平的提升而逐步减少。而经济发展由高碳到低碳的转型轨迹与此是基本一致的，也遵循 EKC 理论。四是"城市矿山"理论。该理论由日本学者南条道夫首次提出，指蓄积在废旧电子电器设备产品和废料中的可回收金属。"城市矿山"理论为我们强化可再生资源利用，提高能源利用效率，实现经济由高碳向低碳转型提供了重要的理论参考依据。

2. 低碳经济评价指标体系的科学构建。付加锋等（2010）认为，低碳经济应包含四个核心要素，分别是发展阶段、资源禀赋、技术水平与消费模式。以此为基础，构建了多层次、多维度的评价指标体系。其中，目标层为低碳经济发展水平，准则层为低碳产出、低碳消费、低碳资源、低碳政策与低碳环境，每个准则层由 2~5 个二级指标组成。同时，为了保证核算的准确性，采用了层次分析与数据包络分析相结合的指标赋值法。冯碧梅（2011）基于低碳经济理论内涵，立足于系统层、状态层和变量层等三个层次，并以湖北省为例构建了全新的低碳经济评价指标体系，其中系统层包括自然、产业与人文生态系统，状态层由碳排放、碳源控制和碳汇建设三部分组成，变量层包括碳排放总量、强度等细分指标。吕学都等（2013）通过对国内外 28 套评价指标进行比较，并基于全面性、有效性、适用性、相关性与前瞻性等五方面视角考虑，构建了一套较为客观的低碳经济评价指标体系，由经济发展、碳排放、环境能源、社会人文等四个一级指标构成，而每个一级指标均包含四个二级指标。

（三）低碳经济所面临的争议

低碳经济理念自 2003 年首次提出以来，已历经近十年发展历程，一些概念的深化凝结了无数有识之士的集体智慧。然而，在低碳经济成为全球热点的同时，也有学者对此提出了自己的质疑。可见，低碳经济理念在不断发展的过程中也伴随着一定的争议，这理应引起我们的足够重视。其中，张克云等（2011）认为，资本属性、技术水平、居民能源消费习惯以及能源结构是影响低碳经济发展的四大基本要素，除能源结构由于是经济体系的外生变量受政策干预较小之外，其他三大因素均得到了广泛研究，并取得了重要进展，但同时也伴随着一些争议：首先是资本要素方面的理论争议，包括两方面的争论，一是自然资本与其他形式的资本是否存在完全替代性；二是资本是否存在完全延展性，决定低碳经济政策成本最为关键的因素是短期资本的延展性这一说法得到了较为普遍的认可。其次是技术要素方面的理论争议，争议的焦点集中在技术变迁是外生非经济变量还是内生变量，传统的研究通常将其视为外生非经济变量，但随着研究的不断深入，一些证据也表明技术变迁具有较强的内生性。最后是能源消费习惯方面的理论争议，鉴于燃油是欧美居民最为重要的日常生活使用能源，主要以此为对象进行研究，争议的焦点主要集中在需求弹性是否会显著改变居民的能源消费习惯，进而影响其碳排放。

卢现祥等（2012）认为，发展低碳经济的目的是为了防止全球气候变暖，但科学界目前对于全球变暖这一问题尚存在争议，主要表现在四个方面：一是"全球变暖说"是否已有定论，目前对于全球变暖是否真实存在这一科学问题仍存在争论，一方面以哈德利气候预测研究中心和IPCC（政府间气候变化专门委员会）为代表的相关机构坚定认为当前全球存在变暖趋势；另一方面也有为数不少的学者认为气候变暖的原因是错综复杂的，是否由碳排放推动还存在一定的不确定性。二是全球变暖是自然引起还是人为造成，对于导致全球气候变暖的原因，人为论虽然被大众普遍认同，但自然导致论却也被一些科学家所论证。三是人类如何应对全球气候变暖，是选择适应还是采取减缓措施，作为减少气候变化风险的两类主要方式之一，减缓得到了普通认同，而围绕适应展开的论述却相对较少。事实上，从发展的观点来看，随着社会经济水平的不断提升，科学技术水平也会不断提高，这会极大增强我们对整个世界的适应能力。四是对于全球变暖这一跨代（期）问题，是以积极的心态勇于应对还是以消极的情绪随性敷衍，这都需要我们作出抉择。

杨文进（2012）基于当前环境污染与资源浪费的现实肯定了实施低碳经济的必要性，但对于低碳经济的提出背景与目的却提出了若干质疑，主要体现在四个方面：一是对低碳经济的科学性存在质疑，如大气中二氧化碳浓度提升与气温升高虽存在正相关，但究竟是二氧化碳浓度导致气温攀升还是气温升高引起二氧化碳浓度增加目前却无明确定论。二是对低碳经济的目的性存在质疑，众所周知，低碳经济概念由英国最先提出并迅速得到了西欧等发达国家的积极响应，这些发达国家目前的产业重心已转向以服务业为主的非物质生产部门，对以能源为代表的碳燃料需求大幅减小；反观发展中国家，正是经济高速增长时期，对能源需求较大；低碳经济在此背景下提出被不少人看成发达国家针对发展中国家的一种阴谋（勾红洋，2010；柳下再会，2010）。三是对低碳经济排放标准的公正性存在质疑，当前发达国家虽较少从事物质化生产，但其物质化消费水平并未因此下降，只是将这些生产部门转移到了较为落后的发展中国家，从而加剧了发展中国家的碳排放；为此，现有碳排放测算就不应以地域为对象，而应以产品的终端消费地为对象，这样才能体现其测算的公平与公正。四是对低碳经济的性质理解存在质疑，低碳经济虽可能低能耗、低排放，但并不一定经济（高效率）或者环保，毕竟有助于能源利用效率提升的先进技术往往是非常昂贵的。

三　农户行为理论

农户的行为方式可以分为很多种，如投资行为、生产行为、经营行为、消费行为、决策行为等。虽然形式多样，但归根结底都可看成经济行为，可以运用经济学知识来分析农户的相关行为，归纳在一起则构成了农户行为理论体系。目前，国内外已形成了大量关于农户行为的研究，基于各自研究特点与视角切入点的不同，可将农户行为理论划分为三大流派：一是以1979年诺贝尔经济学奖得主、美国著名经济学家西奥多·舒尔茨为代表的小农学派（又称形式经济学派）；二是以苏联农业经济学家恰亚诺夫（A. V. Chayanov）为主要代表的组织与生产学派（又称实体经济学派）；三是以美国加州大学洛杉矶分校黄宗智教授为代表的历史学派。

（一）农户行为理论的基本内涵

一直以来，对于"重工轻农"的一些观点与做法，舒尔茨都持坚决反对态度。在他看来，农业并不是一无是处的，只要发展模式选择得当，农业也能成为国民经济增长的原始动力。有鉴于此，舒尔茨着眼于传统农业，将西方形式主义经济学融入其中，围绕小农行为展开了大量分析与研究，进而形成了代表作《改造传统农业》。时至今日，书中的一些观点与做法仍值得我们借鉴。书中指出，小农并不愚昧，与企业一样他们也属于理性"经济人"，也以实现利润最大化为目标。为了论证这一观点，舒尔茨引用了塔克斯从危地马拉一个小手工业较为发达村庄获取的研究材料。在这份材料中塔克斯提道：与完全竞争市场下的企业家、商人一样，小农也会竭尽全力寻求能使利润增加的各类途径，如在购买生产或生活资料时会时刻比较不同市场上的价格，在雇佣劳动力之前会比较自己劳动价值与市场工资然后再作决定。总体而言，小农时刻盘算着如何以最小的投入获取最大的产出，使生产要素实现最优配置，并达到帕累托最优状态。可见，小农经济固然"贫穷"，却极富效率。据此，舒尔茨认为，改造传统农业的关键是不断引进先进技术，向小农尽可能提供方便利用的现代农业生产要素。波普金进一步论述了舒尔茨的观点，并在《理性的小农》一书中提出了"农户是理性的个人或家庭福利的最大化者"这一假设，认为农户可基于自身偏好与价值观评估某项选择可能导致的各类后果，然后作出他们自认为能带来期望收益与效用最大化的选择。鉴于二人观点接近，学术界将其概括为"舒尔茨—波普金命题"，该学派最为显著的特点是强调小农的理性动机。

以苏联经济学家恰亚诺夫为代表的组织与行为学派认为，小农经济属于自给自足，其生产主要是为了满足家庭消费。因此，农户在实施农业生产过程中所追求的是风险最低化，而非利润最大化。恰亚诺夫的代表作是《农民经济组织》，主要侧重于农业经济结构与家庭农场生产组织等问题的研究，其理论基础包括两个：一是边际主义劳动—消费均衡理论，二是基于"生物学规律"的家庭周期说。一方面，劳动所带来的收入能满足家庭的消费支出，给予家庭成员享受与愉快，这可称为"收入正效用"；但另一方面，为了获取收入农民必须从事辛苦且乏味的劳动，这对他们而言是一种负担，恰亚诺夫将其称为"劳动负效用"。为了满足家庭成员生活所需，农民必须从事劳动，其主观决策便是在休闲与劳动二者间进行适当取舍。一般情况下，在资本主义农场只要出现边际效益低于市场工资的情形，农民就会停止劳动投入而选择休闲；但由于小农家庭追求的是满足家庭消费，其选择往往并非如此，对于他们而言，只有当家庭成员消费完全得到满足时，才会选择停止劳动；否则，即使边际效益低于市场工资，也会继续投入劳动力。因此，恰亚诺夫得出的结论是，小农经济是保守、非理性且低效的，这一论断与舒尔茨的小农理性论是相悖的。

历史学派代表黄宗智教授于1985年提出了自己对于小农的独特命题——"拐杖逻辑"，即农业家庭经营收入与非农务工收入是中国小农家庭最为重要的两大收入组成部分，前者不足以满足家庭成员的生活需求，必须依靠后者作为拐点支撑其生活才能维持下去。黄宗智认为，农村经济发展需经历密集化、过密化与发展等三个阶段，并以华北平原、长江三角洲作为研究对象，实证探究了我国近代农业发展所属阶段。研究表明，我国当前的农村家庭生产属于"过密化"生产（农户家庭不能解雇多余的劳动力），由此导致那些剩余劳动力必须依附于小农经济，不能成为真正意义上的雇佣劳动力，这种现象也被黄宗智称为"半无产化"。而为了更好地分析小农的动机与行为，有必要将追求利润最大化的企业行为理论与追求效用最大化的消费者行为理论有机结合，因为中国的农民既不是恰亚诺夫所描述的生计生产者，也不是舒尔茨所定义的利润最大化追求者，所以为了推进农村经济持续健康发展，"反过密化"则成了唯一出路，具体措施为，大力发展乡村工业与副业，尽可能减少依附于传统农业的劳动力数量。

（二）农户行为研究的主要模型

农民行为模型主要用于描述农户内部的各种社会经济关系，是将农户的生产、消费以及劳动力供给等决策有机结合起来的一种模型。农户模型最早起源于 20 世纪 20 年代，迄今已发展近百年，目前已被广泛应用到农户行为理论的相关研究中，其适用范围也随着农户行为研究的深入不断地拓展。目前比较有代表性的模型包括恰亚诺夫农户模型、巴鲁姆—斯奎尔农户模型和艾伦·罗农户行为模型。

1. 恰亚诺夫的农户模型

作为最早的农户行为模型，恰亚诺夫农户模型以追求家庭效用最大化为核心目标，因此它非常注重农户主观决策对家庭劳动投入可能产生的影响。基于前文分析可知，从事农田劳动是辛苦且乏味的（劳动负效用），但为了满足家庭正常生活的消费需求，农户又必须从事农田劳动以获取收入（收入正效用），因此其主观决策便在休闲与劳动二者间进行取舍。恰亚诺夫模型的构建必须满足四个基本假设：①劳动市场是不存在的，农户家庭既不会从外部雇佣劳动力，其自身以及家庭成员也不会成为被雇佣者；②农民可自由支配其所生产的农产品，既可用于家庭消费，也可将其运送到市场上进行出售，以市场价格作为其价值的衡量标准；③所有家庭均可基于自身实际需要获取足够量的农用耕地；④每个农民社区都拥有自己的社会规范，且相互间存在异质性，该规范决定了农民所能接受的最低消费水平。

图 2-1 的纵轴代表农民土地总产出，由于存在农产品市场，土地总产出即为土地收入。横轴表示家庭可投入的劳动时间总和。曲线 TVP 为生产函数，表示不同劳动力投入水平下的产出（收入）水平，其收益呈现边际递减特性，由于产出与投入等同，TVP 曲线也可看作农户收入曲线。I_1 与 I_2 是一组无差异曲线，描述了在总效用水平给定的情况下，闲暇与收入的各种可能性组合。"收入—闲暇"无差异曲线上的任意一点（如 B 点），其斜率表示农户损失 1 单位的闲暇时间（dH）所应获取的收入数量（dY），换言之，它反映了家庭的主观（期望）工资水平。至于无差异曲线的形状，一方面受农户家庭必须满足的最低生活标准（由 Y_{min} 给出）影响，靠近左边最低端，任何接近于此的无差异曲线都将变成水平线；另一方面则受生理极限允许下家庭劳动者所能工作的最长时限（由 L_{max} 给出）影响，靠近右侧最高端，在此无差异曲线将

变成直线。在已限定的生产技术条件下，生产函数与最高可能的无差异曲线的切点（A 点）即为农户家庭的均衡点，在该点处，劳动投入为 L_e，收入水平为 Y_e。

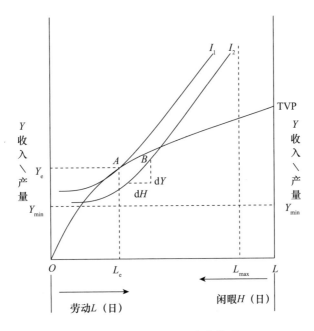

图 2-1　恰亚诺夫的农户模型

2. 巴鲁姆—斯奎尔的农户模型

巴鲁姆和斯奎尔进一步丰富了恰亚诺夫的农户模型，他们认为，一旦家庭变量（如家庭规模、家庭结构）与市场变量（如农产品价格、农用物资投入价格、市场工资水平以及农业技术水平等）发生变化，农户也会随之做出相应反应。基于此，巴鲁姆与斯奎尔提出了如下五个假设：①存在劳动市场，在给定市场工资的条件下，农户选择雇入或者雇出劳动力的权力完全自由；②农户所能支配的耕地数量是一定的，至少在其生产周期内不会发生改变；③将"家庭生产活动"与"闲暇"二者进行合并，并将它作为一个消费项目实现其效用的最大化；④购买其他非农业生活必需品时须满足一个前提，即农户必须出售一部分农产品，但出售（或者自我消费）多少须由农户自主决定；⑤没有考虑不确定性因素，也未涉及农民可能存在的风险行为。

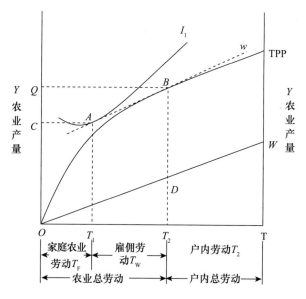

图 2-2　巴鲁姆—斯奎尔农户模型的部分逻辑

3. 艾伦·罗的农户行为模型

艾伦·罗于1986年构建了新型农户模型，与"巴鲁姆—斯奎尔"模型的相似之处在于其部分也源自恰亚诺夫模型，而余下部分则归功于新家庭经济学。不过，在假设条件与研究重点的设计上，该模型与恰亚诺夫、"巴鲁姆—斯奎尔"的模型均存在明显差异。其假设条件主要包括四个方面：①存在劳动市场，但针对不同范畴的劳动工资存在较大区别，比如男性劳动者与女性劳动者的工资是不一致的，这与"巴鲁姆—斯奎尔"模型中所提出的单一市场工资制度存在较大差异；②原始土地租佃制度，基于自身家庭规模，所有农户均可获取相应数量的耕地，这一点与恰亚诺夫模型相类似，但不同于巴鲁姆—斯奎尔模型所提出的固定土地假设；③半生存经济，粮食的市场零售价格要高于农户出售价，因此农民只有支付更高的价格才能从市场上回购粮食，这不同于巴鲁姆—斯奎尔模型所提出的单一农产品价格假设；④一旦具有粮食自给自足能力，大量农户（农业劳动力）会选择外出务工，从事相关的兼业活动，这区别于巴鲁姆—斯奎尔所提出的"农户以雇入劳动力为主，鲜有人成为雇出劳动力"这一假设。

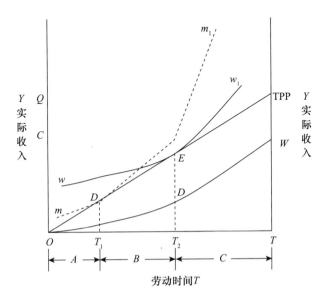

图 2 - 3　艾伦·罗的农户行为模型

第三节　本章小结

本章在参考已有研究成果的基础上，结合自身研究经历与个人理解，对一些重要的概念进行了合理界定，在此基础上，还对研究可能涉及的一些重要经济理论进行了较为系统的回顾与阐述。主要研究结论如下：

（1）低碳农业是指充分利用技术、政策与管理等措施，在实现农业产出持续增长的同时，尽可能提高农业碳汇能力，并降低农用物资投入、减少农业碳排放，进而构建集经济功能、生态功能与社会功能于一体的新型现代化农业生产方式。而探究低碳农业生产率是为了实现低碳农业研究由定性向定量方向转变，其实质是利用全要素生产率（Total Factor Productivity）思想考察低碳约束下的农业生产率变动特征，换言之，即充分运用数理统计方法与计量分析软件对低碳农业生产水平进行测度与比较。

（2）以往对农业碳排放概念的界定通常基于四个层面，即农用能源、农用物资、农地利用以及农业生产，本书综合其他学者对农业碳排放的诠释并结合本书研究目的以及笔者自身的研究实践，认为农业碳排放即农民在从事农业生产与畜禽养殖过程中直接或间接引发的温室气体排放，主要包括碳（C）、甲烷（CH_4）和氧化亚氮（N_2O）。至于农业碳汇，即农作物生长周期中的碳吸收，而农作物碳吸收是指作物光合作用形成的净初级生产量，即生物产量。

（3）关于经济增长理论的研究，最早可追溯至亚当·斯密出版的经典著作《国富论》，其后两百多年，先后经历了古典经济增长理论、新古典经济增长理论与新经济增长理论三个主要发展阶段。低碳经济概念最早始于英国，随后其理论内涵逐步丰富，指标体系构建也趋于多元化与细致化，但截至目前仍存在一定争议。运用经济学知识来分析农户的相关行为，归纳在一起则构成了农户行为理论体系，按照各自研究特点的不同可将农户行为理论划分为三大流派，即小农学派、组织与生产学派、历史学派。

第三章

中国农业碳排放/碳汇测度及
时空特征分析

准确把握农业碳排放/碳汇量是实施低碳农业生产率核算工作的基本前提。但截至目前，无论是政府部门还是相关统计机构均缺少对农业碳排放量/碳汇量的系统核算。基于此，本章将在参考国内外相关研究成果和 IPCC 等研究机构观点的基础上，全面咨询自然科学领域从事碳排放研究的专家教授，以确立和编制农业碳排放/碳汇的测算体系。在此基础上，对我国农业碳排放/碳汇量进行全面核算，并分析其时空特征，一方面增强我们对当前农业碳排放/碳汇量现状的宏观认知，更为重要的是，为后续低碳农业生产率的测度提供必要的数据支撑。具体而言，本章内容分为四节：第一节为农业碳排放/碳汇测算体系的编制与数据来源；第二节为中国农业碳排放时空特征分析；第三节为中国农业碳汇时空特征分析；第四节是对本章内容进行小结。

第一节　农业碳排放/碳汇测算体系的
编制与数据来源

农业是重要的碳源，实施农业生产，无论是种植业还是畜牧养殖业，伴随着大量农用物资的投入以及农作物或者牲畜自身所拥有的特殊属性，必然会导致大量温室气体排放。但同时，农业也是重要的碳汇，农作物光合作用可吸附大量二氧化碳，在一定程度上起到了净化空气的作用。而鉴于农业生产具有碳源（排放）与碳汇的双重属性，为了更为准确地核算低碳农业生产率，有必要将二者均考虑其中，即将农业碳排放定位为非合意产出，将碳汇与农林牧业总产值一道定位为合意产出，以反映农业生态效应。为了实现这一目的，首要任务是在前人研究的基础上，科学编制农业碳排放/碳汇测算指标体系，以为后续农业碳排放/碳汇的测算提供方法论基础。

一 农业碳排放测算体系的编制

（一）农业碳排放测算方法归纳与评述

West（2002）较为系统地探究了小农业（种植业）碳排放，将其碳源主要归为四类，即化肥、农药、农业灌溉以及种子培育所耗费的能源。Johnson et al.（2007）认为，农业碳排放主要源于农业废弃物的随意处置、畜禽肠道发酵与粪便管理、农业能源利用、水稻生长以及生物燃烧。基于上述碳源，美国环保局（Environmental Protection Agency，EPA）利用层次分析法，测算了2008年美国由于农业生产活动所引发的碳排放，结果表明，其排放量折合成标准二氧化碳约为4.275亿吨，其中大约半数与农地利用活动有关，近1/3出自肠道发酵。Vleeshouwers et al.（2002）则在充分考虑作物、气候与土壤等因素的前提下，构建了用于分析与评估农地土壤碳转移量的计量模型，并广泛应用于实践中。此外，土地利用方式的转变也是产生农业碳排放的重要因素（Woomer et al.，2004）。Ruben et al.（2006）基于大量试验评估发现，不同利用方式下土壤的碳排放水平或固碳能力存在较大差别。ACIL Tasman Pty Ltd（2009）测算了美国、欧盟、加拿大、新西兰等国的农业碳排放量，发现各自占碳排放总量的比重差异较大，究其原因，可能在于农业生产方式的不同。

国内学者对农业碳排放的测算研究起步相对较晚，早期主要基于某一特定视角对农业碳排放进行测度，李长生等（2003）使用DNDC模型对我国农田温室气体进行了测算，主要以土壤为突破口。李国志等

（2010）测算了我国农业能源碳排放量，具体选取了煤炭、汽油、柴油、天然气、煤油、燃料油、原油、电力和焦炭等九类碳源。田云等（2011）、李俊杰（2012）分别测算了我国和民族地区因农地利用活动所引发的碳排放，所涉及的碳源包括化肥、农药、农膜、农用柴油、翻耕、农业灌溉等六类。田云等（2011）、王才军等（2012）基于投入角度分别对湖北省、重庆市的农业碳排放进行了测度，不过在具体碳源的选择上略微有所区别，其中前者仅考察了化肥、农药、农膜与农用柴油所引发的碳排放，而后者在前者的基础上增加了电力。刘月仙等（2013）以北京为例，分析了其畜禽碳排放的时空特征，畜禽品种选择了奶牛、非奶牛、绵羊、山羊、猪、鸡和鸭。

随着研究的不断深入，一些学者开始基于大农业范畴探究农业碳排放问题，其特点是涵盖农业各个生产部门（以种植业、畜牧业为主），对其总碳（温室气体）排放量进行测度与分析。其中，董红敏等（2008）率先对我国农业温室气体进行了较为系统的研究，将农业碳排放细分为农田活动碳排放、水稻种植碳排放与畜禽养殖碳排放，并进行了测算，稍显不足的是仅给出了分类，未罗列具体的碳源指标。谭秋成（2011）从水稻种植、畜牧生产、土壤以及农用物资投入等四个方面着手，较为系统地测算了我国农业碳排放量，细分指标考虑的较为全面，但不足之处是未给出各自碳排放系数，容易让人质疑。闵继胜等（2012）基于稻田、土壤、肥料以及畜禽养殖四个层面对我国及各省（市、区）农业碳排放进行了测算，畜禽品种考虑得较为全面，但忽视了农药、农膜、农用柴油等一些农用物资投入碳源。田云等（2012）基于农地利用、稻田、牲畜养殖肠道发酵和粪便管理等四方面16类主要碳源，测算了我国1995～2010年以及31个省（市、区）2010年的农业碳排放，指标考虑较为细致，但水稻CH_4排放系数未考虑地区差异性。

总体而言，农业碳排放的测度经历了一个由简到繁的过程，其中农地利用（或者是农业物资投入）与畜禽养殖碳排放的研究框架已基本趋于一致，仅在二级指标的细化上略有差异，其对应的碳排放系数数值也较为一致且来源渠道比较统一。相对而言，争议主要集中在稻田碳排放与土壤碳排放领域。其中，对于稻田碳排放的估算，较为常见的做法是给出一个系数，然后乘以水稻种植面积，但不同机构给出的系数差异较大，一些机构考虑了地区差异或者熟制差异进而给出了差异化系数，而另外一些机构却习惯于在全国范围内给出完全一致的系数。至于土壤碳排放，一些学者通常的做法是将某一地区相关的试验数据作为土壤碳排放系数，进而运用到全国范围内。但事实上，土壤碳排放多寡与农地耕作制度紧密相关，免耕、少耕或者完全耕作所引发的土壤碳流失量往往存在天壤之别，因此，笔者认为，这类简单的系数套用是不科学也是不可取的。基于上述原因，在接下来的农业碳排放测算体系编制中，将暂不考虑土壤碳排放，至于稻田碳排放，也将选择既能体现区域差异又能体现熟制差异的系数。

（二）农业碳排放测算指标体系构建与系数确定

本书所要研究的农业碳排放是指农民从事农业生产活动所引发的碳排放量。关于碳源的选择，采取"抓大放小"策略，并结合数据的可得性，主要考察以下三个方面：一是农地利用活动所引发的碳排放；二是水稻生长发育过程中所产生的 CH_4 等温室气体排放；三是牲畜养殖碳排放，包括其肠道发酵所引起的 CH_4 排放以及粪便管理所引发的 CH_4 与 N_2O 排放。在参考一些学者（宋德勇等，2009；李波等，2011）碳排放方程建立方法的基础上，构建农业碳排放公式如下：

$$E = \sum E_i = \sum T_i \cdot \delta_i \qquad (3-1)$$

式（3-1）中，E 为农业碳排放总量，E_i 为各类碳源碳排放量，T_i 为各碳排放源的量，δ_i 为各碳排放源的碳排放系数。在此基础上，依据农业碳排放源头特征，从三个方面（农地利用、稻田、畜禽养殖）确定具体的碳源因子及其所对应的碳排放系数。

1. 农地利用碳排放

结合以往研究成果，并咨询相关专家，认为农地利用活动所导致的碳排放主要源于五个方面：一是化肥施用直接或间接引发的碳排放；二是农药使用直接或间接引发的碳排放；三是农膜使用直接或间接引发的碳排放；四是农业机械使用耗费的柴油所带来的碳排放；五是农业灌溉耗费电能所引起的碳排放。各碳源因子及其所对应的碳排放系数如表 3 - 1 所示。

表 3 - 1　　　　　农地利用活动主要碳源及其碳排放系数

碳源	碳排放系数	参考来源
化肥	0. 8956 kg C · kg^{-1}	美国橡树岭国家实验室（2009）
农药	4. 9341 kg C · kg^{-1}	美国橡树岭国家实验室（2009）
农膜	5. 18 kg C · kg^{-1}	IREEA[①]
柴油	0. 8864 kg C · kg^{-1}	IPCC
灌溉	266. 48kg C · hm^{-2}	段华平等（2011）

注：IREEA 即为南京农业大学农业资源与生态环境研究所，IPCC 即政府间气候变化专门委员会。

2. 稻田碳排放

稻田是温室气体 CH_4（甲烷）的重要排放源之一，但由于我国幅员辽阔，不同地区水热条件存在较大差异，导致各地区水稻生长周期内 CH_4 排放率也不尽相同。为了使结果更为准确，本研究将参照王明星等（1998）、闵继胜等（2012）所测算的水稻 CH_4 排放系数。该系数是按照相关模型输入天气、土壤、水文等有关参数，分别测算出各个省（市、区）早稻、晚稻以及中季稻的 CH_4 排放系数，详见表 3 - 2。

表 3 - 2　　　我国各地区水稻生长周期内的 CH_4 排放系数（g/m^2）

地区	早稻	晚稻	中季稻	地区	早稻	晚稻	中季稻	地区	早稻	晚稻	中季稻
北京	0	0	13. 23	安徽	16. 75	27. 6	51. 24	四川	6. 55	18. 5	25. 73
天津	0	0	11. 34	福建	7. 74	52. 6	43. 47	贵州	5. 1	21	22. 05
河北	0	0	15. 33	江西	15. 47	45. 8	65. 42	云南	2. 38	7. 6	7. 25

---

① IREEA 即为南京农业大学农业资源与生态环境研究所。

续表

地区	早稻	晚稻	中季稻	地区	早稻	晚稻	中季稻	地区	早稻	晚稻	中季稻
山西	0	0	6.62	山东	0	0	21	西藏	0	0	6.83
内蒙古	0	0	8.93	河南	0	0	17.85	陕西	0	0	12.51
辽宁	0	0	9.24	湖北	17.51	39	58.17	甘肃	0	0	6.83
吉林	0	0	5.57	湖南	14.71	34.1	56.28	青海	0	0	0
黑龙江	0	0	8.31	广东	15.05	51.6	57.02	宁夏	0	0	7.35
上海	12.41	27.5	53.87	广西	12.41	49.1	47.78	新疆	0	0	10.5
江苏	16.07	27.6	53.55	海南	13.43	49.4	52.29				
浙江	14.37	34.5	57.96	重庆	6.55	18.5	25.73				

3. 畜禽养殖碳排放

畜禽养殖尤其是反刍动物养殖是农业碳排放产生的又一重要源头，主要包括两个方面：一是牲畜肠道发酵所引起的 CH_4 排放；二是粪便管理系统中所导致的 CH_4 和 N_2O 排放。具体到我国，牛（分为水牛、奶牛和黄牛）、马、驴、骡、骆驼、猪、羊（分为山羊和绵羊）及家禽等是导致 CH_4 和 N_2O 产生的主要畜禽品种，相关排放系数如表 3 - 3 所示。

表 3 - 3　　　　　　　　主要牲畜品种对应的碳排放系数

碳源	肠道发酵	粪便排放		碳源	肠道发酵	粪便排放	
	CH_4	CH_4	N_2O		CH_4	CH_4	N_2O
奶牛	61	18	1	骆驼	46	1.92	1.39
水牛	55	2	1.34	猪	1	4	0.53
黄牛	47	1	1.39	山羊	5	0.17	0.33
马	18	1.64	1.39	绵羊	5	0.15	0.33
驴	10	0.9	1.39	家禽	0	0.02	0.02
骡	10	0.9	1.39				

注：所有系数均源于 IPCC 第四次报告（2007）。

由于畜禽饲养周期存在差异，本书将借鉴胡向东等（2010）、闵继胜等（2012）的计算方法，对牲畜年平均饲养量进行调整。其中，对于出栏率大于1的生猪和家禽，其生长周期分别取200天和55天。当出栏率大于或等于1时，平均饲养量根据出栏量进行调整，公式如下：

$$N_i = Days\_\ dive_i \times \frac{M_i}{362} \qquad\qquad (3-2)$$

式（3-2）中，N_i为i种牲畜年平均饲养量，$Days\_\ alive_i$为i种牲畜平均生长周期，M_i为i种牲畜年生产量（出栏量）。

当出栏率小于1时，牲畜年平均饲养量根据年末存栏进行调整，即

$$N_i = \left[C_{it} + C_{i(t-1)} \right]/2 \qquad\qquad (3-3)$$

式（3-3）中，N_i为i种牲畜年平均饲养量，C_{it}、$C_{i(t-1)}$分别表示i种牲畜第t年年末存栏量和第$t-1$年年末存栏量。

另外，需要说明的是，为了便于分析，在对农业碳排放进行加总时统一将CH_4、N_2O置换成标准C。依照IPCC第四次评估报告（2007），1吨CH_4所引发的温室效应分别等同于6.8182吨（25吨CO_2）C所产生的温室效应，1吨N_2O所引发的温室效应等同于81.2727吨（298吨CO_2）C所产生的温室效应。

二　农业碳汇测算体系的编制

（一）农业碳汇测算方法归纳与评述

国外学者主要关注林地土壤碳储量问题：Jari Liski（2002）研究表明，欧洲14国林地土壤碳汇将由20世纪90年代的2600万吨上增至2040年的4300万吨，相当于林地植物（主要是树木）碳汇的比重将由32%~48%提升至61%~69%。Rainer Baritz（2010）同样以欧洲林地为研究对象，分别探讨了林地沙层与矿物质土壤条件下的碳浓度及碳汇总量。另有学者则对一些典型地区的林地净碳汇量进行了评估：Christine（2002）主要基于加拿大、美国、欧洲、俄罗斯以及中国的原始数据，估算了北半球自20世纪90年代以来的历年森林净吸碳量，该数值介于6亿吨与7亿吨之间。Sebastiaan（2008）探讨了原始森林的净碳汇能力，发现位于寒带和温带的半数非托管原始森林（约合3亿公顷）在抵消当地碳排放的同时，每年还单独隔离了1.3亿吨左右的碳。

国内学者主要围绕两方面展开研究：一是对林业碳汇进行测算与分析，曹吉鑫等（2009）针对森林碳汇估算方法在具有一定适用性的同时也都存在不足这一事实，提出了相应对策，即根据实际情况选择适合的单一方法或几种方法的结合来估算森林碳汇，以提高估算精度。吕劲文等（2010）利用 CO2FIX V3.1 模型对福建原有森林生态系统和无林地造林两部分的碳汇潜力动态变化进行了计算。马晓哲等（2011）则在 CO2FIX 模型的基础上，对我国各省市自治区（台湾省除外）的森林碳汇量进行了估计。郭兆迪等（2013）利用过去六期的森林资源清查资料，通过评估生物量碳库变化的方式对我国 1978～2008 年的林业碳汇进行了科学评估。

二是对农田生态系统碳汇量进行测算。谷家川等（2012）、韩召迎等（2012）利用农作物产量与碳储量转换模型计算法分别对皖江城市带和江苏省主要农作物碳储量、碳密度进行了估算。祁兴芬（2013）基于农作物产量、耕地面积以及农业投入等数据，估算了 2001～2010 年山东省德州市的农田生态系统碳汇量。李波等（2013）测算了我国主要农作物碳汇量并分析了其阶段特征。除此之外，还有一些学者诸如马文红等（2006）、方精云等（2010）分别对内蒙古和我国的草地植被碳储量进行了估算，其方法是利用全球植被类型的平均生物量密度乘以所对应的面积。

综合来看，国内外学者将研究视角更多地聚焦于林业碳汇，主要以林地土壤碳汇、林木蓄积量为突破口，采用的方法包括面积法、CO2FIX 模型模拟法等。由于林木种类繁多、大小不一且跨越多个气候带，致使其碳汇系数获取较为困难，常见的做法是将某个地区的试验数据运用到其他所有区域，虽方便操作却易引起争议；更为不利的是，不同机构通过大量试验获取的碳汇系数往往也不尽相同，进而导致所测算的林业碳汇量存在较大差异。与此同时，学者们对农田生态系统碳汇量也展开了较为深入的研究，主要以农作物为切入点，考察其生长周期中的碳吸收，其中在碳汇（吸收）系数的确定上基本趋于一致，只是有些研究在农作物种类的选择上考虑的不够全面。至于草地碳汇，目前相关研究较少，且存在与林业碳汇同样的问题，即碳汇系数难以确定，核算难度较大，不同学者所测算的结果存在较大差异。

（二）农业碳汇测算指标体系构建与系数确定

本书中的农业碳汇只考虑农作物生长周期中的碳吸收，而不考虑碳汇效应同样突出的林地、草地，这主要是基于三点考虑：其一，林地、草地所受人为影响相对较少，退耕还林还草、植树造林等人为活动虽存在，但就整个林地、草地生态系统而言，人工参与强度不高，所投入的精力、物质成本远不及种植业；其二，林地、草地碳吸收能力通常保持在平稳状态，而种植业碳吸收能力由于易受产业内部结构调整、农户行为方式变化影响，存在一定潜力和提升空间，对其展开研究更具有现实意义；其三，对于林地、草地的吸碳能力，学界目前争议较大，未能形成较为统一的标准，依据不同学派的研究结论所测算的结果存在较大差异（田云，2013）。所谓农作物碳吸收，是指作物光合作用形成的净初级生产量，即生物产量，计算式表示如下：

$$C = \sum_i^k C_i = \sum_i^k c_i \cdot Y_i \cdot (1 - r)/HI_i \qquad (3-4)$$

式（3-4）中，C 为农作物碳汇总量，C_i 为某种农作物的碳汇量，k 为农作物种类数，c 为作物通过光合作用合成单位有机质所需吸收的碳，Y_i 为作物的经济产量，r 为作物经济产品部分的含水量，HI_i 为作物经济系数。各类农作物的碳吸收率与经济系数主要引自王修兰（1996）、韩召迎等（2012）和田云等（2013）的相关文献，详见表3-4。

表3-4 中国主要农作物经济系数与碳吸收率

品种	经济系数	含水量（%）	碳吸收率	品种	经济系数	含水量（%）	碳吸收率
水稻	0.45	12	0.414	薯类	0.7	70	0.423
小麦	0.4	12	0.485	甘蔗	0.5	50	0.45
玉米	0.4	13	0.471	甜菜	0.7	75	0.407
豆类	0.34	13	0.45	蔬菜	0.6	90	0.45
油菜籽	0.25	10	0.45	瓜类	0.7	90	0.45

品种	经济系数	含水量（%）	碳吸收率	品种	经济系数	含水量（%）	碳吸收率
花生	0.43	10	0.45	烟草	0.55	85	0.45
向日葵	0.3	10	0.45	其他作物	0.4	12	0.45
棉花	0.1	8	0.45				

三　数据来源与处理

原始数据出自历年的《中国农村统计年鉴》《中国统计年鉴》《中国农业统计资料》《中国农业年鉴》《中国60年农业统计资料》以及一些省市年鉴。其中，化肥、农药、农膜、柴油、水稻种植面积、农业灌溉面积、农作物播种面积以及农作物产量均以当年实际情况为准；牛、马、驴、骡、骆驼、猪、羊和家禽等牲畜数量参照其出栏率以及各年年末存栏情况进行适当修正。考虑到以实价计算的农林牧渔总产值不能进行纵向对比，采用GDP可比价，以2005年作为价格基准年。另外，重庆由于1997年才单独设市，许多在此之前的数据缺失较为严重，为了便于分析比较且与后续研究保持一致，在实际分析中将重庆与四川合并，统一归为四川省。

第二节　中国农业碳排放时空特征分析

一　中国农业碳排放时序演变规律分析

基于前文所构建的公式，测算1993～2012年我国农业碳排放量如表3-5所示。结果显示，2012年我国农业碳排放总量为27715.38万吨（约相当于101623.06万吨 CO_2 当量），较1993年的20636.57万吨增加了34.30%，年均递增1.56%。其中，农地利用、稻田、牲畜养殖所导致的碳排放量依次为10903.07万吨、6408.77万吨和10403.54万吨，分别占农业碳排放总量的39.34%、23.12%和37.54%。农业碳排放强度一直呈现下降趋势，每万元农林牧渔总产值所引发的碳排放量由1993年

1092.18 千克降至 2012 年的 507.00 千克,可见,近些年我国在农业碳减排方面也取得了一定成效。

表 3－5　　　　　1993～2012 年中国农业碳排放总量、结构及强度　　单位:万吨,%

年份	农地利用		稻田		牲畜养殖		合计	强度
	总量	比重	总量	比重	总量	比重		kg/万元
1993	5745.87	27.84	6245.27	30.26	8645.43	41.89	20636.57	1092.18
1994	6071.05	28.02	6276.35	28.97	9319.25	43.01	21666.65	1055.89
1995	6504.75	28.22	6320.80	27.42	10225.12	44.36	23050.67	1012.93
1996	6855.99	28.29	6606.66	27.26	10770.36	44.44	24233.01	973.39
1997	7227.36	30.21	6674.91	27.90	10021.86	41.89	23924.13	900.64
1998	7449.36	31.04	6576.32	27.40	9973.39	41.56	23999.06	852.32
1999	7615.10	30.92	6644.79	26.98	10366.04	42.09	24625.93	835.33
2000	7716.66	31.26	6394.47	25.90	10577.72	42.84	24688.85	808.36
2001	7951.90	31.98	6168.35	24.81	10744.30	43.21	24864.55	781.30
2002	8116.01	32.18	6131.96	24.32	10969.10	43.50	25217.08	755.36
2003	8264.94	32.40	5836.81	22.88	11409.54	44.72	25511.29	734.78
2004	8771.56	32.59	6247.23	23.21	11897.87	44.20	26916.66	721.17
2005	9054.91	32.62	6355.87	22.89	12352.03	44.49	27762.81	703.73
2006	9317.55	33.10	6399.23	22.73	12435.47	44.17	28152.25	677.04
2007	9676.04	36.13	6294.51	23.51	10807.23	40.36	26777.79	619.81
2008	9788.70	37.43	6351.25	24.29	10012.70	38.29	26152.65	572.70
2009	10059.78	37.66	6398.95	23.96	10251.74	38.38	26710.47	559.19
2010	10375.79	38.26	6414.46	23.65	10328.76	38.09	27119.01	543.82
2011	10646.41	38.91	6427.32	23.49	10289.26	37.60	27362.99	525.08
2012	10903.07	39.34	6408.77	23.12	10403.54	37.54	27715.38	507.00
平均增速	3.43%	—	0.14%	—	0.98%	—	1.56%	-3.96%

注:农业碳排放强度 = 农业碳排放量/农林牧渔总产值,历年农林牧渔总产值按 2005 年不变价进行换算。

（一）中国农业碳排放总量时序演变特征

图 3－1 描述了我国农业碳排放总量在样本考察期内的演变。从整体

来看，呈现较为明显的上升趋势，但同时也伴随着一定的波动起伏，具体可划分为四个阶段：1993～1996 年为第一阶段，农业碳排放量持续快速增加，由 20636.57 万吨增至 24233.01 万吨，年均增速高达 5.50%，农用物资投入量的增加、水稻种植面积的扩大以及牲畜饲养规模的增大共同导致了该阶段农业碳排放量不断增加。1996～2006 年为第二阶段，农业碳排放量呈现波动上升的特点，由 24233.01 万吨增至 28152.25 万吨，年均递增 1.15%，增速较前一阶段大幅回落；具体来看，先后经历了微降（1996～1997）、缓慢上升（1997～2003）与快速上升（2003～2006）三类变化形态，波动性上升趋势较为明显；究其原因，主要受水稻种植面积波动起伏影响。2006～2008 年为第三阶段，农业碳排放量大幅回落，仅两年时间则由 28152.25 万吨降至 26152.65 万吨，年均递减 3.62%，牲畜养殖规模减小与养殖结构调整是促使碳排放量减少的主要原因。2008～2012 年为第四阶段，农业碳排放量呈现缓慢上升特征，由 25162.65 万吨增至 27715.38 万吨，年均递增 1.46%，农用物资投入量持续增加是引发该阶段碳排放量上升的关键因素。综合来看，在过去的近 20 年里，我国农业碳排放总量虽经历了一定起伏，呈现出"快速上升—波动上升—下降—缓慢上升"的四阶段变化特征，但总体上升趋势较为明显，其中以 2006 年碳排放量最高。基于当前变化趋势可大致判断，未来几年我国农业碳排放量会处于持续增长态势。

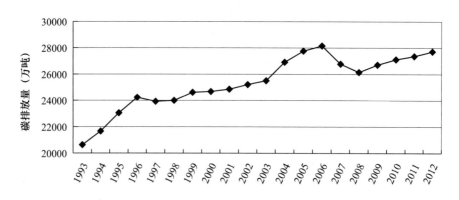

图 3-1 1993～2012 年中国农业碳排放总量变化

（二）中国农业碳排放强度时序演变特征

图3-2描述了我国农业碳排放强度在样本考察期内的演变。从中不难发现，自1993年以来，每万元农林牧渔总产值所引发的碳排放量一直呈现减少趋势，由1092.18千克/万元降至507.00千克/万元，年均递减3.96%。分阶段来看，不同时期碳排放强度减少幅度也存在差异。其中，以2007年降幅最大，碳排放强度较2006年减少了8.45%；2008年与1997年降幅分列二、三位，其碳排放强度分别较前一年减少了7.60%与7.47%；余下年份除1998年（5.36%）之外降幅均在5%以内。从演变特征来看，呈现"波动起伏—平稳"的循环变化轨迹，1994～1999年、2004～2009年为两个波动起伏阶段，农业碳排放强度减速均经历了较大变动，"V"形特征较为明显，降幅最大时甚至高于8%，但最小时却不到2%；1999～2004年、2009～2012年为两个平稳阶段，不同年份减速差异不大，但总体而言速率偏慢，下降速度介于1.8%～3.5%之间。

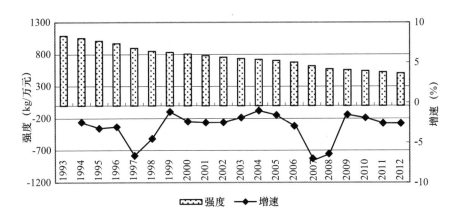

图3-2 1993～2012年中国农业碳排放强度变化及其增速

（三）中国农业碳排放结构时序演变特征

前文将农业碳排放归为三类，农地利用碳排放、稻田碳排放与牲畜养殖碳排放，就总量而言，在过去的近20年里三者均呈上升趋势。其中，农地利用碳排放增速最快，由5745.87万吨增至10903.07万吨，年均递增3.43%；从演变特征来看，一直处于上升趋势，可见我国农业产出的提升在很大程度上依赖于农业物资投入的持续增加。水稻所引发的碳排放量起伏波动较大，总体呈小幅增长态势，由 6245.27 万吨增至 6408.77 万吨，年均微增 0.14%；按照增速差异，可划分为持续上升期（1993～1997）、波动下降期（1997～2003）、上升期（2003～2006）与波动平稳期（2006～2012）等四个阶段，主要受水稻种植规模与种植结构的影响。牲畜养殖所导致的碳排放量经历了多重增减反复，总体也呈上升趋势，由 8645.43 万吨增至 10403.54 万吨，年均递增 0.98%，按照其变化特征，可划分为持续上升期（1993～1996）、下降期（1996～1998）、持续上升期（1998～2006）、快速下降期（2006～2008）与平稳期（2008～2012）等五个阶段，主要受牲畜饲养规模以及饲养品种变化的影响。

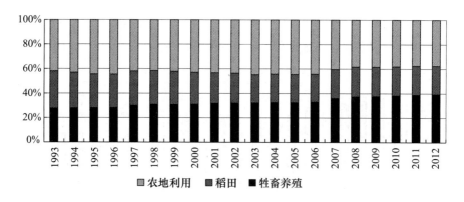

图 3 - 3   1993～2012 年中国农业碳排放结构变化

图 3 - 3 描述了我国农业碳排放结构在样本考察期内的演变。结合表 3 - 5，不难发现，农地利用碳排放所占比重一直处于上升趋势，1993 年仅占 27.84%，少于牲畜养殖碳排放与稻田碳排放所占比重；1995 年比重增至 28.88%，从而取代稻田成了农业碳排放第二大源头；2010 年其比重进一步提升至 38.26%，取代牲畜养殖成为了农业碳排放第一源头，并延续至今。稻田碳排放所占比重经历了一个波动下降（1993～2006）、回升（2006～2008）与下降（2008～2012）的变化轨迹，总体下降趋势较为明显，其中 1993 年所占比重为 30.26%，为农业碳排放第二大源头；随后两年所占比重

大幅下降，并于 1995 年被农地利用碳排放超越，降至第三；1995 年之后，所占比重虽有一定起伏，但总体处于减少趋势，至 2012 年为 23.12%，远低于同期农地利用、牲畜养殖碳排放所占比重。牲畜养殖碳排放所占比重经历了一个上升 (1993～1996)、下降 (1996～1998)、上升 (1998～2003)、平稳 (2003～2006) 与下降 (2006～2012) 的变化轨迹，总体呈现下降趋势，其 1993 年所占比重高达 41.89%，为农业碳排放第一大源头；随后经历了一定起伏且于 2003 年达到最高值 44.72%；2003 年之后，所占比重在经历了一段平稳期后，开始呈现下降态势，2010 年降至 38.09%，低于同期农地利用所占比重，演变为农业碳排放的第二源头。

二　中国农业碳排放空间差异分析

了解和分析不同省区农业碳排放的特征，对科学确立相应的减排思路，意义重大。为此，测算我国 30 个省 (市、区) 1993～2012 年的农业碳排放量，在此基础上，分析其碳排放结构，并计算其碳排放强度。受限于篇幅，表 3-6 仅列出了 2012 年我国各省 (市、区) 的农业碳排放量、结构及强度情况。

表 3-6　　　　　　2012 年中国农业碳排放总量、结构及强度　　　　单位：万吨,%

地区	农地利用		稻田		牲畜养殖		合计	强度
	总量	比重	总量	比重	总量	比重		千克/万元
北京	29.67	48.50	0.02	0.03	31.49	51.47	61.17	205.55
天津	53.41	58.88	1.13	1.24	36.17	39.87	90.70	280.26
河北	783.05	61.48	8.98	0.70	481.59	37.81	1273.62	368.29
山西	206.87	60.56	0.05	0.01	134.65	39.42	341.56	491.49
内蒙古	360.79	32.63	5.44	0.49	739.63	66.88	1105.86	776.95
辽宁	344.84	44.95	41.69	5.44	380.55	49.61	767.09	318.32
吉林	348.33	50.58	26.63	3.87	313.66	45.55	688.63	450.72
黑龙江	549.43	48.50	173.93	15.35	409.49	36.15	1132.85	587.26
上海	38.66	40.70	38.60	40.64	17.73	18.66	94.99	421.69

续表

地区	农地利用		稻田		牲畜养殖		合计	强度
	总量	比重	总量	比重	总量	比重		千克/万元
江苏	592.05	36.73	823.04	51.05	197.01	12.22	1612.10	464.16
浙江	358.97	48.51	276.66	37.38	104.42	14.11	740.05	423.03
安徽	562.87	37.87	675.57	45.45	247.95	16.68	1486.38	626.99
福建	268.73	43.34	216.21	34.87	135.09	21.79	620.03	333.36
江西	277.42	20.43	805.25	59.31	274.97	20.25	1357.64	864.63
山东	965.22	60.00	17.74	1.10	625.86	38.90	1608.83	321.18
河南	994.89	52.29	78.89	4.15	828.94	43.57	1902.71	410.69
湖北	543.09	34.79	648.80	41.57	368.97	23.64	1560.87	625.44
湖南	433.33	23.21	942.72	50.50	490.57	26.28	1866.63	664.65
广东	415.94	35.56	452.65	38.70	301.11	25.74	1169.71	362.50
广西	372.78	30.27	454.89	36.94	403.65	32.78	1231.32	581.21
海南	97.73	39.72	74.07	30.10	74.25	30.18	246.05	314.08
四川	585.96	26.58	470.83	21.36	1147.52	52.06	2204.31	529.51
贵州	159.31	26.94	102.68	17.37	329.29	55.69	591.28	732.64
云南	381.77	38.06	52.30	5.21	569.05	56.73	1003.12	604.35
西藏	16.47	4.05	0.05	0.01	390.18	95.94	406.70	4635.36
陕西	348.29	66.32	10.52	2.00	166.36	31.68	525.17	469.64
甘肃	260.68	41.64	0.26	0.04	365.17	58.32	626.12	817.03
青海	24.36	7.47	0.00	0.00	301.56	92.53	325.92	2371.43
宁夏	77.24	46.72	4.22	2.56	83.84	50.72	165.31	741.43
新疆	450.91	49.62	4.95	0.55	452.83	49.83	908.69	699.22

注：农业碳排放强度＝农业碳排放量/农林牧渔总产值，为与前文保持一致，农林牧渔总产值按 2005 年不变价进行换算。

（一）农业碳排放总量省域比较

从 2012 年我国 30 个省（市、区）农业碳排放量大小排序来看（表

3－6），排在前10位的地区依次为四川（2204.31万吨）、河南（1902.71万吨）、湖南（1866.63万吨）、江苏（1612.10万吨）、山东（1608.83万吨）、湖北（1560.87万吨）、安徽（1486.38万吨）、江西（1357.64万吨）、河北（1273.62万吨）和广西（1231.32万吨），10省（区）碳排放总量占全国农业总排放的58.11%；排在后10位的地区依次为北京（61.17万吨）、天津（90.70万吨）、上海（94.99万吨）、宁夏（165.31万吨）、海南（246.05万吨）、青海（325.92万吨）、山西（341.56万吨）、西藏（406.70万吨）、陕西（525.17万吨）和贵州（591.28万吨），10省（市、区）碳排放总量仅占全国10.28%。其中，处于第一位的四川2012年农业碳排放总量高达2204.31万吨，相当于排在倒数第一的北京市的36.03倍，可见，不同地区农业碳排放总量差异较大。从地区分布来看，传统农业大省是我国农业碳排放的主要来源地，13个粮食主产省区中的9个碳排放量居于全国前10位。就当前来看，主要农业大省仍以传统发展模式为主，即坚持高投入、高产出原则，且产业模式较为单一，由此导致农业碳排放总量居高不下。

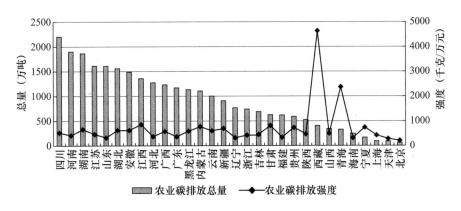

图3－4 我国农业碳排放总量、强度区域比较（2012）

（二）农业碳排放强度省域比较

由于不受资源总量基数影响，碳排放强度更能反映一个地区农业碳排放程度，便于不同省域进行横向对比。结合表3－6、图3－4可知，我国 30 个省（市、区）农业碳排放强度差异明显，总体呈现西高东低的特征，即西部 > 中部 > 东部。其中，农业碳排放强度最高的地方为西藏，每万元农林牧渔产值引发的碳排放量高达 4635.36 千克；最低的地区是北京，仅为 205.55 千克/万元农林牧渔产值。依据绝对数量差异，并结合区间分布特点，可将 30 个地区分为四个层次：①第一层次为农业碳排放强度超过 900 千克/万元农林牧渔产值的地区，以西藏、青海二地为代表，位于青藏高原地区，以畜牧业生产为主，引致了大量温室气体排放，但由于生产方式较为落后且气候环境恶劣，农业产出水平较低，属于典型的"高排放—低收益"型地区。②第二层次为农业碳排放强度介于 600～900 千克/万元农林牧渔产值的地区，包括江西、甘肃、内蒙古、宁夏、贵州、新疆、湖南、安徽、湖北和云南，主要分布于我国华中、西北和西南地区。③第三层次为农业碳排放强度介于 400～600 千克/万元农林牧渔产值的地区，包括黑龙江、广西、四川、山西、陕西、江苏、吉林、浙江、上海和河南，主要分布于中东部地区以及西部部分地区。④第四层次为农业碳排放强度低于 400 千克/万元农林牧渔产值的地区，包括河北、广东、福建、山东、辽宁、海南、天津和北京，这些地区均分布于我国东部地区。

（三）农业碳排放结构省域比较

由于我国幅员辽阔，水热条件、资源禀赋分布不均，导致不同省（市、区）农业产业结构并不一致，进而使得各地区农业碳排放结构也存在较大区别。结合表 3 - 2，基于碳排放比重构成的差异，可将 30 个省（市、区）划分为五种类型：①农地利用主导型地区，即指那些农业碳排放主要源自农地利用活动，而稻田、牲畜养殖所引发的碳排放占比相对较低的地区，包括天津、河北、山西、山东、陕西等 4 省 1 市，这些地区以种植业、牲畜圈养为主，受水资源匮乏影响，水稻种植规模普遍较小。②稻田主导型地区，即指那些农业碳排放主要源于稻田，而农地利用、牲畜养殖所导致的碳排放占比相对较低的地区，包括江苏、江西、湖南等 3 省，这三地水稻在农业产业结构中占有举足轻重的地位。③牲畜养殖主导型地区，即指那些农业碳排放主要源于牲畜饲养，而农地利用、稻田所引发的碳排放占比相对较低的地区，包括内蒙古、四川、云南、贵州、西藏、青海等4省2区，其中青、藏、内蒙古三地主要在于其农业产业结构中畜牧业占有重要地位，川、云、黔三地则由于地处西南横断地区，自然条件相对恶劣，役畜在农业生产中仍发挥重要作用，一定程度上也加剧了碳排放。④复合因素主导型地区，即指那些农业碳排放主要源于两方面（可能是农地利用和稻田或者农地利用和牲畜养殖，也可能是稻田和牲畜养殖），而另一方面所占比非常低（通常在20%以下）的地区，包括北京、辽宁、吉林、黑龙江、上海、浙江、安徽、河南、甘肃、宁夏、新疆等7省2市2区，其中部分地区以种植业为主，余下地区种植业、畜牧业发展较为均衡。⑤均衡型地区，即指那些农业碳排放来源较为均衡的地区，具体表现为三者所占比均在20%以上，包括福建、湖北、广东、广西、海南等4省1区，这些地区种植业较为发达且粮食作物以水稻为主，同时，以生猪、家禽为代表的畜禽养殖业规模也较为可观。

第三节　中国农业碳汇时空特征分析

一　中国农业碳汇时序演变规律分析

根据第三章第一节所构建的农业碳汇测算体系及给出的相关公式，估算1993~2012年我国农业碳汇量如表3-7所示。结果显示，2012年我国农业碳汇总量为72569.48万吨，较1993年的48771.41万吨增加了48.80%，年均递增2.11%。其中，粮食作物与经济作物分别实现碳汇53940.20万吨与18629.28万吨，占农业碳汇总量的74.33%和25.67%，由此可见，目前粮食作物在农业碳汇方面扮演着更为重要的角色。至于农业碳汇强度，虽表现出一定起伏，但总体呈现上升趋势，由1993年的3.30吨/公顷增至2012年的4.44吨/公顷，年均递增1.57%。

表 3 - 7　　　　　1993～2012 年中国农业碳汇总量、结构及强度　　　单位：万吨，%

年份	粮食作物		经济作物		合计		强度
	总量	比重	总量	比重	总量	增速	吨/公顷
1993	40901.76	83.86	7869.65	16.14	48771.41	—	3.30
1994	39889.60	82.53	8443.73	17.47	48333.33	-0.90	3.26
1995	41675.72	80.74	9938.40	19.26	51614.12	6.79	3.44
1996	44160.37	81.35	10123.52	18.65	54283.89	5.17	3.56
1997	44332.48	79.84	11196.87	20.16	55529.34	2.29	3.61
1998	45843.93	79.70	11675.04	20.30	57518.97	3.58	3.69
1999	45428.72	79.71	11562.32	20.29	56991.04	-0.92	3.64
2000	40841.76	77.18	12075.73	22.82	52917.49	-7.15	3.39
2001	40173.04	75.19	13256.72	24.81	53429.77	0.97	3.43
2002	40610.16	73.45	14676.31	26.55	55286.47	3.48	3.58
2003	38307.63	73.18	14039.64	26.82	52347.27	-5.32	3.43
2004	41887.10	73.57	15047.94	26.43	56935.04	8.76	3.71
2005	43434.40	74.53	14839.52	25.47	58273.92	2.35	3.75
2006	44847.65	73.69	16009.33	26.31	60856.99	4.43	4.00
2007	45675.57	73.79	16221.64	26.21	61897.21	1.71	4.03
2008	48237.32	73.53	17366.91	26.47	65604.23	5.99	4.20
2009	48371.67	73.99	17005.77	26.01	65377.44	-0.35	4.12
2010	49854.57	74.62	16959.53	25.38	66814.09	2.20	4.16
2011	52152.40	74.64	17723.36	25.36	69875.76	4.58	4.31
2012	53940.20	74.33	18629.28	25.67	72569.48	3.86	4.44
平均增速	1.47%	—	4.64%	—	2.11%	—	1.57%

注：农业碳汇强度 = 农业碳排放量/农作物总播种面积。

（一）中国农业碳汇总量时序演变特征

图 3 - 5 描述了我国农业碳汇总量在样本考察期内的演变。从图中不难发现，总体呈现较为明显的"上升—下降—平稳—上升"的四阶段变化特征。其中，1993～1998 年为第一阶段，除 1994 年略微减少之外其他各年均持续增加，农业碳汇量由 48771.41 万吨增至 57518.97 万吨，年均递增 3.35%，1995 年、1996 年增速甚至高于 5%。1998～2000 年为第二

阶段，农业碳汇量持续下降，由 57518.97 万吨减至 52917.49 万吨，年均
递减 4.08％，其中 2000 年降幅甚至高达 7.15％，这也为整个考察期内的
最大降幅。2000～2003 年为第三阶段，虽存在一定起伏，但农业碳汇量
总体较为平稳，维持在 53000 万吨左右，变化幅度不大。2003～2013 年
为第四阶段，除 2009 年较前一年小幅下降（-0.35％）之外，其他各年
农业碳汇量均保持增长态势，由 52347.27 万吨增至 72569.48 万吨，年均
递增 3.32％，其中以 2004 年增幅最大，高达 8.76％，这也是整个考察期
内的最快增速。综合来看，在过去的近 20 年里，我国农业碳汇量虽有过
一些波动，但总体增加趋势较为明显且近十年来一直呈现良好的上升势
头。由此也不难预测，只要农业继续保持现有发展态势，我国农业碳汇
量在未来仍将拥有较大提升空间。

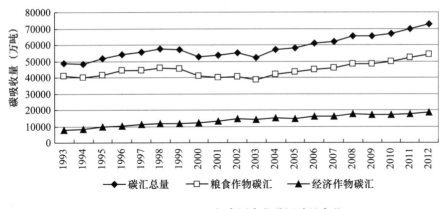

图 3－5　1993～2012 年中国农业碳汇总量变化

（二）中国农业碳汇强度时序演变特征

图 3－6 呈现了我国农业碳汇强度在样本考察期内的演变。鉴于农业
碳汇与农作物生物产量之间存在高度相关性，而生物产量多寡在一定程
度上又决定农业总产值的多少，故在计算农业碳汇强度时以农林牧业总
产值作为参照变量是不太科学的。为此，本书将另辟蹊径，选择将农作
物播种面积作为参照变量，以此计算农业碳汇强度。基于图 3－6 并结合
表 3－3 可知，1993 年以来，我国单位播种面积所产生的碳汇量虽存在一

定波动，但总体处于上升趋势，由3.30吨/公顷增至4.44吨/公顷，19年间增加了34.52%，年均递增1.57%。按照其增减变化特点，可大致划分为三个阶段：1993～1998年为第一阶段，农业碳汇强度在1994年虽一度小幅下降，但随后几年都保持增长态势，并于1998年升至3.69吨/公顷，故该阶段可界定为"波动上升期"；1998～2000年为第二阶段，农业碳汇强度持续下降，其中2000年相比1999年更是降低了7.10%，从而导致每公顷播种面积所产生的碳汇量降至3.39吨，可见该阶段为名副其实的"持续下降期"；2000～2012年为第三阶段，单位播种面积所产生的碳汇量虽曾两度（2003年、2009年）出现下降，但总体上升轨迹较为明显，碳汇强度于2012年达到最高值4.44吨/公顷，结合变化特征可将该阶段再度视为"波动上升期"。

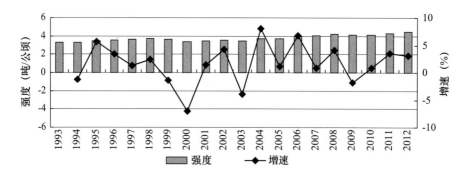

图3－6 1993～2012年中国农业碳汇强度变化及其增速

（三）中国农业碳汇结构时序演变特征

前文将农业碳汇分为了两类，一是粮食作物碳汇，即水稻、小麦、玉米、其他谷物、豆类以及甘薯生长全生命周期中所产生的碳吸收；二是经济作物碳汇，即油菜籽、花生、向日葵、棉花、甘蔗、甜菜、蔬菜、瓜类、烟草及其他作物生长全生命周期中的碳吸收。就总量而言，在过去的近20年里二者均保持上升势头，但其增幅与变化形态又有所区别（见表3－7、图3－7）。其中，粮食作物碳汇总体增速相对偏缓一些，由40901.76万吨增至53940.20万吨，年平均增速仅为1.47%。

从演变规律来看，呈现上升、下降、再上升的三阶段变化特征，主要受粮食产量与品种选择变化影响。相比较而言，经济作物碳汇增速要明显快一些，由 7869.65 万吨增至 18629.28 万吨，年平均增速高达 4.64%。从演变特征来看，除少数年份较上一年略有回落外，绝大多数年份经济作物碳汇都呈现较为明显的上升趋势，可见，自 20 世纪 90 年代以来经济作物在农业生产中扮演着越来越重要的角色。图 3 – 7 描述了我国农业碳汇结构在样本考察期内的演变，结合表 3 – 7 可知，虽然粮食作物所带来的碳汇占据了我国农业碳汇总量的绝大部分，但其所占比重总体却处于下降态势，由 1993 年的 83.86% 降至 2012 年的 74.33%，在过去不到 20 年的时间里减少了近 1/8。按照所占比重差异，可分为下降阶段（1993～2003 年）与平稳阶段（2003～2012 年），前一阶段粮食作物碳汇所占比重持续下降，而后一阶段虽有一定起伏但总体较为平稳，其比重维持在 74% 左右。

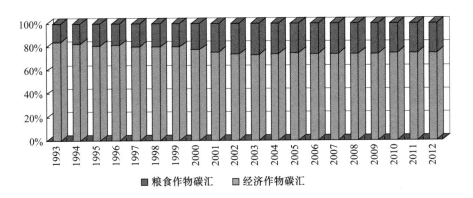

图 3 – 7　1993～2012 年中国农业碳汇结构变化

二　中国农业碳汇空间差异分析

接下来，测算我国 30 个省（市、区）1993～2012 年的农业碳汇量，在此基础上计算碳汇强度并分析其结构。受限于篇幅，表 3 – 8 仅列出了 2012 年我国各省（市、区）的农业碳汇量、结构及强度情况。

表3-8　　　　　　　2012年中国农业碳汇总量、结构及强度　　　　单位：万吨,%

地区	粮食作物		经济作物		合计		强度
	总量	比重	总量	比重	总量	排名	吨/公顷
北京	116.82	82.61	24.59	17.39	141.41	29	5.00
天津	165.48	73.49	59.71	26.51	225.19	26	4.70
河北	3280.11	76.83	989.12	23.17	4269.23	6	4.86
山西	1291.08	91.45	120.70	8.55	1411.78	19	3.71
内蒙古	2442.86	87.53	347.89	12.47	2790.75	13	3.90
辽宁	1972.69	84.75	354.83	15.25	2327.52	15	5.53
吉林	3255.31	94.94	173.36	5.06	3428.66	9	6.45
黑龙江	5386.08	97.57	134.36	2.43	5520.44	3	4.51
上海	106.52	73.86	37.70	26.14	144.22	28	3.72
江苏	3066.01	81.13	713.33	18.87	3779.34	7	4.94
浙江	616.72	70.65	256.19	29.35	872.91	22	3.76
安徽	3102.02	82.78	645.51	17.22	3747.52	8	4.18
福建	473.42	71.84	185.56	28.16	658.98	23	2.91
江西	1662.60	82.65	348.94	17.35	2011.54	17	3.64
山东	4540.40	76.22	1416.20	23.78	5956.60	2	5.48
河南	5712.69	81.16	1326.16	18.84	7038.84	1	4.94
湖北	2086.93	68.26	970.49	31.74	3057.42	12	3.78
湖南	2414.32	76.56	739.35	23.44	3153.68	10	3.71
广东	1049.73	51.62	983.97	48.38	2033.70	16	4.39
广西	1224.08	24.50	3772.67	75.50	4996.75	4	8.21
海南	145.91	37.79	240.20	62.21	386.12	25	4.52
四川	3507.38	78.80	943.39	21.20	4450.77	5	3.39
贵州	825.05	72.99	305.29	27.01	1130.34	21	2.18
云南	1519.27	57.05	1143.99	42.95	2663.25	14	3.85
西藏	95.91	86.33	15.18	13.67	111.09	30	4.55
陕西	1210.17	83.43	240.32	16.57	1450.49	18	3.42
甘肃	948.36	80.34	232.05	19.66	1180.41	20	2.88
青海	78.64	53.63	68.01	46.37	146.65	27	2.65
宁夏	336.37	84.97	59.49	15.03	395.87	24	3.19
新疆	1307.69	42.34	1780.73	57.66	3088.42	11	6.03

（一）农业碳汇总量省域比较

从 2012 年我国 30 个省（市、区）农业碳汇量大小排序来看（见表 3 –8），排在前 10 位的地区依次为河南（7038.84 万吨）、山东（5956.60 万吨）、黑龙江（5520.44 万吨）、广西（4996.75 万吨）、四川（4450.77 万吨）、河北（4269.23 万吨）、江苏（3779.34 万吨）、安徽（3747.52 万吨）、吉林（3428.66 万吨）和湖南（3153.68 万吨），10 省（区）碳汇总量占全国农业碳汇总量的 63.86%；排在后 10 位的地区依次为西藏（111.09 万吨）、北京（141.41 万吨）、上海（144.22 万吨）、青海（146.65 万吨）、天津（225.19 万吨）、海南（386.12 万吨）、宁夏（395.87 万吨）、福建（658.98 万吨）、浙江（872.91 万吨）和贵州（1130.34 万吨），10 省（市、区）碳汇总量仅占全国 5.81%。其中，排在第一的河南与倒数第一的西藏相差 62.36 倍，可见，不同省区农业碳汇总量差异较大。总体而言，碳汇居于前列的地区仍以粮食主产省份和经济作物种植较为发达的省份为主。究其原因，主要在于本书仅将主要农作物种植品种作为碳汇源，而未考虑林地和草地。

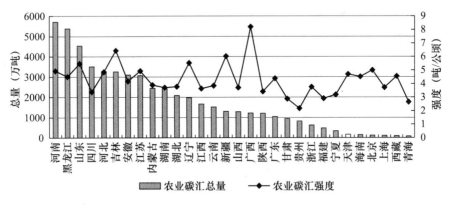

图 3 –8 我国农业碳汇总量、强度比较（2012）

（二）农业碳汇强度省域比较

由于不受资源总量基数影响，碳汇强度更能客观反映一个地区农业碳吸收程度，便于区域间进行横向比较。结合表 3 –8、图 3 –8 可知，我国30个省（市、区）农业碳汇强度差异明显，总体呈现东北—华北高、西北—西南低的特征。其中，农业碳汇强度最高的地区为广西，高达8.21吨/公顷，最低的地区是贵州，仅为2.18吨/公顷，只相当于广西的1/4。依据绝对数量差异，可分为四个层次：①第一层次为农业碳汇强度超过5.0吨/公顷的地区，包括广西、吉林、新疆、辽宁、山东和北京，除广西之外均位于我国北部地区；②第二层次为每公顷农业碳汇强度介于4.0～5.0吨之间的地区，包括江苏、河南、河北、天津、西藏、海南、黑龙江、广东和安徽，主要分布于我国华北、华南以及一些沿海、沿边（疆）省份；③第三层次为每公顷农业碳汇强度介于3.0～4.0吨之间的地区，包括内蒙古、云南、湖北、浙江、上海、山西、湖南、江西、陕西、四川和宁夏，主要分布于我国华东、华中以及西北、西南地区；④第四层次为农业碳汇强度低于3.0吨/公顷的地区，包括福建、甘肃、青海和贵州，分布于我国华东、西北与西南。

（三）农业碳汇结构省域比较

由前文分析可知，就国家层面而言，近3/4的农业碳汇源于粮食作物种植，可见粮食作物是农业碳汇的主导源头。但同时，由于我国幅员辽阔，不同地区农业种植模式与品种选择存在一定差异，从而使得各地区农业碳汇结构并非完全一致。结合表3-8、图3-9，基于粮食作物碳汇所占农业碳吸收总量的比重差异，可将30个省（市、区）划分为五种类型：①绝对（完全）主导型地区，即指粮食作物碳汇所占比重超过90%的地区，代表性地区包括黑龙江、吉林、陕西等3省，这些地区主要生产小麦、玉米、大豆等粮食作物，经济作物种植比重相对较低，其中黑、吉二省为我国重要的商品粮基地。②相对主导型地区，即指粮食作物碳汇所占比重介于80%～90%之间的地区，包括内蒙古、西藏、宁夏、辽宁、陕西、安徽、江西、北京、河南、江苏、甘肃等7省1市3区，除皖、赣、苏之外均位于我国北方。究其原因，内蒙古、辽、皖、赣、豫、苏等地在于其为粮食主产区，粮食生产占据相对重要地位；其他地区或受制于自身功能定位（北京，农业生产相对处于弱势）、或水热资源禀赋条件较差（陕、甘、宁三地，地处我国大西北，属于半干旱半湿润气候）、或生态环境较为恶劣（西藏，高寒气候），导致其经济作物种植量均比较少。③一般主导型地区，即指粮食作物碳汇所占比重介于65%～80%的地区，包括四川、河北、湖南、山东、上海、天津、贵州、福建、浙江、湖北等8省2市，主要分布于我国华北、华东、华中及西南地区，以南方省份居多，较为良好的水热条件使得这些地区种植了油菜籽、棉花、蔬菜、花生、瓜果等多类经济作物，从而使得经济作物碳汇所占比重得到了一定提升。④略微主导型地区，即指粮食作物碳汇所占比重介于50%～65%的地区，代表性省份包括云南、青海、广东等3省，其中滇、粤二地水热条件较好，适宜于多类农作物的种植，经济作物凭借其较高的投入回报率得到了广泛种植；青海由于生态条件恶劣，农业生产水平较为落后，作物品种选择余地较小。⑤非主导性地区，即粮食作物碳汇所占比重低于50%的地区，包括新疆、海南、广西等三地。其中，新疆是我国最大的棉花生产基地，同时凭借得天独厚的自然条件，其生产的瓜果也享誉海内外，从而使得经济作物在其农业生产中占有主导地位；琼、桂二省得益于其独特的水热资源条件，适宜甘蔗、热带水果等生长，经济作物的大量种植使其产生的碳汇量超过了粮食作物。

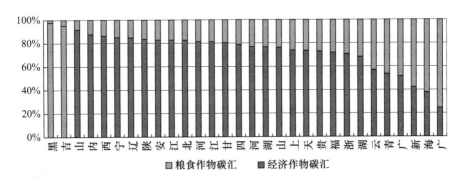

图3-9 我国农业碳汇结构省域比较（2012）

第四节　本章小结

本章在科学构建农业碳排放/碳汇测算指标体系的基础上，对我国及其30个省（市、区）的农业碳排放/碳汇量进行了核算，并从总量、强度和结构三个维度分别探讨了二者的时序演变规律及空间分异特征。在此基础上，以碳汇为突破口，对我国省域农业碳排放的公平性进行了探究。主要研究结论如下：

（1）2012年我国农业碳排放总量为27715.38万吨，较1993年增加了34.30%。其中，农地利用、稻田、牲畜养殖所导致的碳排放量分别占农业碳排放总量的39.34%、23.12%和37.54%。分阶段来看，农业碳排放总量呈现较为明显的"快速上升—波动上升—下降—缓慢上升"的四阶段变化特征；农业碳排放强度一直呈现减少趋势，但不同时期减少幅度存在差异，呈现"波动起伏—平稳"的循环变化轨迹；农地利用碳排放、稻田碳排放与牲畜养殖碳排放总量均呈上升趋势，其中农地利用碳排放所占比重一直处于上升趋势，而稻田与生产养殖碳排放所占比重均有不同程度降低。

（2）农业碳排放地区差异明显。排在前10位的省份占全国农业碳排放总量的58.11%，而排在后10位的地区仅占全国10.28%，传统农业大省尤其粮食主产省区是我国农业碳排放的主要来源地；农业碳排放强度总体呈现西高东低的特征，即西部＞中部＞东部，其中，强度最低的北京与最高的西藏相差20多倍；基于碳排放比重构成差异，可将30个省（市、区）划分为农地利用主导型、稻田主导型、牲畜养殖主导型、复合因素主导型与均衡型等5类地区，其中以复合主导型省份最多，占了我国省级行政区总数的近40%（11个）。

（3）2012年我国农业碳汇总量为72569.48万吨，较1993年增加了48.80%，年均递增2.11%。其中，粮食作物、经济作物所引发的碳汇量分别占农业碳汇总量的74.33%和25.67%。分阶段来看，农业碳汇总量呈现较为明显的"上升—下降—平稳—上升"的四阶段变化特征；农业碳汇强度虽存在一定起伏，但总体处于上升趋势，经历了两个"波动上升期"与一个"持续下降期"；过去近20年里粮食作物碳汇与经济作物碳汇总量均保持上升趋势，但其增幅与变化形态又有所区别，粮食作物碳汇虽占据了我国农业碳汇总量的绝大部分，但其所占比重总体却处于下降态势。

（4）各地区农业碳汇同样差异明显。排在前10位的地区占全国农业碳汇总量的63.86%，而排在后10位的地区仅占全国5.81%，粮食主产省份和经济作物种植较为发达的省份是我国农业碳汇的主要来源地；农业碳汇强度总体呈现东北—华北高、西北—西南低的特征，其中，贵州农业碳汇强度最低，只相当于广西（最高）的1/4；基于粮食作物碳汇所占农业碳汇总量的比重差异，可将30个省（市、区）划分为绝对（完全）主导型、相对主导型、一般主导型、略微主导型与非主导型等5类地区，其中相对主导型与一般主导型省份较多，分别占有11个和10个省级行政区。

第四章

中国低碳农业生产率增长与
分解研究

    本章将通过对相关研究方法的阐述和引入，在准确界定农业投入与产出变量并明确其数据来源及处理手段的基础上，从全国宏观层面测度低碳农业生产率并探究其时序演变规律。然后基于此，展开对低碳农业生产率的研究与分解，以探究其增长源泉及其作用规律。拟通过上述分析，实现低碳农业研究由理论向实证的转变，让我们对低碳农业能有一个更为直观地认识。具体而言，本章内容分为四节：第一节是对相关研究方法的介绍，包括环境生产技术、SMB 方向性距离函数模型以及 Malmquist 生产率指数；第二节为变量界定与数据处理，分别介绍农业投入变量和农业产出变量，其中产出变量包括合意产出与非合意产出，同时还将阐述数据来源及处理方式；第三节为中国低碳农业生产率增长与源泉，在对中国低碳农业生产率进行测算的基础上分析其时序演变特征，并明确其增长源泉及其作用规律；第四节是对本章内容进行小结。

第一节　研究方法

一　环境生产技术

    任何一个经济系统的完整生产过程都包括要素投入和产出部分，作为国民经济的基础产业，农业也不例外。通常情况下，农业生产在投入一定量的生产要素如劳动力、土地、化肥、农药后，除了获取粮棉油、蔬菜、水果、畜产品等一系列合意产出（Good Outputs）之外，往往还伴随着诸如废气、废水、废弃物等一些污染环境并影响生态可持续的非合意产出（Bad or Undesirable Outputs）。在实践中，为了减少非合意产出，常见的做法有两种：一是投入更多的生产要素，这样不利于构建资源节约型社会；二是占用一部分资源用于环境治理，但这样做却极有可能导致合意产出减少（王群伟等，2011）。这种将环境管制纳入生产效率分析系统之中，并构建了一个包含合意产出、非合意产出和投入要素之间的技术结构关系在内的所有生产可能性的集合被称为环境生产技术（Fare，1989，2007；王兵等，2008；董锋等，2013）。

参照 Fare（2007）的研究，根据环境生产技术的基本原理，我们不妨设某地区有 N 种投入要素 x，生产出 M 种期望产出 y，同时有 I 种非期望产出 b（如废水、固体废弃物、温室气体排放等），公式表达如式（4-1）所示：

$$\begin{cases} x = (x_1, x_2, \cdots, x_N) \in R_+^N \\ y = (y_1, y_2, \cdots, y_N) \in R_+^M \\ b = (b_1, b_2, \cdots, b_I) \in R_+^I \end{cases} \quad (4-1)$$

环境生产技术的生产可能性集则可如式（4-2）所示：

$$P(x) = \{(y, b) : x \ can \ produce(y, b)\}, x \in R_+^N \quad (4-2)$$

生产集 $P(x)$ 应满足以下几个方面：①$P(x)$ 是有界封闭集（Closed set），表示在 $P(x)$ 这个环境生产技术条件中有限投入只能生产出有限的产出，换言之，即在生产要素投入一定的情况下其产出必然是有限的；②合意产出的强可处置性（Strong Disposability），意味着合意产出具有完全可处置性，可以任意比例减少其产出量，这种强可处置性是零成本的；③非合意产出的弱可处置性（Weak Disposability），表明既定投入下非合意产出的减少是以牺牲合意产出为代价的，二者减少的比例在同期可能保持一致；④合意产出与非合意产出的零结合性（Null Jointness），即在生产合意产出的同时必然伴有非合意产出，而避免非合意产出出现的唯一的办法是停止一切生产活动。具体如式（4-3）所示：

$$
\begin{cases}
P(x)\,is\ compact\ x\,\in\,R_+^N \\
(y,b)\,\in\,P(x)\,and\ y'\leq y\ imply(y',b)\,\in\,(Px) \\
(y,b)\,\in\,P(x)\,and\ c'\leq c\ imply(y,b')\,\in\,(Px) \\
(y,b)\,\in\,P(x)\,and\ b=0\ imply\ y=0
\end{cases}
\quad (4-3)
$$

在实际操作和计算中，可利用 DEA 方法将上述思想具体化，即将环境生产技术通过 DEA 表达。假设时期 $t=1,\cdots,T$，有 $k=1,\cdots,K$ 个生产单位，投入产出变量为 (x_k^t,y_k^t,b_k^t)，则在规模报酬不变条件下该生产过程可描述为：

$$
P^t(x^t)=
\begin{cases}
(yt,bt):\displaystyle\sum_{k=1}^{K}Z_k^t y_k^t,m\geq y_m^t,m=1,\cdots,M; \\
\displaystyle\sum_{k=1}^{K}Z_k^t b_{k,i}^t=b_i^t=1,\cdots,I; \\
\displaystyle\sum_{k=1}^{K}Z_k^t x_{k,n}^t\leq n=1,\cdots,N;Z_k^t\geq 0,k=1,\cdots,K
\end{cases}
\quad (4-4)
$$

为表示合意产出与非合意产出的零结合性，假定：

$$
\sum_{k=1}^{K}>0,i=1,\cdots,I; \quad (4-5)
$$

$$
\sum_{i=1}^{I}>0,k=1,\cdots,K; \quad (4-6)
$$

式（4-5）表示至少有一个单位在生产每一种非合意产出；式（4-6）表示每一个生产单位至少生产一种非合意产出。

二　SBM 方向性距离函数模型

DEA 模型大都采取径向和线性分段形式，这有效保证了生产可能性集凸性，但当存在投入过度（"拥挤"，congestion）或产出不足时，径向 DEA 会高估生产单位的效率。严格的完全有效率状态应该是既没有径向无效率也没有投入或产出松弛。Tone（2001）通过在目标函数中引用投入和产出松弛量，提出了一个非径向非角度的基于松弛的（slacks-based measure，SBM）效率模型，有效解决了上述缺陷。他进一步证明 SBM 有效且当且仅当 CCR 有效（松弛为 0）且 SBM 效率值小于或等于 CCR 效率值。借鉴 Tone（2001，2003）的思路，在式（4-4）基础上，构建生产单位 β_2 在时期 t 包含非合意产出的非径向非角度 SBM 方向性距离函数模型。

$$s.t. \sum_{k=1}^{K} = Z_k^t y_{k,m}^t - S_m^y = y_{k,m}^t, m = 1, \cdots, M \qquad (4-7)$$

$$\sum_{k=1}^{K} = Z_k^t b_{k,i}^t = S_i^b = b_{k,t}^t, i = 1, \cdots, I;$$

$$\sum_{k=1}^{K} = Z_k^t x_{k,b}^t - S_n^x, n = 1, \cdots, N;$$

$$Z_k^t \geq 0, S_m^y \geq 0, S_i^b \geq 0, S_n^x \geq 0, k = 1, \cdots, K$$

式（4-7）中，目标函数 p^* 分子、分母分别测度生产单位实际投入、产出与生产前沿面的平均距离，即投入无效率和产出无效率程度。该目标函数值直接包含投入与产出松弛量 S^x、S^y、S^b，分别表示投入过剩和产出不足，有效解决了投入产出松弛的问题。p^* 关于 S^x、S^y、S^b 严格递减，且 $p^* \in [0,1]$，当且仅当 $p^+ = 1$ 时，生产单位完全有效，此时 $S^x = S^y = S^b = 0$，即最优解中不存在投入过剩和产出不足。x_{11} 表示生产单位存在效率损失，在投入产出上存在进一步改进的空间。式（4-7）除了考虑环境污染损失和松弛量影响外，还具有非角度（non-oriented）性质，兼顾投入减少和产出增加。

三 Malmquist-Luenberger 生产率指数

基于 Chung 等（1997）人研究，可采用 Malmquist-Luenberger 生产率指数测度包含非合意产出的全要素生产率。为此，本研究将引入跨期动态概念，参照 Malmquist 指数几何平均值思路，构造从时期 t 到 $t+1$ 基于乘除结构和相邻参比的 SBM 方向性距离函数的全要素生产率指数，并定义为低碳农业生产率（LTFP）指数：

$$LTEP(x^{t+1}, y^{t+1}, b^{t+1}; x^t, y^t, b^t) =$$

$$\left[\frac{\overrightarrow{S_C^t}(x^{t+1},y^{t+1},b^{t+1})}{\overrightarrow{S_C^t}(x^t,y^t,b^t)} \times \frac{\overrightarrow{S_C^t}(x^{t+1},y^{t+1},b^{t+1})}{\overrightarrow{S_C^t}(x^t,y^t,b^t)}\right]^{\frac{1}{2}}$$

$$\frac{\overrightarrow{S_C^{t+1}}(x^{t+1},y^{t+1},b^{t+1})}{\overrightarrow{S_C^t}(x^t,y^t,b^t)} = \times \left[\frac{\overrightarrow{S_C^t}(x^{t+1},y^{t+1},b^{t+1})}{\overrightarrow{S_C^t}(x^{t+1},y^{t+1},b^{t+1})} \times \frac{\overrightarrow{S_C^t}(x^t,y^t,b^t)}{\overrightarrow{S_C^t}(x^t,y^t,b^t)}\right]^{\frac{1}{2}}$$

$$= EFF(x^{t+1},y^{t+1},b^{t+1};x,y,b) \times TECH(x^{t+1},y^{t+1},b^{t+1};x,y,b) \quad (4-8)$$

式（4-8）中，LTFP $(x^{t+1},y^{t+1},b^{t+1};x^t,y^t,b^t)$ 表示从 t 期到 $t+1$ 期低碳农业生产率变化情况，可分解为技术效率变化指数（EFF）和技术进步指数（TECH）。LTFP（·）>1 时，表示低碳农业生产率增长，反之则下降；EFF（·）>1 时，表示技术效率得到改善，反之则不断恶化；TECH（·）>1 时，表示农业前沿技术进步，反之则退步。式（4-8）的计算一共涉及了四个 SBM 方向性距离函数，为此需对四个线性规划进行求解。

第二节　变量界定与数据处理

一　农业投入变量

结合研究目的，将选取劳动力、土地、化肥、农药、农膜、机械动力、灌溉及役畜等作为农业生产的投入变量。相比以往研究，本书增加了农药与农膜投入变量。笔者认为，农药与农膜的广泛使用对农业生产也产生了较为深远的影响，在实际研究中不应回避二者。

（1）劳动投入。劳动是农业生产最为基本的生产要素投入，离开劳动力，其他农业生产资料是无法创造出产品的。基于数据可得性，本研究仍延续其他学者的一般做法，将各省份第一产业年末从业人员作为劳动力投入变量的替代指标，而不考虑劳动种类及质量差别，单位为万人。

（2）土地投入。土地是从事一切农业活动的载体，由于不同地区耕地复种指数存在差异且实际生产中还存在休耕、弃耕现象，选取耕地面积作为土地投入变量易使测算结果出现偏差。考虑到指标间的信息重叠，同时也为了消除复种指数影响，参照一些学者做法，选取农作物播种面积作为土地投入的替代变量，单位为千公顷。

（3）化肥投入。化肥是最为重要的农业生产性资料投入，能提供农作物生长所必需的营养元素，并在一定程度上改善土壤性质，提高土壤肥力，从而使农业产量得到较大提升，但同时化肥的大量使用也会加剧农业温室气体排放。研究中将以各年度各省用于农业生产的化肥施用量（折纯量）进行计算，单位为万吨。

（4）农药投入。农药也是重要的农业生产性资料投入，可用于预防、消灭或控制危害农业的病、虫、草和其他有害生物，从而确保农业增产高效。但同时农药的广泛使用也会带来一定危害，一是污染环境，引发温室气体排放，二是对人体健康产生不利影响。研究中以各年度各省用于农业生产的农药使用量进行计算，单位为吨。

（5）农膜投入。作为又一类重要的农业生产性资料投入，农膜主要用于覆盖农田，起到提高低温、保持土壤湿度、促进种子发芽与幼苗快速生长的作用，其特性与化肥、农药一致，同样具有增产与增排的双重属性。研究中以各年度各省用于农业生产的农膜使用量进行计算，单位为吨。

（6）机械动力投入。农用机械的大量使用能极大提升农业生产效率，但同时也意味着以柴油为代表的农用能源使用量的增加，由此引发大量碳排放。研究中以各年度各省的农业机械总动力进行计算，单位为万千瓦。

（7）灌溉投入。水资源是农作物生长发育的必备条件，在水稻产区以及干旱、半干旱农牧区通常利用灌溉来满足农作物对水资源的迫切需求，由此可见，灌溉在农业生产过程中发挥着极为重要的作用，因此，在设置农业投入指标时应考虑灌溉投入。具体以各省每年的实际有效灌溉面积进行计算，单位为千公顷。

（8）役畜投入。一直以来，役畜在农业生产中都扮演着较为重要的角色，近年来虽随着农业机械的广泛应用其重要性大幅降低，但在一些偏远山区或者农业落后地区仍发挥着重要作用，为此在考虑农业投入时仍不能忽视役畜投入。具体而言，以各省本年度拥有的大牲畜数量中包含的农用役畜数量进行计算，单位为万头。

二 农业产出变量

(一) 合意产出变量

由于本研究考察的是低碳农业生产率问题，所以在合意产出指标的设置上除了考虑农业经济产出变量之外，还将兼顾农业生态产出变量。对于农业经济产出变量的选择，为了与农业投入统计口径保持一致，本书也将采用广义的农业总产值，且为了消除价格波动的影响，将以 2005年不变价的农林牧渔总产值表示，单位为亿元。至于农业生态产出指标，结合低碳农业的内涵，将选择农业碳汇作为替代变量，单位为万吨。

(二) 非合意产出变量

在非合意产出的选择上，现有研究主要通过两种方式实现，一是利用单元调查评估法评估农业面源污染量，二是估算农业碳排放量。前者侧重于农业的绿色生产率研究 (李谷成，2014)，该非合意产出的选择也得到了广泛认可。后者聚焦于碳排放约束下的农业生产率研究 (钱丽等，2013；吴贤荣等，2014)，非合意产出选择农业碳排放也切合研究目的。鉴于本书主要围绕低碳农业生产率展开研究，因此，选择农业碳排放作为非合意产出的替代变量，且不同于一般研究者只考虑农用物资利用所引发的碳排放，本研究还将兼顾稻田、牲畜养殖所导致的碳排放。

三 数据来源与处理

农业碳排放与农业碳汇数据直接从第三章引用。第一产业年末从业人员、农作物播种面积、农用化肥施用量、农药使用量、农膜使用量、农用机械总动力、有效灌溉面积、役畜数量、农林牧渔总产值等农业投入产出数据出自历年《中国统计年鉴》《中国农业统计年鉴》《中国农村统计年鉴》《中国农业统计资料》《中国畜牧业年鉴》《新中国六十年统计资料》及一些地方年鉴。考虑到经济发展中价格不断变化，以实价计算的产值不能进行纵向对比，故采用 GDP 可比价原理对历年农林牧渔总产值数据进行调整。具体而言，利用《中国农村统计年鉴》公布的各地区上年 = 100 的不变价农林牧渔生产总值指数，将各地区历年农林牧渔总产值按 2005 年不变价进行换算，以便与第三章内容保持一致。农业生产投入、产出数据的一般描述性分析如表 4-1 所示。

表 4-1　　　　　　　农业生产投入、产出变量的描述性分析

指标分类		刻画指标	量纲	最小值	最大值	平均值	标准差	样本量
投入指标		劳动力	万人	37.09	4148.00	1078.23	870.11	600
		土地	千公顷	213.5	14262.2	5173.75	3682.21	600
		化肥	万吨	1.5	684.4	150.70	126.71	600
		农药	吨	433	198764	46247.26	41675.51	600
		农膜	吨	21	343524	52119.09	54406.11	600
		农用机械	万千瓦	57.2	12419.87	2078.24	2223.87	600
		农业灌溉	千公顷	81.5	5205.6	1829.44	1392.7	600
		役畜	万头	0.01	1032.9	217.24	194.86	600
产出指标	合意产出	农林牧渔总产值	亿元	41.17	5009.07	1192.72	998.01	600
		农业碳汇量	万吨	67.39	7038.84	1942.05	1540.05	600
	非合意产出	农业碳排放量	万吨	58.88	2204.31	845.15	560.15	600

表 4-1 向我们呈现了我国 30 个省（市、区）1993~2012 年各项农业投入及产出指标相关数值的一般描述性分析。其中，农业生产投入方面，劳动力最大值为 4148 万人，最小值仅为 37.09 万人，平均值为 1078.23 万人，极大值与极小值之间相差 100 多倍；土地（农作物播种面积）的最大面积为 14262.2 千公顷，最小仅为 213.5 千公顷，二者相差近 70 倍，平均值为 5173.75 千公顷；化肥的最大施用量为 684.4 万吨，最小施用量仅为 1.5 万吨，平均施用量为 150.70 万吨，极大值与极小值之间相差超过 400 倍；农药最大使用量为 198764 吨，最小使用量仅为 433 吨，二者相差超过 400 倍，平均使用量为 46247.26 吨；农膜最大使用量为 343524 吨，最小使用量仅为 21 吨，平均使用量为 52119.09 吨，极大值与极小值之间存在接近 17 万倍的巨大差距；农用机械动力的最大值为 12419.87 万千瓦，最小值仅为 57.2 万千瓦，二者相差超过 2000 倍，平均值为 2078.24 万千瓦；农业有效灌溉的最大面积为 5205.6 千公顷，最

小面积仅为 81.5 千公顷，平均面积为 1829.44 千公顷，极大值与极小值之间相差超过 60 倍；役畜拥有量的最大值为 1032.9 万头，最小值仅为 0.01 万头，平均值为 217.24 万头，极大值与极小值之间存在巨大差距。农业产出方面，首先分析合意产出，农林牧渔业的最大产值为 5009.07 亿元，最小值仅为 41.17 亿元，平均值为 1192.72 亿元，极大值与极小值之间相差 100 多倍；农业碳汇量的最大值为 7038.84 万吨，最小值仅为 67.39 万吨，平均值为 1942.05 万吨，极大值与极小值之间存在超过 100 倍的差距。至于非合意产出农业碳排放，最大值为 2204.31 万吨，最小值仅为 58.88 万吨，二者相差近 40 倍，平均值为 845.15 万吨。

第三节 中国低碳农业生产率增长与源泉

从我国低碳农业生产率增长及源泉来看（见表 4 – 2），在低碳约束条件下，1994 年以来我国低碳农业生产率增长偏慢，年均增速仅为 0.80%。该速度明显低于同期的农业绿色生产率、宏观经济生产率以及工业部门生产率，可对比李谷成（2014）、王兵（2010）和陈诗一（2010）的相关研究。从增长源泉来看，主要依赖于农业前沿技术进步，其年均贡献率为 0.76%；技术效率的年均贡献率仅为 0.04%，其中，规模效率得到了小幅改善（年均递增 0.10%）；而纯技术效率则处于轻微恶化态势（年均递减 0.06%），存在一定的提升空间。

表 4 – 2　　我国低碳农业生产率增长及其源泉变化（1994 ~ 2012）

年份	EFF 技术效率		TECH 前沿技术进步		PECH 纯技术效率		SECH 规模效率		LTFP 综合生产率	
	年际值	累计值	年际值	累计值	年际值	累计值	年际值	累计值	年际值	累计值
1994	0.9860	0.9860	0.9759	0.9759	0.9936	0.9936	0.9923	0.9923	0.9623	0.9623
1995	1.0085	0.9944	0.9945	0.9706	0.9981	0.9917	1.0104	1.0027	1.0030	0.9652
1996	0.9852	0.9796	1.0484	1.0176	0.9897	0.9815	0.9954	0.9981	1.0329	0.9969

年份	EFF 技术效率		TECH 前沿技术进步		PECH 纯技术效率		SECH 规模效率		LTFP 综合生产率	
	年际值	累计值	年际值	累计值	年际值	累计值	年际值	累计值	年际值	累计值
1997	1.0275	1.0066	0.9625	0.9794	1.0176	0.9988	1.0097	1.0078	0.9890	0.9859
1998	0.9786	0.9850	1.0380	1.0166	0.9836	0.9825	0.9949	1.0026	1.0157	1.0014
1999	1.0104	0.9953	0.9601	0.9761	1.0064	0.9888	1.0040	1.0066	0.9702	0.9716
2000	1.0322	1.0274	0.9257	0.9035	1.0143	1.0029	1.0177	1.0244	0.9555	0.9284
2001	0.9845	1.0115	1.0216	0.9231	0.9918	0.9947	0.9927	1.0169	1.0058	0.9338
2002	0.9916	1.0030	0.9997	0.9228	0.9981	0.9928	0.9936	1.0104	0.9912	0.9256
2003	0.9942	0.9972	1.0386	0.9584	0.9950	0.9879	0.9991	1.0095	1.0326	0.9558
2004	1.0124	1.0095	1.0487	1.0051	1.0095	0.9972	1.0028	1.0124	1.0616	1.0147
2005	0.9924	1.0018	0.9919	0.9969	0.9844	0.9817	1.0081	1.0205	0.9843	0.9988
2006	1.0036	1.0054	1.0222	1.0191	1.0049	0.9865	0.9987	1.0192	1.0259	1.0246
2007	0.9594	0.9646	1.0925	1.1133	0.9752	0.9621	0.9838	1.0027	1.0483	1.0741
2008	1.0008	0.9655	0.9680	1.0777	0.9995	0.9616	1.0014	1.0040	0.9688	1.0405
2009	1.0034	0.9687	0.9996	1.0773	1.0069	0.9683	0.9965	1.0005	1.0029	1.0436
2010	1.0387	1.0062	1.0221	1.1011	1.0226	0.9902	1.0158	1.0164	1.0617	1.1080
2011	0.9941	1.0003	1.0206	1.1238	0.9926	0.9828	1.0015	1.0179	1.0145	1.1241
2012	1.0075	1.0079	1.0282	1.1555	1.0062	0.9889	1.0013	1.0193	1.0359	1.1645
总平均	1.0004	—	1.0076	—	0.9994	—	1.0010	—	1.0080	—

　　具体到各年可知（见图4-1），1994年、1997年、1999年、2000年、2002年、2005年和2008年低碳农业生产率低于1.0，说明在这些年我国低碳农业发展处于恶化状态；而1995年、1996年、1998年、2001年、2003年、2004年、2006年、2007年、2009年、2010年、2011年和2012年低碳农业生产率高于1.0，说明在这些年份我国低碳农业发展处于不断改善状态。其中，2010年低碳农业生产率最高，为1.0617，表明该年我国低碳农业生产水平得到大幅提升，相比上一年增加了6.17%；与之对应，2000年最低，仅为0.9555，说明该年我国低碳农业生产水平处于恶化态势，与1999年相比降低了4.45%。技术效率方面，以2010年

最高，为 1.0387，表明该年农业技术效率的改善在推进低碳农业发展上发挥了重要作用，其贡献率达到了 3.87%；效率值最低的年份出现在 2007 年，仅为 0.9594，相比上一年，技术效率的大幅恶化（-4.06%）极大制约了我国低碳农业发展。前沿技术层面，以 2007 年增幅最为明显，该年农业前沿技术进步对我国低碳农业发展的改善程度达到了 9.25%；而最低值出现在 2000 年，仅为 0.9257，该年农业技术变化不但未能促进我国低碳农业发展，反而还使其大幅恶化，由此也导致该年我国低碳农业生产率创下了在考察期内（1994~2012）的最低水平（0.9555）。

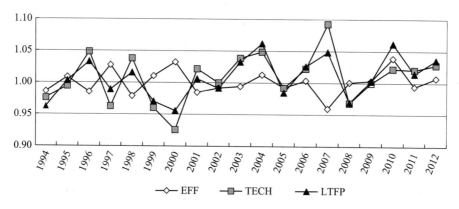

图 4-1 我国低碳农业生产率增长及其源泉变化（1994~2012）

图 4-2 呈现了 1993 年以来我国低碳农业生产率累计指数及其源泉的变化情况。结合表 4-2 可知，我国低碳农业累计生产率经历了一个"平稳起伏—波动下降—波动上升"的三阶段变化轨迹。其中，最高值出现在 2012 年，达到了 1.1645，表明与 1993 年相比，我国低碳农业生产绩效提升了 16.45 个百分点；2002 年低碳农业生产率累计指数值最低，仅为 0.9256，表明相比 1993 年，低碳农业生产效率降低了 7.44%。技术效率累计指数相对稳定，多数年份都维持在 1.0 附近，其中 2000 年为最高值，达到 1.0274，此后处于小幅下降趋势，并于 2007 年降至最低水平，累计指数值仅为 0.9646，此后经历了一个平稳上升阶段，并重新回升至 1.0 以上。前沿技术进步累计指数主要经历了"平稳""波动上升"两个阶段，2012 年累计值

达到最高，为 1.1555；2000 年最低，仅为 0.9035。

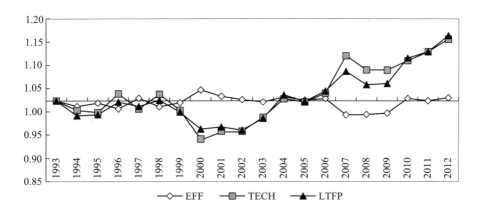

图 4 - 2　中国低碳农业生产率累计指数及其源泉变化（1993～2012）

一　低碳农业生产率增长时序演变特征

结合表 4 - 2、图 4 - 3 以及前文分析可知，1993 年以来，我国低碳农业发展经历了三个阶段，即平稳起伏阶段、波动下降阶段和波动上升阶段。其中：

（1）1993～1998 年为平稳起伏阶段，这一时期低碳农业发展水平虽存在一定波动，但累计生产率总体维持在 0.98 左右，且仅由 1993 年的 1.0000 增至 1998 年的 1.0014，五年间仅小幅增加了 0.14%，可见，年际间变化不大。具体到各年，1994 年和 1997 年低碳农业生产率低于 1.0，分别为 0.9623 和 0.9890，而 1995 年、1996 年和 1998 年低碳农业生产率要高于 1.0，依次为 1.0030、1.0329 和 1.0157。这一阶段，我国农业发展处于快速上升期，除 1997 年（5.1%）之外，其他各年农林牧渔总产值实际增速（扣除价格影响）均在 6% 以上。但同时，低碳农业却并未像农业经济一样持续快速发展，究其原因，主要在于两点：一是种植业的发展尤其是粮食产量的增加主要依赖化肥、农药等农用物资的大量投入，虽产出实现了增加但同时也加剧了温室气体排放，从而在一定程度上制约了低碳农业发展；二是畜牧养殖业在这一时期得到了进一步发展，其中以生猪饲养最具代表性，出栏量由 1993 年的 37823.8 万头迅速增至

1998 年的 50215.2 万头，五年间增长了 32.76%，与此同时，由于当时役畜在农业生产中还扮演着重要角色，使得牛、马等大牲畜饲养量仍处于较高水平，由此导致畜牧养殖引发的碳排放量不断上升，进而在一定程度上影响了低碳农业发展。

（2）1998～2002 年为波动下降阶段，除 2001 年略微反弹（增加 0.58%）外，其他各年低碳农业生产率均低于 1，相比前一年均处于下降态势，由此导致该阶段我国低碳农业累计生产率由 1998 年的 1.0014 降至 2002 年的 0.9256，4 年间减少了 7.57%。这一时期，我国农业增速明显放缓，各年农林牧渔总产值增速均低于 5%，这与当时大环境有关，由于负担过重，"三农问题"进一步凸显，越来越多的农民由务农转向务工，受此影响，我国粮食产量总体出现下滑趋势，这既影响了农业经济产出，导致种植业总产值增速缓慢，还使农业生态产出也受到了极大影响，因为粮食产量与农业碳汇产出密切相关，粮食产量的减少导致该阶段我国农业碳汇量也处于下降趋势，双重不利极大影响了低碳农业发展。与此同时，大牲畜与生猪饲养量的持续上升使得畜禽养殖所引发的碳排放依旧处于快速上升轨道，由此也影响了我国低碳农业发展。

（3）2002～2012 年为波动上升阶段，低碳农业发展水平由 0.9256 增至 1.1645，10 年间增加了 25.81%；绝大多数年份低碳农业生产率都高于 1.0，其中 2004 年、2010 年更是超过 1.05，分别达到 1.0616 和 1.0617；10 个年份中仅 2005 年、2008 年低碳农业生产率低于 1.0，分别较前一年下降 1.57% 和 3.12%，其他各年低碳农业生产率均高于 1.0，由此可见，该阶段我国低碳农业发展虽存在一定起伏，但总体上升趋势较为明显。该阶段，我国农林牧渔总产值呈现出相对平稳的上升态势，年均增速多介于 4%～6% 之间，略慢于第一个阶段，却快于第二个阶段，2004 年以来"惠农型"中央一号文件的连续颁布极大解放了农村生产力，增强了农民种田积极性，农业生产水平得到了较大提高，粮食产量更是屡创新高，实现了史无前例的"十连增"，一方面促使了种植业（小农业）总产值的快速增加；另一方面还使得农业碳汇量迎来了一个快速发展时期，这对促进低碳农业发展是大有裨益的。当然，这只是低碳农业发展水平得到提升的部分原因，而另一个关键原因则是我国畜牧业产业结构的不断优化，该阶段我国畜牧业仍保持良好的发展态势，总产值屡上新台阶，更令人欣喜的是，其引发的温室气体排放并未与畜牧业总产值保持同步上升，而是呈现脱钩状态，之所以如此，主要是因为该阶段我国畜牧业产业结构得到了极大优化，减少了大牲畜数量，而增加了对"低排放、高附加值"畜禽的养殖力度，从而既保证了畜牧业产出，还减少了温室气体排放，在一定程度上实现了产业的低碳发展。

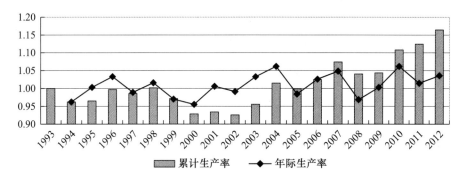

图4-3　中国低碳农业生产率年际变化情况

二　低碳农业生产率增长源泉及其演变特征

（一）低碳农业生产率增长源泉

从历年低碳农业生产率的增长源泉来看，1995年、1997年、1999年、2000年、2008年和2009年完全依赖于农业技术效率的改善，且纯技术效率与规模效率所发挥的作用大致相当，而前沿技术均处于退化状态；1996年、1998年、2001年、2003年、2007年和2011年完全归功于农业前沿技术的进步，技术效率均处恶化状态；2004年、2006年、2010年和2012年得益于技术效率改进与前沿技术进步的双重贡献，其中除2010年之外，其他三年前者对低碳农业生产率的贡献程度要明显小于后者；1994年、2002年与2005年不仅技术效率处于恶化趋势，而且前沿技术也处于退化状态。总体而言，农业前沿技术进步在促进低碳农业生产率提升方面发挥了更为明显的作用。

（二）农业技术效率演变特征

结合表 4 - 2、图 4 - 4 可知，在推进我国低碳农业发展上，农业技术效率改善所发挥的作用相对较小，其年均增长率仅为 0.04%。其中，1995 年、1997 年、1999 年、2000 年、2004 年、2006 年、2008 年、2009 年、2010 年与 2012 年农业技术效率虽处于改善状态，但改善幅度普遍偏小，多数年份在 3% 以内，部分年份甚至低于 1%；而余下的 1994 年、1996 年、1998 年、2001 年、2002 年、2003 年、2005 年、2007 年和 2011 年农业技术效率均呈现恶化趋势，其中有两年恶化程度超过 2%。由于年际间反复性较强，导致农业技术累计效率值的变化规律不够明显，不过基于其演变轨迹仍可大致划分为三个阶段：①1993～2001 年为波动起伏阶段，农业技术效率变化虽波动较为剧烈，但总体遵循"上升—下降"的循环变化特征，最终变化幅度不大，累计值仅由 1993 年的 1.0000 变为 2001 年的 1.0115，8 年间仅增长了 1.15%。②2001～2006 年为相对平稳阶段，农业技术效率年际值均维持在 1.0 左右，起伏较小，累计值略有下降，由 2001 年的 1.0115 降至 2006 年的 1.0054，5 年间仅减少了 0.60%，变化幅度较小，为此可将这一时期归为平稳阶段。③2006～2012 年再度处于波动起伏阶段，虽经历了大起大落，但最终的农业技术效率累计值相比 2006 年并无显著变化，其中，大起与大落分别发生于 2010 年和 2007 年，前者农业技术效率值较上一年增加 3.87%，改善幅度创历年之最，而后者相比前一年狂降 4.06%，其恶化程度也创下了历年之最。

接下来，分析农业技术效率的变化源泉。由表 4 - 2、图 4 - 5 可知，1997 年、2006 年和 2009 年完全依赖于纯技术效率的改善，而规模效率处于恶化状态；1995 年、2005 年、2008 年和 2011 年完全归功于规模效率的改善，而纯技术效率处于恶化状态；1999 年、2000 年、2004 年、2010 年和 2012 年得益于纯技术效率与规模效率的双重改善，其中除 2000 年之外，其他各年前者对农业技术效率的贡献程度均略微高于后者；1994 年、1996 年、2001 年、2002 年、2003 年与 2007 年纯技术效率与规模效率均处于恶化态势。虽从表面来看，二者发挥的作用大致相当，但总体而言

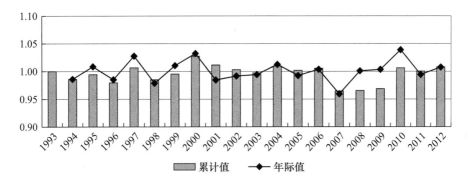

图 4 - 4　农业技术效率年际变化情况

规模效率在促使农业技术效率改善方面作用更为显著，其效率平均值为
1.0010，表明其每年对农业技术效率的改善程度为0.10%；反观纯技术
效率，其效率均值为0.9994，说明其考察期内不仅未使农业技术效率得
到改善，还引发了一定的恶化效应（-0.06%）。

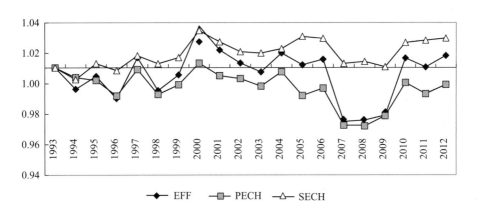

图 4 - 5　低碳农业技术效率累计指数及其源泉变化（1993~2012）

（三）农业前沿技术进步演变特征

相比较而言，农业前沿技术进步在推进我国低碳农业发展上发挥了
更为显著的作用，其年均增长率也达到了0.76%。结合表4-2、图4-6
可知，在1996年、1998年、2001年、2003年、2004年、2006年、2007
年、2010年、2011年与2012年农业前沿技术处于进步状态，且进步幅度

普遍较大，均在 2% 以上，其中 2007 年、2004 年与 1996 年更是分别达到了 9.25%、4.87% 和 4.84%；余下的 1994 年、1995 年、1997 年、1999 年、2000 年、2002 年、2005 年、2008 年和 2009 年农业前沿技术均呈退化状态，其中有 3 年退化程度超过 3%。总体而言，在过去的 19 年里，农业前沿技术时而进步、时而退化，具有一定的非规律性，不过结合其变化特点可大致分为五个阶段：①1993～1998 年为起伏平稳阶段，虽存在一定波动，但总体变化幅度不大，年平均增速也仅为 0.33%，但由于在该考察期内（1993～1998）经历了一定的起伏，所以不能单纯地定义为"平稳"。②1998～2000 年为持续下降阶段，农业前沿技术连续两年大幅退化，退化幅度分别高达 3.99% 和 7.43%，前沿技术累计值也创下了整个考察期（1993～2012）内的最低水平。③2000～2007 年为波动上升阶段，除 2002 年、2005 年农业前沿技术存在小幅退化外，其他各年都处于进步态势，该阶段年均增速也达到了 2.64%，上升趋势较为明显。④2007～2009 年再度为持续下降阶段，农业前沿技术在 2008 年和 2009 年连续两年退化，分别较前一年降低了 3.20% 和 0.04%。⑤2009～2012 年为持续上升阶段，农业前沿技术连续三年保持进步态势，增速分别为 2.21%、2.06% 和 2.82%。

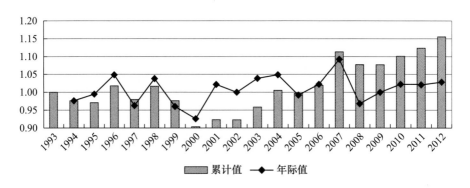

图 4 - 6　农业前沿技术进步年际变化情况

第四节　本章小结

本章首先回顾了环境生产技术、SBM 方向性距离函数和 Malmquist-Luenberger 生产率指数等研究方法，并对农业投入产出变量进行了界定，同时阐述了数据来源及其处理手段。在此基础上，对中国低碳农业生产率进行了测度并分析了其时序演变规律及源泉。主要研究结论如下：

（1）1994 年以来我国低碳农业生产率增长偏慢，年均增速仅为 0.80%，明显低于同期的农业绿色生产率、宏观经济生产率以及工业部门生产率。按照其变化特征，可将我国低碳农业发展历程划分为三个阶段，即平稳起伏阶段、波动下降阶段和波动上升阶段。其中，1993 ~ 1998 年为平稳起伏阶段，这一时期低碳农业发展水平虽存在一定波动，但累计生产率总体维持在 0.98 左右；1998 ~ 2002 年为波动下降阶段，除 2001 年略微反弹（增加 0.58%）外，其他各年低碳农业生产率均低于 1.0，相比前一年均处于下降态势；2002 ~ 2012 年为波动上升阶段，低碳农业发展水平由 0.9256 增至 1.1645，10 年间增加了 25.81%，除了 2005 年、2008 年之外，其他各年低碳农业生产率均高于 1.0。

（2）从历年低碳农业生产率的增长源泉来看，1995 年、1997 年、1999 年、2000 年、2008 年和 2009 年完全依赖于农业技术效率的改善，且纯技术效率与规模效率所发挥的作用大致相当，而前沿技术均处于退化状态；1996 年、1998 年、2001 年、2003 年、2007 年和 2011 年完全归功于农业前沿技术的进步，技术效率均处恶化状态；2004 年、2006 年、2010 年和 2012 年得益于技术效率改进与前沿技术进步的双重贡献，其中除 2010 年之外，其他三年前者对低碳农业生产率的贡献程度要明显小于后者；1994 年、2002 年与 2005 年不仅技术效率处于恶化趋势，而且前沿技术也处于退化状态。总体而言，农业前沿技术进步在促进低碳农业生产率提升方面发挥了更为明显的作用。

（3）在推进我国低碳农业发展上，农业技术效率改善所发挥的作用相对较小，其年均增长率仅为 0.04%，同时年际间反复性较强，变化规律不够明显，不过基于其演变轨迹仍可大致划分为三个阶段，即波动起伏阶段（1993～2001）、相对平稳阶段（2001～2006）和波动起伏阶段（2006～2012）。农业前沿技术进步在推进我国低碳农业发展上发挥了更为显著的作用，其年均增长率达到了 0.76%，虽然其演变轨迹具有一定的非规律性，但结合其变化特点可大致划分为五个阶段，即起伏平稳阶段（1993～1998）、持续下降阶段（1998～2000）、波动上升阶段（2000～2007）、持续下降阶段（2007～2009）和持续上升阶段（2009～2012）。

第五章

中国低碳农业生产率区域比较、
动态演进及收敛性

上一章基于国家层面探究了我国低碳农业生产率及其源泉，而本章将从空间层面对这一问题进行阐述。首先，探究我国低碳农业生产率增长及其源泉的省域差异，同时也对我国东、中、西三大区域的低碳农业增长与源泉进行探讨。在此基础上，利用 Kernel 密度函数对我国低碳农业生产率的省域动态演进进行分析，同时基于经济增长收敛性理论实证检验我国低碳农业生产率增长是否存在收敛。最后，结合传统农业生产率，对农业"低碳型"生产省份进行有效识别。拟通过上述问题的探究，让我们对低碳农业发展现状有一个更为全面、系统的了解。具体而言，本章内容分为五节：第一节为中国低碳农业生产率增长与源泉的空间差异；第二节为中国低碳农业生产率省域动态演进分析；第三节为中国低碳农业生产率增长的收敛性检验；第四节为中国农业生产低碳省份身份识别；第五节是对本章内容进行小结。

第一节　中国低碳农业生产率增长与
源泉的空间差异

一　低碳农业生产率增长与源泉的省域比较

测算 1994~2012 年 30 个省（市、区）低碳农业生产率指数、技术效率指数、农业前沿技术进步指数以及纯技术效率指数、规模效率指数的平均值如表 5－1 所示。

表 5－1   我国 30 个省（市、区）的低碳农业生产率平均值

地区	EFF	TECH	PECH	SECH	LTFP	排名	变化类型
北京	1.0000	1.0721	1.0000	1.0000	1.0721	1	高速增长
天津	1.0000	1.0367	1.0000	1.0000	1.0367	4	快速增长
河北	1.0078	1.0107	1.0000	1.0078	1.0185	15	慢速增长
山西	1.0029	1.0017	1.0029	1.0001	1.0046	18	慢速增长
内蒙古	1.0000	0.9848	1.0000	1.0000	0.9848	26	下降
辽宁	1.0000	1.0273	1.0000	1.0000	1.0274	11	中速增长
吉林	1.0000	1.0005	1.0000	1.0000	1.0005	19	慢速增长
黑龙江	1.0000	1.0220	1.0000	1.0000	1.0220	13	中速增长
上海	1.0000	1.0367	1.0000	1.0000	1.0367	5	快速增长
江苏	1.0000	1.0416	1.0000	1.0000	1.0416	3	快速增长
浙江	1.0000	1.0284	1.0000	1.0000	1.0284	10	中速增长
安徽	1.0151	1.0278	1.0114	1.0036	1.0433	2	快速增长
福建	1.0000	1.0335	1.0000	1.0000	1.0335	6	快速增长
江西	0.9975	0.9986	0.9977	0.9999	0.9959	23	下降
山东	1.0089	1.0229	1.0000	1.0089	1.0320	7	快速增长
河南	1.0073	1.0224	1.0000	1.0073	1.0298	8	中速增长
湖北	0.9944	1.0115	0.9928	1.0015	1.0060	17	慢速增长
湖南	0.9994	1.0003	0.9972	1.0023	0.9997	21	下降
广东	1.0000	1.0284	1.0000	1.0000	1.0284	9	中速增长
广西	1.0000	1.0103	1.0000	1.0000	1.0103	16	慢速增长
海南	1.0000	0.8886	1.0000	1.0000	0.8886	30	下降
四川	0.9971	0.9978	1.0000	0.9971	0.9948	24	下降
贵州	0.9953	0.9842	0.9973	0.9980	0.9795	27	下降
云南	0.9877	1.0034	0.9884	0.9993	0.9914	25	下降
西藏	1.0000	0.9503	1.0000	1.0000	0.9503	29	下降
陕西	1.0058	1.0152	1.0022	1.0036	1.0212	14	中速增长
甘肃	0.9935	1.0066	0.9926	1.0008	1.0001	20	慢速增长
青海	1.0000	0.9577	1.0000	1.0000	0.9577	28	下降

地区	EFF	TECH	PECH	SECH	LTFP	排名	变化类型
宁夏	1.0000	0.9985	1.0000	1.0000	0.9985	22	下降
新疆	1.0000	1.0250	1.0000	1.0000	1.0250	12	中速增长
东部	1.0015	1.0196	1.0000	1.0015	1.0211	—	中速增长
中部	1.0021	1.0105	1.0002	1.0018	1.0126	—	慢速增长
西部	0.9981	0.9937	0.9982	0.9999	0.9919	—	下降

（一）低碳农业生产率省域比较

由表5-1可知，北京、天津、河北、山西等20个地区低碳农业生产率平均值大于1，占省级行政区总数的66.67%；而海南、西藏、青海等10个地区低碳农业生产率均值小于1，占省级行政区总数的33.33%。对30个地区排序可知，北京以绝对优势占据榜首，其LTFP指数均值高达1.0721，表明在过去的18年里其低碳农业生产综合效率以年均7.21%的速度递增；安徽排在第二位，其LTFP指数均值为1.0433，与北京相比存在较大差距；排在3~10位的地区依次是江苏（1.0416）、天津（1.0367）、上海（1.0367）、福建（1.0335）、山东（1.0320）、河南（1.0298）、广东（1.0284）和浙江（1.0284）。与之对应，海南低碳农业生产率均值最低，仅为0.8886；西藏排在倒数第二位，为0.9503；排在倒数3~10位的地区依次是青海（0.9577）、贵州（0.9795）、内蒙古（0.9848）、云南（0.9914）、四川（0.9948）、江西（0.9959）、宁夏（0.9985）和湖南（0.9997）。从区域分布来看，低碳农业生产率均值较高的省份主要分布于我国东、中部地区，而LTFP均值较低的省份则集中在我国中、西部地区。

前文分析表明，我国低碳农业生产率增长在省域之间的差异较为明显，其中，北京最快，甘肃最慢，而宁夏等10地区是下降的。为了更为清晰地展现地区差异特点，结合各自低碳农业生产率数值的绝对差异与分布特征，将30个省（市、区）划分为"高速组""快速组""中速组""慢速组"和"下降组"。其中，"高速组"即为低碳农业生产率明显快于其他地区的一些省域集合，通过比较可知，满足这一条件仅北京一地，其低碳农业生产率高达 1.0721，大幅领先于排在第二位的安徽；"快速组"即指低碳农业生产率介于 1.03～1.05 之间的所有地区集合；"中速组"是指低碳农业生产率介于 1.02～1.03 之间的所有地区集合；"慢速组"即指低碳农业生产率高于 1.00 但却低于 1.02 的所有地区集合；"下降组"是指低碳农业生产率低于 1.0 的所有地区的集合。具体划分详见表 5 - 1、图 5 - 1。

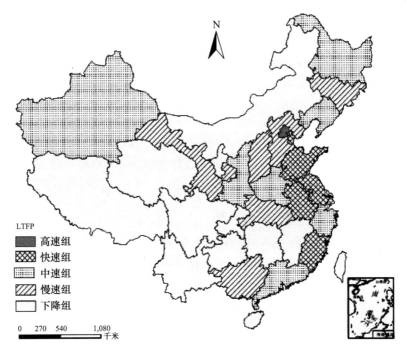

图 5 - 1　我国低碳农业生产率增长省域比较

结合表 5 - 1、图 5 - 1 可知，"高速组"仅包括北京一地，其低碳农业生产率要远高于其他 29 个地区。究其原因，一方面，得益于其较高的农业生产水平，农用物资利用效率较高；另一方面，与其产业结构密切相关，由于畜牧业所占比重较低，客观上降低了农业碳排放强度，而提升了农业碳汇水平（农业碳汇与农业碳排放之间的比值）；除此之外，还得归功于其良好的地理位置，由于是城郊农业，且目标市场为首都，一定程度上提升了农产品的市场价值。

"快速组"包括天津、上海、江苏、安徽、福建、山东等4省2市，主要分布于我国华东和华北。其中，津、沪二地为直辖市，农业生产水平较高，农用物资也得到了充分利用，加之优越的地理位置使得农业相对效益更高，多重因素造就了其较快的低碳农业发展速度。山东作为传统农业大省及强省，农业生产组织化程度较高，产业结构较为合理，农业生产效益突出。安徽、福建二地主要得益于产业结构，畜禽养殖业所占比重较低，客观上降低了碳排放水平。

"中速组"包括辽宁、黑龙江、浙江、河南、广东、陕西、新疆等6省1区，主要分布于我国东北、东南沿海及西北地区。辽、黑、豫三省均为我国粮食主产区，种植业比重相对较高，由此保证了碳汇产出，但辽宁与黑龙江受限于较为单一的品种结构，农业附加值较低，而河南由于人多地少，为确保产出增加了农用物资投入，这也客观上加剧了碳排放，殊途同归，导致三地低碳农业生产率增速均只居于中游水平。浙、粤二地农业现代化程度较高，但由于不是粮食主产省份且经济重心不在农业，在一定程度上影响了低碳农业发展。陕西主要受限于气候条件与土壤条件，好在水稻种植较少，使其低碳农业生产率增速还能处在中游。新疆畜牧业比重较高客观上降低了其低碳农业发展水平。

"慢速组"包括河北、山西、吉林、湖北、广西、甘肃等5省1区，区域分布较为分散，东北、华北、华中、西南及西北均有涉及。冀、吉二省主要受制于其农作物种植结构，以粮食作物为主，经济作物相对较少，使得经济收益与生态收益都无法得到保障。湖北一方面由于水稻种植面积较大；另一方面则在于缺少农业优势产业与拳头产业，且深加工一般，农业效益较为平庸。晋、甘二地农业生产先天条件较差，产业结构一般，导致其低碳农业生产率处于较低水平。广西农业碳汇量虽居于全国前列，但无奈其农业综合生产水平较低，碳排放也处于较高水平，加之农业生产效益一般，从而使得其低碳农业发展未能驶上快车道。

"下降组"包括内蒙古、江西、湖南、海南、四川、贵州、云南、西藏、青海、宁夏等 7 省 3 区，主要集中在我国华中、西南及西北地区。其中，赣、湘二地主要受产业结构影响，水稻种植面积较大，经济作物所占比重不高，碳排放量虽大但经济效益却不够突出，由此低碳农业生产率较低。内蒙古、藏、青、宁四地由于畜牧业占有重要地位，使之农业碳排放处于较高水平，而种植业规模较少又降低了碳汇产出，由此制约了低碳农业发展。川、贵、滇三地由于地处横断山区，生态环境较为恶劣，农业产出水平相对较低。海南农业产出的提升主要依赖于农用物资投入的增加，属于典型的高碳农业。

（二）低碳农业生产率增长源泉省域比较

从增长源泉来看，在 20 个 LTFP 平均值大于 1.0 的省份中，河北、山西、安徽、山东、河南、陕西等 6 省低碳农业生产效率的改善源于农业前沿技术进步与技术效率的双重贡献，是全国低碳农业生产的前沿引领者。不过就实际推动力来看，农业前沿技术进步发挥了更为明显的作用，除山西之外，其他 5 地前沿技术进步值要明显高于技术效率改善值。技术效率改善方面，山西、安徽、陕西等三地归功于纯技术效率与规模效率的双重贡献；而河北、山东、河南则完全依赖于规模效率的改善，纯技术效率保持不变。北京、天津、辽宁、吉林、黑龙江、上海、江苏、浙江、福建、广东、广西、新疆等 7 省 3 市 2 区低碳农业生产率完全依赖于农业前沿技术进步，而技术效率保持不变，且各自纯技术效率与规模效率也处于不变状态。湖北、甘肃 2 省虽然受到了技术效率的拖累，但得益于农业前沿技术的进步，其低碳农业生产效率也均保持持续改善状态；分解其技术效率可知，二者规模效率均得到了一定改善，但纯技术效率却处于恶化状态。

在低碳农业生产效率持续恶化的 10 个地区中，湖南、云南主要受技术效率的拖累，各要素投入未实现最优配置，存在较大改进空间，其农业前沿技术均处于进步态势。对两地技术效率进行分解可知，湖南规模效率得到了一定改善但纯技术效率处于恶化状态。而云南纯技术效率与规模效率均处于恶化状态。内蒙古、海南、西藏、青海、宁夏则由于农业前沿技术退化而导致其效率改善水平较低，同前沿省份相比存在较为明显的差距，而技术效率保持不变，且纯技术效率与规模效率都维持在不变状态。江西、四川、贵州由于受农业前沿技术退化与技术效率恶化的双重制约，导致其低碳农业生产率处于恶化状态；分解三地的技术效率可知，江西、贵州纯技术效率与规模效率均处于恶化状态，而四川规模效率虽处于恶化状态，但纯技术效率保持不变。

总体来看，对于低碳农业生产率得到提升的 20 个地区而言，绝大多数依赖于农业前沿技术的进步，而非技术效率的提升；进一步对其技术效率进行分解后可知，规模效率均处于改善或维持不变状态，而纯技术效率以不变或恶化状态为主。至于低碳农业生产率持续恶化的 10 个地区，多数省份受到了农业前沿技术退化的制约，而受到技术效率恶化影响的地区相对较少。通过对技术效率进行分解发现，多数省份纯技术效率与规模效率都保持不变，仅有少数地区纯技术效率或规模效率受到了一定影响，处于恶化状态。由此可见，目前在对推进低碳农业发展方面，农业前沿技术发挥了更为重要的作用，而技术效率改善所起到的作用相对较少；对技术效率分解后可知，规模效率发挥的作用要大于纯技术效率。为此，在今后为了进一步推进低碳农业发展，我们不仅要重视农业前沿技术的研发，还应注重技术的合理运用，以实现其效率的大幅提升。

二　低碳农业生产率增长与源泉的大区比较

按照传统划分方法将中国划分为东、中、西部三大地区，然后对其低碳农业生产率及其源泉进行对比。具体而言，东部地区包括北京、天津、辽宁、河北、山东、江苏、上海、浙江、福建、广东、海南；中部地区包括黑龙江、吉林、河南、安徽、江西、湖北、湖南、山西；西部地区包括内蒙古、广西、四川（含重庆）、云南、贵州、陕西、甘肃、宁夏、青海、西藏和新疆。结合表 5 - 1 可知，在过去的 18 年里，东部地区低碳农业生产率平均值最高，为 1.0211，属于中速组；中部 LTFP 均值居中，为 1.0126，可归为慢速组；而西部最低，仅为 0.9919，低碳农业生产效率甚至仍处于恶化阶段。从增长源泉来看，东部地区主要依赖于农业前沿技术进步，而技术效率贡献幅度相对较小；中部地区也以农业前沿技术进步贡献为主,但技术效率贡献程度要略高于东部;西部地区技术效率与农业前沿技术均处于恶化状态。当然,上述分析只是对东、中、西地区过去18年里低碳农业生产率及其源泉变化的一个总体概括,具体到每一年通常还有其特殊性。基于此,接下来将分别对我国东、中、西部低碳农业生产率的时序演变特征及其源泉变化进行分析。

(一) 东部地区低碳农业生产率增长及其源泉变化特征

由表5-2可知,东部地区除1994年、1997年、1999年、2000年、2002年、2005年和2008年之外,其他年份LTFP值均高于1.0,表明其低碳农业生产效率在多数年份处于持续改善状态且增速较快,尤其在2004年和2010年,LTFP值分别高达1.1268和1.1476,可解释为低碳农业生产效率分别较前一年提升了12.68%和14.76%。当然,与其快速提升相对应,也有部分年份低碳农业生产率降幅较大,如2008年和1994年,分别较前一年猛降9.86%和5.61%。农业技术效率方面,1995年、1997年、1999年、2000年、2003年、2004年、2005年、2006年、2010年和2011年的效率值高于1.0,余下9年则低于1.0,可见,东部地区农业技术效率呈现改善与恶化状态的年份数量基本等同;其中,2010年农业技术效率值最高,达1.0263,2007年最低,仅为0.9845;分解技术效率可知,纯技术效率一直维持不变,而规模效率存在增减变化,但发挥作用要强于纯技术效率。农业前沿技术层面,除1994年、1997年、1999年、2000年、2002年、2005年和2008年之外,其他各年技术进步值都高于1.0,可见在多数年份农业前沿技术处于提升状态;其中,2004年技术进步所发挥的作用最大,其指数值高达1.1244,而2008年技术退化最为严重,相比前一年恶化幅度高达9.86%。

表5-2　　　　　我国东部地区低碳农业生产率增长及
其源泉变化 (1994~2012)

年份	1994	1995	1996	1997	1998	1999	2000	2001	2002	2003
EFF	0.9983	1.0100	0.9903	1.0073	0.9971	1.0021	1.0230	0.9926	0.9897	1.0011

续表

年份	1994	1995	1996	1997	1998	1999	2000	2001	2002	2003
TECH	0.9455	1.0135	1.0986	0.9738	1.0202	0.9625	0.9579	1.0467	0.9691	1.0881
PECH	1.0000	1.0000	1.0000	1.0000	1.0000	1.0000	1.0000	1.0000	1.0000	1.0000
SECH	0.9983	1.0100	0.9903	1.0073	0.9971	1.0021	1.0230	0.9926	0.9897	1.0011
LTFP	0.9439	1.0237	1.0880	0.9809	1.0172	0.9644	0.9799	1.0390	0.9591	1.0894
年份	2004	2005	2006	2007	2008	2009	2010	2011	2012	平均
EFF	1.0021	1.0048	1.0017	0.9845	0.9985	0.9993	1.0263	1.0012	0.9997	1.0015
TECH	1.1244	0.9724	1.0407	1.0804	0.9027	1.0322	1.1183	1.0328	1.0270	1.0196
PECH	1.0000	1.0000	1.0000	1.0000	1.0000	1.0000	1.0000	1.0000	1.0000	1.0000
SECH	1.0021	1.0048	1.0017	0.9845	0.9985	0.9993	1.0263	1.0012	0.9997	1.0015
LTFP	1.1268	0.9772	1.0424	1.0637	0.9014	1.0315	1.1476	1.0339	1.0266	1.0211

　　进一步，结合图5-2分析东部地区1994~2012年低碳农业生产率及其源泉的时序演变规律。由图5-2可知，在过去的近20年里，东部地区低碳农业生产率总体起伏较大，基于其波动特点可大致划分为两个阶段：一是平稳波动阶段，始于1994年终于2002年，这一时期，低碳农业生产率虽出现过极大值（1996）与极小值（1994），但接下来波动趋于平稳，生产率介于0.96~1.04之间；二是剧烈波动阶段，始于2002年终于2012年，在该阶段低碳农业生产率起伏较大，虽出现过1.0894、1.1268、1.1476等阶段性极大值，但也曾几度低于1.03甚至1.0，不过令人欣喜的是，自2009年以来已连续四年保持增长势头，呈现出了较强的持续性。从增长源泉来看，历年技术效率指数值多徘徊在1.0附近，除去2000年、2010年等个别年份，总体起伏较小，故其演变轨迹可大致归为"平稳"状态，其中，纯技术效率处于绝对平稳状态，而规模效率存在一定起伏，但幅度较小。至于农业前沿技术，由于技术效率值变化幅度较小，使得历年农业前沿技术进步值的变化轨迹与低碳农业生产率的演变规律基本一致，也呈现"平稳波动"与"剧烈波动"两个变化阶段，只是在一些个别年份有所差异。

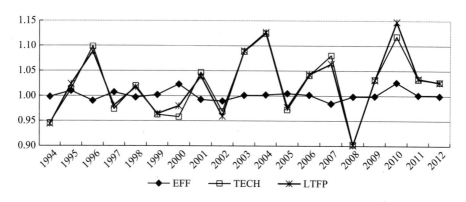

图 5 - 2　我国东部地区低碳农业 LTFP 指数变动趋势（1994 ~ 2012）

接下来，对东部地区历年低碳农业生产率来源构成进行分解。其中，在低碳农业生产率增长的 12 个年份中，1995 年、2003 年、2004 年、2006 年、2010 年和 2011 年源于技术效率与前沿技术的双重贡献，且各年均以后者贡献程度更大，分解技术效率可知，规模效率都有所提升，而纯技术效率均维持不变；1996 年、1998 年、2001 年、2007 年、2009 年和 2012 年完全依赖于农业前沿技术的进步，而技术效率处于恶化状态，分解技术效率可知，所有年份纯技术效率都维持不变，而规模效率处于恶化状态。至于低碳农业生产率处于恶化状态的 7 个年份，1994 年、2002 年和 2008 年源自技术效率恶化与前沿技术退化的双重影响，分解技术效率可知，规模效率均处于恶化状态，而纯技术效率保持不变；1997 年、1999 年、2000 年和 2005 年技术效率虽得到了一定改善，但由于农业前沿技术处于退化状态且其退化幅度要大于技术效率改善程度，由此导致低碳农业生产率处于恶化状态，分解技术效率可知，纯技术效率一直维持不变，而规模效率均有所改善。

（二）中部地区低碳农业生产率增长及其源泉变化特征

由表 5 - 3 可知，具体到各年，1996 年、1999 年、2002 年、2004 年、2006 年、2007 年、2008 年、2010 年、2011 年和 2012 年中部地区的低碳农业生产率要高于 1.0，余下 9 年则低于 1.0，由此可见，在多数年份尤其是步入 2004 之后中部地区低碳农业发展总体处于上升趋势。其中，

2010 年低碳农业生产率最高，达 1.0944，表明该年中部地区低碳农业生产率较上一年增加了 9.44%；与之对应，2000 年最低，仅为 0.9239，该年中部地区低碳农业生产率呈现极强的恶化态势，相比 1999 年狂降 7.61%。技术效率方面，1995 年、1997 年、1999 年、2000 年、2004 年，2006 年、2008 年、2009 年、2010 年、2011 年和 2012 年的效率值高于 1.0，余下 8 年则低于 1.0，可见在多数年份当中中部地区农业技术效率是处于改善状态的；其中，农业技术效率值以 2010 年最高，达 1.1046，而 2007 年最低，仅为 0.8964；分解技术效率可知，纯技术效率与规模效率所发挥作用基本一致，后者略微强于前者。前沿技术层面，除 1995 年、1997 年、1999 年、2000 年、2003 年、2009 年、2010 年之外，其他各年技术进步值都高于 1.0，可见在多数年份农业前沿技术处于进步状态；其中，2007 年农业前沿技术进步在推进低碳农业生产率提升方面发挥了最为明显的作用，其指数值高达 1.1253；而 2000 年是技术退化幅度最大的一年，与 1999 年相比恶化了 14.50%。

表 5-3　我国中部地区低碳农业生产率增长及其源泉变化（1994~2012）

年份	1994	1995	1996	1997	1998	1999	2000	2001	2002	2003
EFF	0.9682	1.0292	0.9785	1.0473	0.9404	1.0190	1.0805	0.9608	0.9875	0.9792
TECH	1.0278	0.9685	1.0537	0.9300	1.0598	0.9841	0.8550	1.0302	1.0670	0.9683
PECH	0.9869	1.0038	0.9852	1.0308	0.9494	1.0133	1.0466	0.9713	1.0031	0.9801
SECH	0.9811	1.0254	0.9931	1.0160	0.9906	1.0058	1.0323	0.9893	0.9847	0.9990
LTFP	0.9952	0.9970	1.0307	0.9740	0.9966	1.0030	0.9239	0.9899	1.0536	0.9481
年份	2004	2005	2006	2007	2008	2009	2010	2011	2012	平均
EFF	1.0410	0.9859	1.0081	0.8964	1.0097	1.0077	1.1046	1.0060	1.0094	1.0021
TECH	1.0320	1.0052	1.0417	1.1253	1.0587	0.9886	0.9907	1.0281	1.0166	1.0105
PECH	1.0340	0.9657	1.0126	0.9285	1.0033	1.0097	1.0855	0.9984	1.0072	1.0002
SECH	1.0068	1.0208	0.9955	0.9655	1.0064	0.9979	1.0176	1.0075	1.0021	1.0018
LTFP	1.0743	0.9909	1.0500	1.0089	1.0689	0.9960	1.0944	1.0341	1.0261	1.0126

进一步，对中部地区 1994 年以来的低碳农业生产率及其源泉的时序

演变特征进行分析。由图 5-3 可知，中部地区低碳农业生产率的演变轨迹可大致划分为三个阶段：①1994～1999 年为平稳阶段，低碳农业生产率总体水平较低，但波动较小，多停留在 1.0 附近。②1999～2005 年为波动起伏阶段，低碳农业生产率多次经历大起大落，2002 年、2004 年均超过 1.05，而 2000 年与 2003 年却低于 0.95。③2005～2012 年为持续增长阶段，除 2009 年低碳农业生产率较前一年略微下降，其他各年相比上一年均有一定程度上升，可见，中部地区低碳农业在此迎来了一个黄金期发展期。对于其增长源泉，技术效率指数值总体起伏较大，这一点不同于东部和西部，按照其变化特征可分为波动起伏阶段（1994～2011）、相对平稳阶段（2001～2006）和波动与平稳共存阶段（2006～2012），其中，纯技术效率值在 9 个年份高于 1.0，规模效率值则在 10 个年份大于 1.0，二者均存在一定起伏但幅度相对较小，在多数年份二者演变轨迹处于一致，即同升同降。在过去的近 20 年里中部地区农业前沿技术指数值也存在较大起伏，基于其变化特征可大致划分为两个阶段，一是波动起伏阶段（1994～2009），技术进步指数值先后经历反复升降，且在很多年份与技术效率指数值的动态变化刚好相反；二是平稳阶段（2009～2012），技术进步指数值介于 0.98～1.03 之间，起伏相对较小。

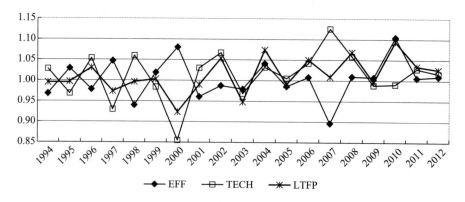

图 5-3 我国中部地区低碳农业 LTFP 指数变动趋势（1994～2012）

　　紧接着，对中部地区各年低碳农业生产率来源构成进行分析。其中，在低碳农业生产率增长的 10 个年份中，1996 年、2002 年和 2007 年完全依赖于农业前沿技术的进步，而技术效率处于恶化状态，分解技术效率可知仅 2002 年纯技术效率有所改善；1999 年和 2010 年完全依赖于农业技术效率的提升且纯技术效率与规模效率均得到了一定改善，而农业前沿技术处于退化状态；2004 年、2006 年、2008 年、2011 年和 2012 年源于技术效率与前沿技术的双重贡献，且除 2004 年之外均以后者贡献程度更大，分解技术效率可知，2004 年、2008 年与 2012 年纯技术效率与规模效率均有所改善，而 2006 年和 2011 年均只有一种技术得到改善。对于低碳农业生产率处于恶化状态的 9 个年份，1994 年、1998 年、2001 年、2005 年农业前沿技术虽处于进步状态，但由于技术效率退化，导致其低碳农业生产率相比上一年均有所下降，分解技术效率可知仅 2005 年规模效率有所改善；1995 年、1997 年、2000 年、2009 年技术效率虽得到了一定改善，但由于农业前沿技术处于退化状态且退化幅度要大于技术效率改善程度，从而导致低碳农业生产率处于恶化状态，纯技术效率与规模效率在推进技术效率提升方面均发挥了重要作用；而 2003 年低碳农业生产率处于恶化状态则源自技术效率与前沿技术的双重制约，分解技术效率可知，纯技术效率与规模效率也均处于恶化状态。

　　（三）西部地区低碳农业生产率增长及其源泉变化特征

　　由表 5 - 4 可知，具体到各年，除 1997 年、1998 年、2003 年、2007 年与 2012 年之外，其他各年西部地区的低碳农业生产率都低于 1.0，表明其低碳农业发展在多数年份都处于恶化状态。其中，2007 年低碳农业生产率最高，为 1.0622，该年我国西部地区低碳农业生产水平得到大幅提升，相比上一年增加了 6.22%；与之对应，1999 年最低，仅为 0.9549，该年我国西部地区低碳农业生产水平呈现较强的恶化态势，与1998 年相比降低了 4.51%。技术效率方面，1997 年、1999 年、2000 年、2004 年、2006 年、2009 年、2010 年和 2012 年效率贡献值高于 1.0，余下 11 年则低于 1.0，可见，在多数年份西部地区农业技术效率是处于恶化态势的；其中，农业技术效率值以 1997 年最高，达 1.0336，而最低值出现在 2011 年，仅为 0.9786；分解技术效率后可知，纯技术效率与规模效率所发挥的作用基本一致。前沿技术层面，仅 1998 年、2003 年、2005 年、2007 年、2011 年和 2012 年等少数几年数值高于 1.0，余下各年均低于 1.0，可见在多数年份西部地区农业前沿技术处于退化状态；其中，2007 年技术进步所带来的效应最为明显，相比上一年提升了 8.12%，1999 年技术退化幅度最大，相比 1998 年恶化了 5.93%。

表 5 - 4　我国西部地区低碳农业生产率增长及其源泉变化（1994～2012）

年份	1994	1995	1996	1997	1998	1999	2000	2001	2002	2003
EFF	0.9867	0.9922	0.9850	1.0336	0.9886	1.0126	1.0075	0.9940	0.9965	0.9982
TECH	0.9701	0.9949	0.9968	0.9753	1.0402	0.9407	0.9478	0.9910	0.9835	1.0434
PECH	0.9921	0.9921	0.9827	1.0259	0.9928	1.0079	1.0056	0.9987	0.9925	1.0010
SECH	0.9946	1.0001	1.0023	1.0076	0.9958	1.0045	1.0019	0.9953	1.0041	0.9973
LTFP	0.9573	0.9870	0.9820	1.0083	1.0283	0.9526	0.9549	0.9852	0.9799	1.0416
年份	2004	2005	2006	2007	2008	2009	2010	2011	2012	平均
EFF	1.0023	0.9847	1.0023	0.9824	0.9968	1.0044	1.0053	0.9786	1.0140	0.9981
TECH	0.9895	1.0019	0.9905	1.0812	0.9725	0.9758	0.9557	1.0033	1.0380	0.9937
PECH	1.0014	0.9827	1.0043	0.9856	0.9963	1.0119	1.0013	0.9811	1.0116	0.9982
SECH	1.0007	1.0022	0.9980	0.9966	1.0005	0.9927	1.0042	0.9975	1.0024	0.9999
LTFP	0.9916	0.9867	0.9927	1.0622	0.9693	0.9801	0.9609	0.9817	1.0526	0.9919

进一步，结合图 5 - 4 分析 1994 年以来西部地区低碳农业生产率及其源泉变化的时序演变特征。从图中可知，西部地区低碳农业生产率总体呈现"上升—下降"的循环变化轨迹，表明其低碳农业发展不具备连续性，年际间起伏波动性较强，这也是下一阶段发展亟须克服的问题。至于其增长源泉，历年技术效率指数值多徘徊在 1.0 附近，除个别年份（如 2003 年、2007 年和 2011 年）之外总体起伏不大，可将其总体演变轨迹大致归为"平稳"状态，其中，纯技术效率值在 9 个年份高于 1.0，规模效率值则在 11 个年份大于 1.0，从变化特征来看，二者均存在一定的起伏性，但幅度相对较小。由于技术效率变化与农业前沿技术进步数值

之积即为低碳农业生产率，且技术效率变化相对平稳，从而使得历年农业前沿技术进步值的变化规律与低碳农业生产率的演变轨迹基本一致，也呈现"上升—下降"的循环变化轨迹，当然在一些个别年份会有所区别。

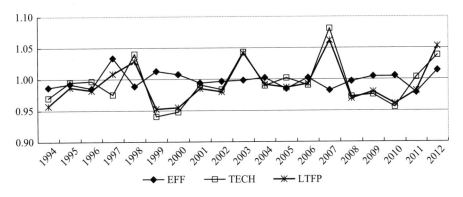

图 5 - 4　我国西部地区低碳农业 LTFP 指数变动趋势（1994～2012）

接下来，对西部地区每年的低碳农业生产率来源构成进行分析。其中，在低碳农业生产率增长的 5 个年份中，1997 年完全依赖于农业技术效率的提升且纯技术效率与规模效率均得到了一定改善，而农业前沿技术处于退化状态；1998 年、2003 年和 2007 年完全依赖于农业前沿技术的进步，而技术效率处于恶化状态，分解技术效率可知仅 2003 年纯技术效率有所改善；2012 年源于技术效率与前沿技术的双重贡献且后者贡献程度更大，纯技术效率与规模效率均得到了改善。至于低碳农业生产率处于恶化状态的 14 个年份，1994～1996 年、2001～2002 年、2008 年源自技术效率恶化与前沿技术退化的双重制约，分解技术效率可知仅 2002 年规模效率有所改善；1999～2000 年、2004 年、2006 年、2009～2010 年技术效率虽得到了一定改善，但由于农业前沿技术处于退化状态且其退化程度要大于技术效率改善幅度，导致低碳农业生产率处于恶化状态，而在推进技术效率提升上纯技术效率发挥了更为明显的作用；2005 年和 2011 年农业前沿技术虽处于进步状态，但受限于技术效率的退化，低碳农业生产率相比前一年均有所下降，分解技术效率可知仅 2005 年规模效率有所改善。

第二节　中国低碳农业生产率
省域动态演进分析

　　前文分别基于省域和大区（东、中、西部）视角，对我国低碳农业生产率的空间差异进行了较为详细的分析，从中获取了一些有用的结论，这对丰富低碳农业问题研究体系，并对其展开深入分析奠定了坚实基础。不过需要指出的是，在进行省域比较时，将低碳农业生产率平均值（各省历年低碳农业生产率的几何平方根）作为替代变量虽能有效反映区域差异，但却无法厘清其动态演变特征，比如，过去这些年低碳农业发展省域间的地区差距是缩小还是扩大？年际间又呈现何种演变规律？这些问题都有待解决。基于此，在接下来的研究中，将选择 1994 年、2000 年、2006 年和 2012 年作为典型年份，利用 Kernel 密度函数对我国低碳农业生产率、低碳农业技术效率以及低碳农业前沿技术进步的省域动态分布与趋势演进进行探讨，以明确我国低碳农业发展的地区差距及其演变特征。

一　文献回顾

　　国内关于地区差距动态演进的研究主要集中在以下三个方面：

　　一是全要素生产率增长的动态分布与演进机制研究。郭庆旺等（2005）在测算中国全要素生产率的基础上，利用核密度估计了相对全要素生产率、相对效率以及相对技术进步的地区差距演变特征，发现三者总体均呈"单峰"分布，但自 20 世纪 90 年代开始"双峰"分布迹象逐步显现，省域经济增长的地区差距呈现扩大趋势，落后省份追赶发达省份的难度不断加大。袁鹏（2008）利用自适应加权核密度法分析了中国 1988～2005 年制造业劳动生产率的动态分布及地区差异演变规律，结果表明，在 1997 年之前，呈现较为明显的两极分化趋势，经济增长并未实现整体水平上的收敛，地区差距不断扩大；而在 1997 年之后，逐步由双峰演变为单峰，低水平地区向高水平地区追赶的趋势越发明显，这一时期的制造业劳动生产率增长逐步体现出了均衡性，地区差距有所减小。张建升（2011）在运用索洛余值法核算我国各省区全要素生产率的基础上，利用核密度函数与马尔科夫链法对其地区差异与动态演进特征进行了分析，结果表明，我国各地区全要素生产率存在较大差异，且从东往西呈现梯度下降的分布格局，区域间绝对差距在 20 世纪 80 年代呈现缩小趋势，而 90 年代之后则逐步扩大，核密度分布呈现"双峰"格局，表明两极分化较为严重。尹朝静等（2014）则利用 Kernel 密度函数与马尔科夫链法考察了中国农业全要素生产率的动态分布与演进机制，发现在过去的 30 年里，中国农业 TFP 经历了一个由"单峰"分布到"双峰"分布，接下来又由"双峰"回归到"单峰"分布的变化过程，省域间农业全要素生产率增长存在较为明显的差异，可将其划分为低、中低、高和中高水平的四个"俱乐部"，两极分化趋势较为明显，绝对趋同模式较难实现。

二是城乡收入分配抑或消费差距的动态演进机制分析。章上峰等（2009）先后利用核密度法、累计分布函数以及洛伦茨曲线等多种方法对我国城乡居民收入分布的动态演进机制进行了探究，研究结果表明，高收入阶层相比低收入阶层、城市居民相比农村居民而言都分享了更多的经济成果，其后果是，无论城乡内部还是城乡之间，收入分配的不公平性都越发严重，贫富差距两极分化趋势进一步凸显。董亚娟等（2009）采用核密度函数与马尔科夫分析法探究了浙江省收入分布的动态演进过程，发现浙江省区域收入总体呈现单峰、偏态的分布形态，且地区间的收入差异正不断扩大，这一演变特征也有别于全国或者省域层面。范金等（2012）将基尼系数引入城镇居民消费差距的测度之中，同时计算了食品等 7 类消费分项指标的相互差距及其对总消费差距的贡献程度，同时基于反事实方法模拟分析了各分项指标对总体消费差异的影响，研究结果表明，城镇居民消费、收入差距通常保持同步发展趋势，而基尼系数消费一般要小于同期收入；恩格尔系数虽持续下降，但对总体差距的贡献力度呈弱化趋势；交通通信与文化娱乐消费已成为影响居民总体消费差距的重要因素，而居民家庭设备消费的影响力度正逐步弱化。

三是碳排放抑或碳排放效率的分布动态与演进机制研究。李涛等（2011）在评价比较我国29个省级行政区碳排放效率的基础上，利用核密度法分析了地区差异的动态演进，研究结果表明，我国碳排放效率虽不断提高，但区域分化也逐渐显现，核密度分布则由"单峰"向"双峰"转变，省域间差异正逐步扩大。刘华军等（2013）采用基尼系数法、Kernel密度估计法以及马尔科夫链法对我国省际以及区域（东、中、西）二氧化碳排放的动态分布及演进趋势进行了实证研究，分析结论表明，我国二氧化碳排放空间分布的总体差距呈扩大趋势，具体到三大区域，中、西部地区均呈扩大趋势，东部则呈下降态势；基于省域层面，二氧化碳的地区差距呈现下降态势。田云等（2014）则在测算我国31个省（市、区）农业碳排放量的基础上，利用基尼系数和核密度函数，考察了中国农业碳排放的地区差距及动态演进，研究结论揭示：全国农业碳排放的空间分布的总体差距正逐步扩大，其中，东部地区处于高度平均，中部地区扩大趋势较为明显，西部地区呈"蝙蝠形"变化特征；我国农业碳排放的地区差距在样本考察期内呈下降态势，但降幅相对有限。

除此之外，郑云（2010）利用偏离份额法探究了河南省自新中国成立以来产业结构的动态演进特征，整体而言其产业结构转换方向日趋合理，但与全国尤其是沿海发达地区相比，仍存在一系列亟待解决的不合理现象。李创新等（2012）基于改进熵值法实证分析了区域入境旅游流优势度的分布动态与演进趋势，发现我国区域入境旅游流优势度的地域格局极为突出，其时空动态演进受极化与涓滴效应的双重影响。刘华军等（2014）利用基尼系数和Kernel密度估计法对中国人口老龄化的分布动态演进进行了分析，结果表明，中国人口老龄化的区域差距总体呈波动态势，人口老龄化程度不断加深，地区差距持续扩大，并逐渐演变为两极分化。总体而言，目前已形成了大量关于地区差距动态分布与演进机制的研究成果，且选题范围涉及较广、方法选用灵活多变、分析范式层出不穷，这些研究成果的取得也为本书接下来探究低碳农业生产率地区差距的分布动态与趋势演进奠定了坚实基础。另外，基于上述文献可知，在研究方法的选择上，核密度函数与基尼系数法最为常用，而考虑到生产率指数的特殊性，本书将选用 Kernel 密度函数作为实证研究的分析工具，对我国低碳农业生产率地区差距的演变特征进行探讨，以此加深我们对中国低碳农业发展空间差异的认知程度。

二　方法选择与数据来源

（一）研究方法

作为一种重要的非参数方法，核密度已逐步成为探究非均衡分布的常用分析方法，具体是利用连续的密度曲线描述随机变量的分布形态，并对其概率密度进行有效估计。假设 $f(x)$ 为随机变量 X 的密度函数，那么它在点 x 的概率密度则可通过公式（5-1）进行估计：

$$f(x) = \frac{1}{Nh} \sum_{i=1}^{N} K\left(\frac{X_i - x}{h}\right) \tag{5-1}$$

式（5-1）中 N 用来表示观测值的具体个数；h 为带宽；$K(\cdot)$ 为核函数，从函数类型来看，属于一种加权函数或者平滑转化函数；X_i 表示独立同分布的观测值；x 为均值。

鉴于密度函数对带宽的选择非常敏感，确定适当的带宽 h 对于最优拟合结果的获取非常重要。之所以如此，主要是因为带宽可以决定核密度的估计精度与密度图的平滑程度。在实际分析中，样本量越大，其对带宽的要求越小，但也不能无限小，二者存在一定的数量关系，即 h 是 N 的函数，且应满足公式（5-2）：

$$\lim_{N \to \infty} h(N) = 0 \; ; \; \lim_{N \to \infty} Nh(N) = N \to \infty \tag{5-2}$$

通常，基于表达形式的差异，Kernel 密度函数可以分为多种形式，比较常见的包括高斯核、Epanechnikov 核、三角核等。结合已有研究（刘华军等，2013），本书将选择高斯核函数来估计我国低碳农业生产率的分布动态与趋势演进。其函数表达式如公式（5-3）所示：

$$K(x) = \frac{1}{\sqrt{2\pi}} \exp\left(-\frac{x^2}{2}\right) \tag{5-3}$$

由于非参数估计通常缺少统一的函数表达式，一般需利用图形对比的方式对其动态变化与趋势演进状况进行考察。实际分析中，通过对核密度估计结果图形进行有效观察，从中可以获取三方面信息，即变量分布的位置、所展现出的形态特征及其延展性。

（二）数据来源

在实证研究中，涉及 1994 年、2000 年、2006 年以及 2012 年我国 30个省（市、区）的低碳农业生产率、技术效率以及前沿技术进步值等三方面数据，上述数据均源于前文测算，对于测算方法在此就不作过多陈述。至于具体数据，如表 5 − 5 所示。

表 5 − 5　我国 30 个省（市、区）部分年份低碳农业生产率及其分解

地区	1994 年			2000 年			2006 年			2012 年		
	EFF	TECH	LTFP	EFF	TECH	LTFP	EFF	TECH	LTFP	EFF	TECH	LTFP
北京	1.000	0.840	0.840	1.000	0.990	0.990	1.000	1.047	1.047	1.000	1.210	1.210
天津	1.000	0.937	0.937	1.000	1.071	1.071	1.000	1.146	1.146	1.000	1.001	1.001
河北	0.954	0.957	0.913	1.155	0.865	0.998	1.017	1.045	1.062	0.997	1.026	1.022
山西	0.976	0.987	0.963	1.249	0.832	1.039	1.044	1.023	1.067	1.044	0.992	1.035
内蒙古	1.000	0.945	0.945	1.000	0.962	0.962	1.000	0.985	0.985	1.000	0.950	0.950
辽宁	1.000	0.968	0.968	1.000	0.925	0.925	1.000	1.021	1.021	1.000	1.011	1.011
吉林	1.000	1.033	1.033	1.000	0.752	0.752	1.000	1.010	1.010	1.000	1.027	1.027
黑龙江	1.000	1.130	1.130	1.000	0.856	0.856	1.000	1.069	1.069	1.000	0.998	0.998
上海	1.000	1.186	1.186	1.000	1.345	1.345	1.000	1.069	1.069	1.000	0.969	0.969
江苏	1.000	0.921	0.921	1.000	0.898	0.898	1.000	1.071	1.071	1.000	1.044	1.044
浙江	1.000	1.060	1.060	0.989	0.989	0.989	1.000	1.021	1.021	1.000	0.991	0.991
安徽	0.894	1.024	0.916	1.072	0.871	0.934	1.083	1.069	1.158	1.000	1.025	1.025
福建	1.000	1.057	1.057	1.000	1.012	1.012	1.000	0.964	0.964	1.000	1.032	1.032
江西	1.000	1.054	1.054	1.099	0.849	0.933	1.007	1.032	1.039	1.046	1.001	1.047
山东	1.029	1.031	1.061	1.112	0.876	0.974	1.002	1.083	1.085	1.000	1.063	1.063
河南	0.887	0.975	0.865	1.136	0.875	0.993	0.995	1.048	1.043	1.007	1.036	1.043
湖北	0.964	1.057	1.019	1.005	0.915	0.920	0.958	1.060	1.016	0.995	1.042	1.037
湖南	1.035	0.972	1.006	1.106	0.901	0.997	0.983	1.024	1.006	0.985	1.013	0.998

续表

地区	1994 年			2000 年			2006 年			2012 年		
	EFF	TECH	LTFP	EFF	TECH	LTFP	EFF	TECH	LTFP	EFF	TECH	LTFP
广东	1.000	1.048	1.048	1.000	0.991	0.991	1.000	1.030	1.030	1.000	1.023	1.023
广西	1.000	0.841	0.841	1.000	0.918	0.918	1.000	1.063	1.063	1.000	1.048	1.048
海南	1.000	0.560	0.560	1.000	0.700	0.700	1.000	0.964	0.964	1.000	0.948	0.948
四川	1.000	0.979	0.979	1.030	0.956	0.985	1.000	0.957	0.957	0.982	1.040	1.022
贵州	1.000	0.963	0.963	1.000	1.017	1.017	1.000	0.929	0.929	1.151	1.024	1.179
云南	0.946	0.966	0.914	1.000	0.868	0.868	1.043	0.976	1.018	1.001	1.039	1.040
西藏	1.000	0.984	0.984	1.000	0.955	0.955	1.000	0.994	0.994	1.000	1.150	1.150
陕西	0.935	0.967	0.905	1.050	1.007	1.057	1.000	1.021	1.021	1.000	1.009	1.009
甘肃	0.976	0.996	0.972	1.004	0.946	0.950	0.983	1.009	0.992	1.030	1.007	1.037
青海	1.000	1.013	1.013	1.000	0.855	0.855	1.000	1.001	1.001	1.000	1.037	1.037
宁夏	1.000	0.992	0.992	1.000	0.958	0.958	1.000	0.940	0.940	1.000	1.033	1.033
新疆	1.000	1.039	1.039	1.000	0.998	0.998	1.000	1.028	1.028	1.000	1.093	1.093

三　研究结果与分析

利用 Kernel 密度函数分别对中国低碳农业生产率、技术效率以及前沿技术进步的分布动态演进进行估计，其结果详见图 5 - 5、图 5 - 6 和图 5 - 7。

（一）中国低碳农业生产率的 Kernel 密度估计

图 5 - 5 整体上描述了全国 30 个省（市、区）低碳农业生产率在样本考察期内的动态演变特征。从整体来看，密度函数中心向右小幅移动，波峰变得更为陡峭，变化区间逐步缩小，这表明我国低碳农业生产率的地区差距在考察期内变小，且较为强烈的变化态势反映了其变化幅度较大；波峰方面，由"一主一小"格局逐渐演变为"一主六小"，存在一定变化。具体来看，2000 年密度函数中心相比 1994 年基本维持不变，并演变为"一主二小"的三峰格局且主峰峰值明显增大，变化区间有所缩小且整体右移，这说明这一时期我国低碳农业生产率地区差距正逐步缩小且一些地区增速明显加快。2006 年与 2000 年相比，密度函数中心向左小

幅移动，并再度回归为"一主一小"的双峰格局且主峰峰值有所增大，变化区间进一步缩小但右侧边界线一定程度上左移，这说明地区差距在该阶段正继续缩小，但一些地区增速有所放缓。与2006年相比，2012年密度函数中心基本维持不变，并逐渐演变为"一主五小"的六峰格局，主峰峰值明显增大且波峰更为陡峭，变化区间继续缩小，由此表明在这一阶段地区间的差距大幅缩小。2012年与1994年相比，密度函数中心小幅右移，主峰峰值明显增大，波峰数量由2个增加为6个，变化区间大幅缩小且左侧边界线明显右移。由此表明：我国低碳农业生产率地区差距在样本考察期内缩小趋势较为明显；同时，地区差距由两极分化演变为六极分化，分散化的区域集聚特征逐步显现。

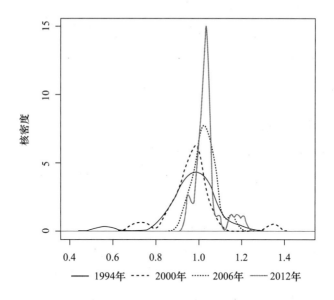

图5-5 中国30个省（市、区）低碳农业生产率（LTFP）的动态演进

（二）中国低碳农业技术效率改善的 Kernel 密度估计

图5-6整体上描述了全国30个省（市、区）低碳农业技术效率在样本考察期内的演变。从整体来看，密度函数中心一直维持在1.0附近，主峰峰值经历了降升反复而最终大幅下降的趋势，变化区间有所扩大；波峰数量，由"一主四小"格局逐渐演变为"一主一小"，集聚趋势较为

明显。就演变进程来看，2000 年相比 1996 年密度函数中心基本维持不变，但主峰峰值大幅减小，小峰数量也由四个减至三个且波峰变得更为平滑，变化区间大幅扩大，这说明该阶段我国低碳农业技术效率地区差距明显拉大。2006 年与 2000 年相比，密度函数中心依旧维持不变，主峰峰值大幅增加，小峰数量由三个减至两个，变化区间大幅缩小但整体存在小幅左移，这说明该阶段低碳农业技术效率地区差距大幅缩小，但一些地区自身增速也存在放缓迹象。与 2006 年相比，2012 年密度函数中心基本保持不变，小峰数量由两个减至一个，主峰峰值与小峰峰值均有所降低，变化区间有所扩大且整体右移，这说明该阶段低碳农业技术效率地区差距不断拉大，且部分地区的增速呈扩张态势。2012 年与 1994 年相比，密度函数中心位置基本维持不变，主峰峰值经历了两次大幅下降与一次回升，最终大幅减小，变化区间经历了扩（大）缩（小）反复最终有所扩大但整体右移，表明我国低碳农业技术效率地区差距在样本考察期内经历了一个扩大、缩小、扩大的波动起伏过程，最终差距明显拉大；变化区间整体右移则揭示一些地区技术效率增速明显加快；同时，由五极分化逐步演变为两极分化，综合集聚性特征逐步显现。

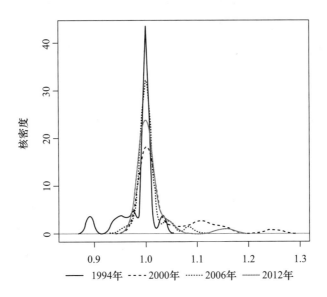

图 5-6 我国 30 个省（市、区）低碳农业技术效率（EFF）的动态演进

（三）中国低碳农业前沿技术进步的 Kernel 密度估计

图 5 - 7 整体上描述了全国 30 个省（市、区）低碳农业前沿技术进步在样本考察期内的演变。从整体来看，密度函数中心小幅右移，波峰更为陡峭，峰值明显增大，变化区间逐步缩小；波峰数量，由"一主二小"格局逐渐演变为"一主三小"，变化较为明显。就演变进程来看，相比 1994 年，2000 年密度函数中心左移，主峰更为平缓且峰值明显缩小，小峰数量由两个减至一个，变化区间有所拉大但整体右移，这说明该阶段我国低碳农业前沿技术进步地区差距不仅未能缩小反而还被拉大，不过部分地区增速有所加快；2006 年与 2000 年相比，依旧维持"一主一小"的双峰格局，主峰大幅右移且峰值明显增大，小峰左移也有所增大，变化区间大幅缩小且左右边界整体朝密度函数中心移动，这说明该阶段低碳农业前沿技术进步地区差距大幅缩小，但一些地区增速也呈放缓态势；2012 年与 2006 年相比，密度函数中心基本维持不变，波峰增至 4 个，主峰变得更为陡峭且峰值明显增大，变化区间基本维持不变整体略微右移，这表明该阶段低碳农业前沿技术进步的地区差距进一步缩小。2012 年与 1994 年相比，密度函数中心主要经历了一次左移与一次右移，最终位置小幅右移，主峰峰值虽一度降低但最终大幅增加，波峰数量由 3 个变为 4 个，变化区间大幅缩小且左侧边界右移较为明显。由此表明：我国低碳农业前沿技术进步地区差距在样本考察期内经历了扩大、大幅缩小、缩小的变化过程，最终地区差距明显缩小；变化区间左侧边界明显右移则揭示部分地区前沿技术进步增速明显加快；同时，地区差距也由四极分化进一步演变为五极分化，呈现出分散化的区域集聚特征。

四　结语

本节运用核密度估计法，系统考察了我国低碳农业生产率、技术效率以及前沿技术的地区差距及分布动态演进，其主要结论如下：①低碳农业生产率地区差距在样本考察期内缩小趋势较为明显；同时，地区差距由两极分化演变为六极分化，分散化的区域集聚特征逐步显现。②技术效率地区差距在样本考察期内经历了一个扩大、缩小、扩大的波动起

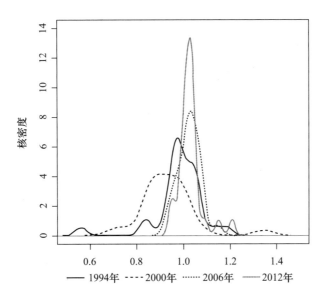

图5-7 我国30个省（市、区）低碳农业前沿技术进步（TECH）的动态演进

伏过程，最终差距明显扩大；变化区间整体右移则揭示一些地区技术效率增速明显加快；同时，由五极分化逐步演变为两极分化，综合集聚性特征逐步显现。③前沿技术进步地区差距在样本考察期内经历了扩大、大幅缩小、缩小的变化过程，最终地区差距明显缩小；变化区间左侧边界明显右移则揭示部分地区前沿技术进步增速明显加快；同时，地区差距也由四极分化进一步演变为五极分化，呈现出分散化的区域集聚特征。

基于上述结论可知，低碳农业生产率与前沿技术进步的地区差距在样本考察期内呈现出较为明显的缩小趋势，但同时其多极分化特征不断显现，体现了较强的"俱乐部"属性，这在今后应引起足够重视。至于技术效率的地区差距，在考察期内不但未能缩小，反而明显拉大，该趋势亟待遏制，不过稍显欣慰的是，由五极分化逐步演变为两极分化，"俱乐部"属性有所减弱。

第三节　中国低碳农业生产率增长的收敛性检验

一　经济增长收敛性理论

所谓收敛性（convergence），是指在封闭经济条件下，对于一个有效经济范围的不同经济单位（通常包括国家、地区甚至家庭），初期的静态指标（主要是人均产出或者人均收入）与其经济增速之间存在负相关关系，换言之，即相比发达地区，落后地区经济增速更快，随着时间的推移，两类地区各经济单位静态指标的差异会逐步消失（刘强，2001），它呈现了落后经济体向发达经济体的追赶过程（Islam，2003）。收敛机制可分为 σ 收敛和 β 收敛，前者主要是针对产出存量水平的描述，后者则是基于产出增量而言，β 收敛通常包括绝对 β 收敛和条件 β 收敛（李谷成，2008）。

经济增长收敛性理论在探究中国经济及其地区发展差距方面已得到了广泛采用，这些研究成果的取得对于我们正确认识中国经济发展所存在的一些问题尤其是地区差距问题具有非常重要的意义。其中，魏后凯（1997）是探究中国经济增长收敛性问题最早的学者之一，其研究表明，1995 年之前的中国经济增长可分为差距小幅缩小（1952～1965）、差距持续扩大（1965～1978）和差距平稳缩小（1978～1995）三个阶段。刘强（2001）研究发现，中国经济增长的收敛性具有明显的阶段性和区域性，不同地区间的产出差距与宏观经济波动状态通常呈正相关，同时，受大规模劳动力转移影响，新古典经济增长收敛机制并不适用于中国。刘生龙等（2009）基于空间经济视角对中国区域经济增长的收敛性及形成机制进行了再检验，研究结论揭示，在考察期（1985～2007）内，从长期来看，我国区域经济增长存在绝对 β 收敛与条件 β 收敛，而从短期来看，条件 β 收敛存在，绝对 β 收敛是不存在的。除此之外，齐绍洲等（2009）还实证分析了中国经济增长与能源消费强度差异的收敛性及发生机理。

随着国内对生产率收敛性研究的不断兴起，一些学者将研究视角逐步转移到农业生产领域，开始探究农业全要素生产率的收敛性，并产生了大量研究成果。比较有代表性的研究包括：赵蕾等（2007）运用单位根检验法探究了中国省际农业全要素生产率的收敛性，同时还利用单位根检验的一些新理论与新方法展开验证，一致表明条件性β收敛显著存在。李谷成（2009）运用经济增长收敛理论实证检验了1978～2005年中国农业全要素生产率的收敛性情况，发现存在显著的条件β收敛性，而σ收敛和绝对β收敛性是不存在的。曾国平等（2011）对全国及三大经济带的农业生产率收敛性进行了检验，研究表明，无论是全国还是三大经济带均不存在显著的σ收敛，至于绝对β收敛和条件β收敛，全国以及中、西部均显著存在，而东部经济带却不太明显。田伟等（2012）对中国农业技术效率的收敛性进行了实证分析，发现不同地区出现了不同的收敛特征，但总体均呈现收敛趋势。

既然经济增长收敛性理论在农业领域已得到了广泛运用，且低碳农业生产率只是传统农业全要素生产率的一种特殊形式，那么，有必要在对我国低碳农业生产率进行 DEA-Malmquist 指数分解的基础上，利用经济增长收敛性理论检验中国低碳农业生产率增长是否存在收敛性。为此，在接下来的研究中，将分别对全国以及东、中、西部三大区域的低碳农业生产率指数进行σ收敛检验、绝对绝对β收敛检验和条件β收敛检验。需要说明的是，考虑到上海、北京、天津三大直辖市低碳农业生产率表现异常突出且起伏较大，同时考虑到西藏自治区历年低碳农业生产率波动较为剧烈，本书将参照董先安（2006）、李谷成（2008）等学者的一般做法，在收敛性检验中剔除三大直辖市以及西藏，只考虑其他26个省（市、区）的情况，在东、中、西部三大地区的划分中也排除这四个地区。

二　σ收敛检验

低碳农业生产率σ收敛是指以标准差度量的不同省（市、区）之间的低碳农业累计 LTFP 指数随着时间的推移离散程度逐渐减小。σ收敛模型为：

$$\sigma \sqrt{\frac{1}{n} \sum_{i=1}^{n} (x_{it} - \overline{x_i})^2} \qquad (5-4)$$

其中 σ 为 n 个省（市、区）低碳农业累计 LTFP 指数的标准差，x_{it} 为第 i 个省（市、区）第 t 年的低碳农业累计 LTFP 指数值，$\overline{x_t}$ 为 n 个样本的低碳农业累计 LTFP 指数的均值。标准差反映了低碳农业累计 LTFP 指数的相对差异程度，标准差越大说明有越多的省（市、区）低碳农业累计 LTFP 指数值与其平均值之间存在较大差异。如果在第 $(t+T)$ 年满足：$\sigma_{t+T} < \sigma_t$，则这 n 个省（市、区）的低碳农业累计 LTFP 指数具有 T 阶段的 σ 收敛；若在第 t 年以后的任意第 S 年里满足：$\sigma_{t+3} < \sigma$，则这 n 个省（市、区）具有一致 σ 收敛。

全国及东、中、西部地区低碳农业生产率的 σ 收敛检验结果见图 5 - 8。从全国层面来看，在 1996 年之前，各省区低碳农业生产率差距并不太大，甚至一度出现差距缩小（σ 收敛）的情形。但自 1997 年开始，省区差距变大且呈现出持续扩大趋势（σ 发散），这一趋势可以划分为两个阶段，1997～2006 年为前一个阶段，2006～2012 年为后一个阶段，二者间的差异主要体现在发散速度上，相比 1997～2006 年后一阶段发散速度更快。分区域来看，东、中、西部地区总体演化轨迹与全国基本一致，其低碳农业生产率都未通过 σ 收敛检验，但各自又有其特殊性。其中，东部地区低碳农业生产率内部差距要明显高于中、西部地区，其变化规律与全国总体情形基本一致，差距虽一度缩小但自 1997 年开始处于持续扩大趋势（σ 发散）。中部地区低碳农业生产率内部差距要明显小于全国及东部地区，在一些年份甚至也小于西部地区，按照其变化特征，可划分为两个阶段：1994～2003 年为第一阶段，地区差距虽有所扩大但总体较为平稳，部分年份甚至处于 σ 收敛状态；2003～2012 年为第二阶段，低碳农业生产率省域间差距呈现持续扩大趋势（σ 发散）。西部地区低碳农业生产率内部差距在很多年份都处于最低水平，基于其演变特征可分为三个阶段：1994～2000 年为相对平稳期，地区差距虽小幅拉大但总体较为平稳，一直处于较低水平，偶尔也出现 σ 收敛现象；2000～2008 年为

波动上升期，地区差距虽经历了一定反复，但总体处于明显扩大趋势
（σ 发散）；2008～2012 年为收敛平稳期，地区差距一度连续处于收敛状
态，但后期差距又有所扩大，总体而言差距并未有明显扩大趋势，相对
较为平稳。

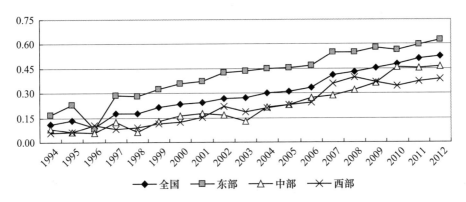

图 5 - 8　全国与三大地区内部低碳农业累计 LTFP 指数的 σ 收敛检验

变异系数反映了低碳农业累计 LTFP 指数的绝对差异程度，变异系数
越大说明样本省（市、区）低碳农业累计 LTFP 指数的绝对差异越大。通
常我们会运用变异系数对 σ 收敛进行验证，其基本公式为：

$$CV = \sigma / \bar{x} \qquad (5-5)$$

全国及东、中、西部地区低碳农业生产率的变异系数如图 5 - 9 所
示。就国家范围来看，历年低碳农业生产率变异系数值的演变轨迹与其
标准差几乎完全一致，这也进一步佐证了前文结论。分区域来看，东部
地区低碳农业生产率变异系数值的变化轨迹与其标准差相比有所差异，
主要体现在 2000 年之后，其数值波动较小并逐渐趋于稳定，虽未表现出
明显的收敛性，但发散特征也不太突出。至于中、西部地区，其低碳农
业生产率变异系数值的时序演变规律与其标准差相比并未表现出明显区
别。由此可见，无论是全国还是东、中、西部，其低碳农业累计 LTFP 指
数增长均不存在 σ 收敛情况。

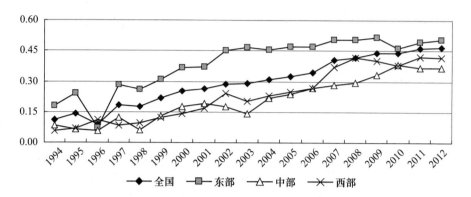

图5-9 全国与三大地区内部低碳农业累计 LTFP 指数的变异系数（CV）

前文利用标准差及变异系数先后验证，得出了我国及东、中、西部的低碳农业累计 LTFP 指数均不存在 σ 收敛的基本结论。但为了确保研究结论的准确性，还可通过下式对 σ 收敛实施进一步检验：

$$\sigma_{LTFP,it} = c + \lambda \cdot t + u_{it} \qquad (5-6)$$

式（5-6）中，σ_{it} 为 $LTFP_{it}$ 的标准差，c 为截距项，t 为时间趋势项，u_{it} 为随机扰动项。如果存在 $\lambda < 0$ 且通过显著性检验，则表明低碳农业生产率水平差异正逐年缩小，存在收敛性；如果 $\lambda\beta > 0$ 并且在统计上通过显著性检验，那么说明低碳农业生产率水平差异正逐年扩大，处于水平发散状态，不具有收敛特性；如果 $\lambda = 0$，则说明低碳农业生产率水平差异一直处于原有水平，既未扩大也未缩小。

基于公式（5-6），分别对全国及三大地区作了相关回归检验。限于研究目的，只列出了相关的 λ 数值及其显著性检验（见表5-6）。从表中不难发现，全国以及东、中、西部的 λ 值均大于0，且在1%的水平下通过了显著性检验，这也进一步验证了前文所得出的研究结论，即我国整个低碳农业生产率增长的非均衡性质，并不存在 σ 收敛情况。类似情形不仅发生于全国，在东、中、西地区内部也得到了同样体现。

表5-6　　　　　　　　　　　σ 收敛性的 λ 值检验

地区	全国	东部	中部	西部
λ 值	0.0214 ***	0.0203 ***	0.0187 ***	0.0227 ***
标准误差	0.001	0.003	0.001	0.001

注：* 、** 、*** 分别表示变量在10% 、5%和1%的统计水平上显著。

三　绝对 β 收敛检验

从定义来看，绝对 β 收敛是指在趋近于稳定状态的过程中，落后地区的低碳农业生产率指数增速要快于发达地区，所有经济体将趋于一致，最终的低碳农业指数水平完全相同。具体操作上，利用普通最小二乘法（OLS）估计以下模型：

$$\left(\frac{1}{T}\right) \cdot \text{Ln}\left(\frac{\text{Ln}LTFP_{it}}{\text{Ln}LTFP_{i0}}\right) = \alpha_1 + \beta_1 \text{Ln}LTFP_{i0} + \mu_{it} \qquad (5-7)$$

式（5-7）中，$\text{Ln}TFP_{i0}$表示 $\text{Ln}TFP_{it}$分别表示第 i 个省（市、区）在基期和报告期的低碳农业生产率指数，T 表示时间跨度，α_1 和 β_1 均为待估参数，u_{it} 为随机扰动项。如初始 $\text{Ln}LTFP_{i0}$ 的系数为负值，则说明存在绝对 β 收敛。依据 Mankim 等（1992）的研究，绝对 β 收敛速度 λ 的计算公式为：$\beta_1 = \left[\frac{-(1-e^{\lambda \cdot T})}{T}\right]$，其含义是低碳农业生产率落后的地区追赶发达地区的速度，一般用百分数表示。表5-7 提供了全国及东、中、西部低碳农业 LTFP 增长指数的绝对 β 收敛检验结果，采用的方法是 OLS 回归。

表5-7　　　　　　低碳农业 LTFP 增长指数的绝对 β 收敛检验

地区	全国	东部	中部	西部
β	-0.0321 ***	-0.0387 ***	-0.0311 ***	-0.0459 **
$Adj-R^2$	0.8976	0.9834	0.9634	0.3998
标准误差	0.001	0.003	0.001	0.001
λ 值	0.0479	0.0663	0.0456	0.0972

注：* 、** 、*** 分别表示变量在10% 、5%和1%的统计水平上显著。

由表 5 - 7 可知，从全国范围来看，低碳农业生产率在 1% 的显著水平下通过收敛性检验，其收敛速度为 4.79%；由此表明，全国各省（市、区）低碳农业生产率增速与初始值呈负相关，即低碳农业生产率低水平地区增速要快于高水平地区，内部差距正逐步缩小，各地区最终将趋于一致，并达到一个稳态水平。分区域来看，东部、中部以及西部地区分别在 1%、1% 和 5% 的水平下通过收敛显著性检验，收敛速度依次为 6.63%、4.56% 和 9.72%，因此可认为东、中、西部地区均存在绝对 β 收敛现象。

四　条件 β 收敛检验

条件 β 收敛是指因为每个经济体的特征与条件可能存在差异，会使得低碳农业生产率指数朝着各自的稳态水平趋近，由于不同经济体的结构也可能不一样，所以各自的稳态也会有所区别。通常采用面板数据（Panel Data）固定效应模型而非随机效应模型实施条件 β 收敛检验。之所以如此，主要在于 Panel Data 固定效应模型在进行收敛性检验时具有以下几点优势：①能尽可能避免解释变量遗漏的问题，同时还能消除解释变量正确选择的主观性问题；②能够有效降低多重共线性（由解释变量过多所引起）所带来的不利影响；③无须在模型中加入其他控制变量，克服了数据获取上的难题；④不同于随机效应模型，固定效应模型是允许解释变量与误差项之间存在相关性的（李谷成，2008）。

本书遵循 Miller et al.（2002）的思路，利用面板数据双向固定效应模型对相关条件收敛性进行检验。一般分析中，为了消除农业生产周期、气候变动等因素的影响，研究者通常会将整个研究区间划分成一些较短的时间段，而后取各个时间段的平均值作为变量值（李谷成，2008）。在此处，以 $T = 3$ 年为一个时间段对 1994 ~ 2012 年进行划分，具体为 1994 ~ 1996 年、1997 ~ 1999 年、2000 ~ 2002 年、2003 ~ 2005 年、2006 ~ 2008 年和 2009 ~ 2012 年共 6 个时间段，所以 $t = 1, \cdots, 6$，同时将每 3 年（最后 1 期是 4 年）的 LTFP 平均值作为各个阶段的低碳农业指数。设定条件收敛的检验方程如下：

$$d(\mathrm{Ln}LTFP_{it}) = \mathrm{Ln}\left(\frac{LTFP_{i,t}}{LTFP_{i,t-1}}\right) = \alpha_2 + \beta_2 \mathrm{Ln}LTFP_{i,t-1} + u_t \quad (5-8)$$

式（5-8）中，$LTFP_{i,t}$ 为第 t 年省区 i 的 LTFP 水平，α_2 和 β_2 为待估系数。根据拟合结果，倘若回归系数 β_2 显著为负，则表明存在条件 β 收敛，其收敛速度 v 可表示为：$\beta_2 = -(1 - e^{-v \cdot T})$，$T$ 为每一个时间段所包含的具体年数（3 年）。表 5-8 呈现了全国以及东、中、西部三大地区 1994～2012 年低碳农业生产率条件收敛的双向固定效应模型估计结果。

表 5-8 　　　　　　低碳农业 LTFP 增长指数的条件 β 收敛检验

地区	全国	东部	中部	西部
β_2	-0.1070***	-0.0869***	-0.0797***	-0.1563***
$Adj - R^2$	0.5150	0.4387	0.3959	0.7143
标准误差	0.1023	0.1766	0.1768	0.1583
v 值	0.0377	0.0303	0.0277	0.0567

注：*、**、*** 表示变量的 t 检验值分别在 10%、5% 和 1% 的水平下通过显著性检验。

基于表 5-8 所列出的回归结果可知，从全国来看，低碳农业 LTFP 的收敛系数符号为负，且在 1% 水平下通过显著性检验，收敛速度为 3.77%。由此表明，全国各（市、区）的低碳农业生产率指数正朝着各自的均衡水平运动，存在条件 β 收敛现象。分大区来看，东、中、西部地区低碳农业生产率的收敛系数符号也均为负，且都在 1% 水平下通过显著性检验，收敛速度依次为 3.03%、2.77% 和 5.67%，故可认为东、中、西部地区同样存在绝对 β 收敛现象。

第四节　中国"低碳型"农业生产省份识别

一　农业"低碳型"生产省份识别原则

通过前文分析可知，要素投入在带来合意产出的同时也会伴随着一些非合意产出的出现，如果单纯考虑合意产出而忽视非合意产出，我们对农业生产率增长的实际情况就可能产生误判（吴丽丽等，2013）。为了检验碳排放因素对我国农业生产率测度的影响，本书在低碳农业生产率（TFP）的基础上，计算不考虑碳排放、碳汇的农业生产率指数（传统农业生产率指数）TFP$_1$如表5－10所示，并通过对二者的比较判断碳排放因素对我国农业生产率的影响。Fare（2001）证明了 TFP 指数（考虑农业碳排放）与 TFP$_1$指数（不考虑农业碳排放）的差别关键在于合意产出与非合意产出相对增长率的大小，当投入一定时，若 TFP 指数大于 TFP$_1$指数，则表明合意产出增速快于非合意产出，该生产单元相对低碳；反之，则相对高碳。为此，在本研究中，将基于如下原则对 30 个省（市、区）农业生产的低碳与否进行判别：①假如该省（市、区）低碳农业生产率高于传统农业生产率，就认为其农业生产相对低碳；②反之，如果该省（市、区）低碳农业生产率低于传统农业生产率，则认为其农业生产相对高碳。

二 农业"低碳型"生产省份身份认定

为了识别农业生产低碳身份，在保留 30 个省（市、区）低碳农业生产率的基础上，对其传统农业生产率进行测度。进而，对二者进行比较，以确定各省（市、区）农业生产"低碳"或者"高碳"。测算结果及各省（市、区）农业生产身份类型如表5－9所示。

表5－9　　　　　　　我国"低碳型"农业生产省份身份认定

地区	低碳农业生产率			传统农业生产率			身份类型
	EFF	TECH	LTFP	EFF$_1$	TECH$_1$	TFP$_1$	
北京	1.0000	1.0721	1.0721	1.0000	1.1096	1.1096	高碳
天津	1.0000	1.0367	1.0367	1.0000	1.0415	1.0415	高碳
河北	1.0078	1.0107	1.0185	1.0043	1.0202	1.0249	高碳
山西	1.0029	1.0017	1.0046	0.9844	1.0217	1.0057	高碳
内蒙古	1.0000	0.9848	0.9848	0.9822	1.0050	0.9871	高碳

续表

地区	低碳农业生产率			传统农业生产率			身份类型
	EFF	TECH	LTFP	EFF_1	$TECH_1$	TFP_1	
辽宁	1.0000	1.0273	1.0274	0.9929	1.0280	1.0206	低碳
吉林	1.0000	1.0005	1.0005	0.9885	1.0184	1.0067	高碳
黑龙江	1.0000	1.0220	1.0220	0.9906	1.0228	1.0132	低碳
上海	1.0000	1.0367	1.0367	1.0000	1.0568	1.0568	高碳
江苏	1.0000	1.0416	1.0416	1.0000	1.0463	1.0463	高碳
浙江	1.0000	1.0284	1.0284	1.0000	1.0420	1.0420	高碳
安徽	1.0151	1.0278	1.0433	1.0090	1.0246	1.0339	低碳
福建	1.0000	1.0335	1.0335	1.0000	1.0371	1.0371	高碳
江西	0.9975	0.9986	0.9959	0.9889	1.0275	1.0162	高碳
山东	1.0089	1.0229	1.0320	0.9924	1.0462	1.0385	高碳
河南	1.0073	1.0224	1.0298	1.0049	1.0229	1.0279	低碳
湖北	0.9944	1.0115	1.0060	0.9863	1.0417	1.0274	高碳
湖南	0.9994	1.0003	0.9997	0.9938	1.0221	1.0158	高碳
广东	1.0000	1.0284	1.0284	1.0000	1.0441	1.0441	高碳
广西	1.0000	1.0103	1.0103	1.0118	1.0174	1.0293	高碳
海南	1.0000	0.8886	0.8886	1.0000	0.9210	0.9210	高碳
四川	0.9971	0.9978	0.9948	0.9941	1.0161	1.0100	高碳
贵州	0.9953	0.9842	0.9795	0.9805	1.0080	0.9883	高碳
云南	0.9877	1.0034	0.9914	0.9749	1.0240	0.9983	高碳
西藏	1.0000	0.9503	0.9503	1.0000	0.9856	0.9856	高碳
陕西	1.0058	1.0152	1.0212	1.0139	1.0202	1.0342	高碳
甘肃	0.9935	1.0066	1.0001	0.9680	1.0297	0.9967	低碳
青海	1.0000	0.9577	0.9577	0.9951	0.9893	0.9844	高碳
宁夏	1.0000	0.9985	0.9985	1.0079	1.0116	1.0194	高碳
新疆	1.0000	1.0250	1.0250	0.9894	1.0324	1.0214	低碳
东部	1.0015	1.0196	1.0211	0.9990	1.0348	1.0339	高碳
中部	1.0021	1.0105	1.0126	0.9933	1.0252	1.0183	高碳
西部	0.9981	0.9937	0.9919	0.9924	1.0125	1.0048	高碳
总平均	1.0004	1.0076	1.0080	0.9951	1.0240	1.0190	高碳

由表 5 - 9 可知，不考虑农业碳排放、碳汇因素，我国传统农业生产率（TFP_1）在 1994~2012 年的年均增速为 1.90%，其中，前沿技术进步年均增长 2.40%，技术效率则以年均 0.49% 的速率恶化。相比传统农业生产率增长及其源泉变化，我国低碳农业生产率与其前沿技术进步年均增速均有所降低，分别减少了 1.10 和 1.64 个百分点；而技术效率却有所提升，增加了 0.53 个百分点，并由恶化态势转变为改善状态。该研究结论表明，就现阶段而言，忽视农业碳排放、碳汇因素会高估我国农业全要素生产率增长。分区域来看，东、中、西部地区低碳农业生产率均明显低于传统农业生产率，可见其农业生产都相对高碳。具体到各个省，LTFP 指数大于 TFP_1 指数的省份有辽宁（0.68%）、黑龙江（0.88%）、安徽（0.94%）、河南（0.21%）、甘肃（0.34%）和新疆（0.36%），表明这 6 个地区农业生产相对低碳环保，从区域分布来看，东北、华北、华中、西北均有涉及。就成因来看，主要与产业结构及碳汇产出水平有关，其中，辽、黑、豫均为我国粮食主产省份，农业碳汇量较大，其碳排放量虽也不容小觑，但得益于水稻种植比重较低，相对碳排放强度要低于其他一些粮食主产省份，也正是由于农业碳汇带来的积极效应要高于碳排放引发的消极效应，使得上述三地农业生产相对低碳；安徽主要与其较为单一的产业结构有关，以种植业为主，畜禽养殖规模较小，碳汇水平相对较高；而甘肃、新疆二地主要归结于其农作物品种选择。余下 24 个省（市、区）LTFP 指数要小于 TFP_1 指数，农业生产相对高碳。其中，又以北京（-3.75%）、上海（-2.01%）、广东（-1.57%）、海南（-3.24%）、江西（-2.03%）、湖北（-2.14%）、湖南（-1.61%）、广西（-1.90%）、四川（-1.52%）、西藏（-3.53%）、青海（-2.67%）、宁夏（-2.09%）等地情形最为严峻，其低碳农业生产率与传统农业生产率相比均要低出 1.5 个百分点以上，因而在今后的农业生产中应积极优化投入结构，着力提高农用物资利用效率。

第五节　本章小结

本章在探究我国低碳农业生产率增长及其源泉省域差异的同时，对我国东、中、西三大区域的低碳农业增长与源泉也进行了相关分析。在此基础上，利用 Kernel 密度函数对我国低碳农业生产率的省域动态演进进行了分析，同时基于经济增长收敛性理论实证检验了我国低碳农业生产率增长是否存在收敛；最后，结合传统农业生产率，识别和判定了我国农业"低碳型"生产省份。主要研究结论如下：

（1）北京、天津、河北、山西等 20 个地区低碳农业生产率平均值大于 1，而海南、西藏、青海等 10 个地区低碳农业生产率均值小于 1；通过排序可知，北京以绝对优势占据榜首，其 LTFP 指数均值高达 1.0721，而海南最低，仅为 0.8886；从区域分布来看，低碳农业生产率均值较高的省份主要分布于我国东、中部地区，而 LTFP 均值较低的省份则集中在我国中、西部地区。从增长源泉来看，农业前沿技术发挥了更为重要的作用，而技术效率改善所起到的作用相对较少；对技术效率分解后可知，规模效率发挥的作用要大于纯技术效率。

（2）具体到三大区域，东部地区低碳农业生产率平均值最高，为 1.0211；中部 LTFP 均值居中，为 1.0126；而西部最低仅为 0.9919，其低碳农业生产效率甚至仍处于恶化阶段。从增长源泉来看，东部地区主要依赖于农业前沿技术进步，而技术效率贡献幅度相对较小；中部地区也以农业前沿技术进步贡献为主，但技术效率贡献程度要略高于东部；而西部地区技术效率与农业前沿技术均处于恶化状态。从低碳农业生产率的阶段特征来看，东部地区经历了平稳波动与剧烈波动两个阶段；中部地区经历了平稳、波动起伏与持续增长三个阶段；西部地区则经历了"上升—下降"的循环变化轨迹，其低碳农业发展不具备连续性，年际间起伏波动较大。

（3）利用核密度估计方法考察可知，低碳农业生产率地区差距在样本考察期内缩小趋势较为明显，并由两极分化演变为六极分化，分散化的区域集聚特征逐步显现。技术效率地区差距在样本考察期内经历了一个扩大、缩小、扩大的波动起伏过程，最终差距明显扩大；变化区间整体右移则揭示一些地区技术效率增速明显加快；并由五极分化逐步演变为两极分化，综合集聚性特征逐步显现。前沿技术进步地区差距在样本考察期内经历了扩大、大幅缩小、缩小的变化过程，最终地区差距明显缩小；变化区间左侧边界明显右移则揭示部分地区前沿技术进步增速明显加快；同时由四极分化进一步演变为五极分化，呈现出分散化的区域集聚特征。

（4）低碳农业 LTFP 增长收敛结果显示：从 σ 收敛来看，全国及东、中、西部虽偶尔出现过阶段性收敛现象，但就整个考察期而言其收敛不太明显。至于 β 收敛，就全国而言，在 1% 的显著水平下存在绝对 β 收敛与条件 β 收敛，其收敛速度分别为 4.79% 和 3.77%；分大区来看，东、中部地区的绝对 β 收敛与条件 β 收敛的显著水平均为 1%，西部地区则分别为 5% 和 1%，但其收敛速度居于三大地区之首，达到了 9.72% 和 5.67%。总体而言，全国及东、中、西部均不存在显著的 σ 收敛，但同时却存在显著的绝对 β 收敛与条件 β 收敛。

（5）就现阶段来看，忽视农业碳排放、碳汇因素会高估我国农业全要素生产率增长。分区域来看，东、中、西部地区低碳农业生产率均明显低于其传统农业生产率，可见其农业生产都相对高碳。具体到各个省，低碳农业生产率（LTFP）大于传统农业生产率（TFP$_1$）的省份仅有辽宁、黑龙江、安徽、河南、甘肃和新疆，表明这 6 个地区农业生产相对低碳环保，从区域分布来看，东北、华北、华中、西北均有涉及。余下24 个省（市、区）LTFP 指数要小于 TFP$_1$ 指数，农业生产相对高碳。其中，又以北京、上海、广东、海南等地情形最为严峻，其低碳农业生产率与传统农业生产率相比均要低出 1.5 个百分点以上。

第六章

中国低碳农业生产率增长影响因素：
宏观层面判别与微观视角辨识

　　第四章、第五章基于时间、空间的角度探讨了我国低碳农业生产率增长的时序演变规律、空间分异特征以及省域动态演进及其收敛性等问题。在此基础上，本章将从宏观和微观的视角对影响我国低碳农业生产率增长的关键性因素展开分析。其中，宏观层面上，将在回顾已有关于农业生产率影响因素文献的基础上，结合低碳农业自身所特有的禀赋特征，确定相关解释变量，进而从中分析导致低碳农业生产率变化的主要原因；微观层面上，鉴于农户是实施农业生产的主体，而农业生产离不开农民这一事实，文章将以农户行为作为切入点，探究影响其低碳农业技术采纳的关键因素，毕竟相关技术的采纳与否将在很大程度上决定低碳农业生产绩效。具体而言，本章内容由三节构成：第一节为低碳农业生产率增长的影响因素分析；第二节为农户低碳农业技术采纳的影响因素分析；第三节是对本章内容所作出的归纳与进一步梳理，进而形成一些分析性的研究结论。

第一节　低碳农业生产率增长的
影响因素分析

一　文献梳理与变量界定

由于目前鲜有学者探究低碳农业生产率这一问题，所以几乎无人分析导致其增长变化的关键性因素，与之相关的理论框架与解释变量体系均较为缺乏。为了更好地确定解释变量，有必要对相关研究进行文献梳理，以便从中获取一定启发。具体而言，将在回顾农业生产率影响因素的基础上，结合低碳农业自身所特有的禀赋特征，确定最终的解释变量。

（一）文献梳理

目前，关于农业生产率影响因素的研究主要集中在以下两个方面：

一是行业层面，即围绕农业的某一个领域进行研究。祖立义等（2008）在利用索洛模型和 C－D 函数测算种植业全要素生产率的基础上，分析了主要影响因素及各自影响程度，发现改革开放等政策因素贡献最大，科研成果紧随其后，农业技术推广排在第三，而结构调整对其影响不大。李碧芳（2010）将大豆全要素生产率增长归结为人工、种子、化肥与土地共同的作用，并回归分析了各因素的具体贡献程度，按其大小依次为化肥、人工、种子和土地。陈静等（2013）分析了影响油菜、大豆、花生等三类油料作物全要素生产率增长的主要因素，结果表明，受灾率、油料作物种植所占比、油料作物主产省份自身区位特征是导致油料作物生产率发生变化的主要因素。刘清泉等（2014）利用定性分析法探究了影响林业技术生产率的主要因素，发现其主要受经营规模与产权制度的影响，其中前者为间接影响，后者为直接影响。马林静等（2014）依次分析了主产区、主销区以及平衡区粮食全要素生产率的影响因素，结果表明，主产区主要受农业经济发展水平、农村文化水平、土地质量水平、受灾水平、粮食播种比例、人均经营规模以及机械化水平等七因素影响；主销区则受农业经济发展水平、农村文化水平、土地质量水平、受灾水平、人均经营规模等七因素影响；而平衡区仅受粮食播种比例与人均经营规模等两因素影响。

二是产业层面，即围绕大农业（涵盖农林牧副渔）进行研究。王珏等（2010）利用空间计量模型分析了影响中国省域层面全要素生产率变化的主要因素，发现地理因素、工业化进程、对外开放水平、科技水平以及要素投入水平等因素通过显著性检验，其中前 4 个因素为正向影响，而要素投入水平具有显著的负向影响，这也说明单纯依靠要素投入增长实现农业经济增长的模式是不可取的。方福前等（2010）运用"面板两阶段最小二乘法"探究了影响农业全要素生产率的主要因素，研究结果表明，农业在当地经济中的相对地位、财政支农力度以及农业市场化程度均与农业生产率增长呈现同向变化，而乡村从业人口所占比重虽也通过了显著性检验但方向为负。郑云（2011）分析了我国农业全要素生产率影响因素的阶段性演变规律以及空间差异特征，结果表明，农村教育、水利灌溉、农村用电以及城市化水平等因素在各个阶段基本上都通过了显著性检验且方向为正；对外开放度也基本上都通过了显著性检验但方向为负；地区间农业生产率存在差异是多种因素共同影响的结果，具体体现在农业公共投资、对外开放、工业化、市场化以及城市化等方面存在差异。石慧等（2011）同样利用空间计量模型分析了导致中国农业全要素生产率存在区域差异的主要原因，发现工业化、城镇化能显著推进农业生产率的增加；人力资本虽也通过了显著性检验但不同阶段作用方向存在差别；而对外开放、市场化程度以及农业科研投入均未通过显著性检验，可见其作用不明显。李谷成（2014）探讨了农业绿色生产率增长背后的制度原因，发现家庭联产承包责任制、农产品价格体制改革、税费改革、农业公共支出变迁以及农业工业化与城市化进程等均是影响绿色农业生产率增长的重要因素。

　　纵览上述文献可知，由于研究者视角切入点的不同，使得农业生产率影响因素的确定也存在一些差异。其中，行业层面，影响因素主要包括农用物资投入、人工投入、农业经济发展水平、农民受教育情况及受灾水平等；产业层面，影响因素主要涉及公共投资、对外开放度、工业化水平、市场化程度、农业科技水平、农村教育、农田水利灌溉以及城市化水平等。二者比较来看，行业生产率的影响因素相对具体、细致化，而产业生产率的影响因素更为宏观，高屋建瓴。考虑到本研究探讨的是低碳农业生产率的影响因素，属于产业范畴，因此在解释变量的设定上会更多地参考产业类研究，同时还将结合低碳农业自身特点。

（二）变量界定

农业生产率的影响因素比较复杂，通过前文分析可知，以往研究主要从受教育程度、产业结构、农村工业化、农业公共投资以及自然灾害等角度对农业生产效率的影响因素进行考察。在借鉴已有研究成果的基础上，结合本书研究特点及数据的可得性，拟从以下七个方面确定解释变量：

（1）农村基础教育水平（edu）。农民是实施农业生产活动的行为主体，受教育水平高低在一定程度上可能影响其对市场的判断、生产决策的科学制定以及新型农业生产技术的采纳与运用，进而导致农业生产效率低下。但也有学者认为，农村以初中为主的平均受教育水平和流于形式的系列培训，对农业生产率影响甚微（应瑞瑶，2011）。而本书是基于碳汇、碳排放的双重约束考察低碳农业生产效率，相比过往研究具有一定特殊性，故认为有必要再次检验农村基础教育水平是否会对农业生产效率产生影响。在这里，将选取农村劳动力中初中及以上文化程度劳动者所占比重作为农村基础教育水平的替代变量。

（2）经济发展水平（el）。一个国家或一个地区经济水平越高通常意味着其工业化、城镇化水平较高，而工业化、城镇化水平的快速提升又能极大推进农业现代化（夏春萍，2012），所以农业现代化对农业生产效率往往具有正向影响。但同时，农业现代化的推进往往意味着农用物资投入的增加以及农用机械的广泛采用，在一定程度上又会加剧二氧化碳等温室气体的排放。而本书考察的是兼顾碳汇、碳排放的低碳农业生产绩效测度与分析，其是否受经济发展水平的显著影响不得而知。为此，有必要检验经济发展水平是否会对农业生产效率产生影响。在这里，将参照一般学者的做法，选取不变价人均 GDP 作为经济发展水平的替代变量。

（3）农业公共投资（il）。农业公共投资即政府用在农林水利事业上的财政支出，其投入大小可反映政府对农村经济发展的重视程度。一般情形下，农业公共投资的增加往往意味着农业基础设施的不断改善与农业技术水平的不断改进，进而促使农业生产效率得到提升。但这一规律也并非放之四海而皆准,因为在投资过程中也可能伴随着重复建设、无效建设以及寻租行为和浪费行为,由此导致农业公共投资效用不够明显。同时,也考虑到本书研究设计的特殊性,认为有必要对农业公共投资是否影响低碳农业生产效率进行再检验。为了便于不同地域间进行横向比较,选取农业财政支出力度作为农业公共投资的替代变量,其计算公式为:农业财政支持力度 =(农林水利财政支出/财政总支出)×100%。

(4)农业开放度(ow)。农业开放度即农业进口与农业总产出之比,目前已有一些学者就其与农业生产效率之间的关系进行了探讨,但无论是替代变量的选择还是所获取的最终结论均存在一定差异(吴贤荣等,2014;李谷成等,2014)。而由于本书农业产出变量选择的特殊性,其生产效率是否仍然受到农业开放度影响?这带有一定的不确定性。为此,有必要再度考察农业开放度对农业生产效率是否产生影响。在这里,采用人民币对美元历年汇价折算后的农业进口值占农业生产总值比重进行计算。

(5)种植业所占比重(pr)。农业主要由种植业、畜牧业、渔业和林业四大产业部门组成,由于不同产业部门生产效率通常存在一定差异,其结构调整显然会对低碳农业生产率产生影响。其中,种植业兼顾碳源与碳汇的双重属性,一方面它是导致农业碳排放增加最为主要的产业部门之一,另一方面农作物生长过程中会吸收大量二氧化碳。加之其产业内部结构也经常存在一些调整,导致有时可能是减排增汇、有时则是增排减汇。很显然,这些因素的综合作用使得我们难以判定种植业所占比重的变化会对低碳农业发展带来何种影响。为此,本书将种植业占比重也作为解释变量之一,其计算公式为:种植业所占比 = 种植业总产值/农林牧渔总产值×100%。

(6)畜牧业所占比重(ar)。畜牧业是引发农业碳排放的另一重要产业部门,畜禽肠道发酵与粪便管理是导致甲烷、氧化亚氮产生最为重要的源头之一。由于低碳农业生产率测度考虑了农业碳排放这一约束条件,照常理揣度,畜牧业的迅猛发展将会导致低碳农业水平的下降;但凡事不可一概而论，因为畜牧业产业内部也一直处于调整之中，大牲畜与小牲畜数量呈现此消彼长的状态，而在产值同等的情况下大牲畜所引发的温室气体通常多于小牲畜。由此可见，畜牧业所占份额的提升是否会导致低碳农业水平受到影响存在一定的不可预知性。有鉴于此，畜牧业所占比重也将作为解释变量之一，其计算公式是：畜牧业所占比 = 畜牧业总产值/农林牧渔总产值×100%。

（7）自然灾害（dl）。相比于工业，农业生产活动更易受到自然条件制约。近年来，频发于长江、淮河流域的涝灾以及西南地区的罕见旱灾均使得当地农业遭受了巨大损失，并成为制约其农业生产效率提升的重要因素。笔者认为，农作物受灾程度越大，其农业生产效率越低，即农业受灾程度与农业生产效率呈负相关。在这里，将选取农作物受灾率作为自然灾害的替代变量。其计算公式为：农作物受灾率 = （农作物受灾面积/农作物播种面积）×100%。

二　模型选择与数据处理

（一）Tobit 模型

为了进一步探究低碳农业生产率的影响因素及程度，在运用 DEA 分析相对效率的基础上衍生出一种两阶段法（Coelli，1998）。该方法第一步先利用 DEA 模型评估出决策单元的效率值，第二步以各地区低碳农业生产率为因变量，各影响因素为解释变量构造线性回归方程，并通过自变量系数判断各影响因素对效率值的作用方向及程度。然而，由于 DEA 方法得出的效率值通常大于0，使用普通最小二乘法进行回归参数估计值可能出现偏向0的情形（Greene，1981），为此本书将采用因变量受限制的 Tobit 模型。模型标准形式如下：

$$y_i = \begin{cases} \beta^T x_i + e_i, 若 \beta^T x_i + e_i > y_0 \\ 0, 其他 \end{cases} \qquad (6-1)$$

$$e_i \sim N(0, \sigma^2), i = 1, 2, 3, \cdots, n$$

式（6-1）中，y_i 为受限因变量，x_i 为解释变量，β 为未知参数向量（栾文敬等，2013）。

基于前文假设,构建低碳农业生产率(LTFP)影响因素 Tobit 模型如下:

$$LTFP_i^t = \beta_0 + \beta_1 edu_i^t + \beta_2 el_i^t + \beta_3 il_i^t + \beta_4 ow_i^t + \beta_5 pr_i^t + \beta_6 ar_i^t \beta_7 dl_i^t + \mu_i^t$$

$$(6-2)$$

式(6-2)中因变量 *LTFP* 为低碳农业生产率指数,i 为省域,t 为年份,β_0 为常数项,β_1、β_2、β_3、β_4、β_5、β_6 与 β_7 分别表示各解释变量的待估参数,β_0 为随机干扰项。农业技术效率(EFF)与农业前沿技术进步(TECH)的影响因素 Tobit 模型构建也参照于此,不作过多阐述。

(二)数据来源与处理

低碳农业生产率源于第五章所测算结果;农村劳动力受教育水平、种植业所占比重、畜牧业所占比重、农作物受灾面积以及农作物播种面积的相关数据源自《中国农村统计年鉴》,且以实际数据为准;财政农业支出与财政总支出的原始数据出自《中国统计年鉴》,二者相除得出解释变量农业财政支持力度,以此反映农业的公共投资;不变价人均 GDP 计算所需原始数据也均源自《中国统计年鉴》;农业开放度计算所需各地区农业进口值数据出自《中国农业年鉴》;农业生产总值数据则来源于《中国农业统计资料》。

三　低碳农业生产率增长的影响因素实证估计与解释

自 2004 年开始,我国连续颁布了惠农型"中央一号"文件,农业尤其是种植业在历经多年低迷与反复之后重新步入正常轨道,农业生产迎来了一个崭新的发展阶段。但很显然,农业复苏在带来产出(经济效益与碳汇)增加的同时,往往也意味着农用物资投入的增加与产业结构的调整,这在一定程度上可能加剧碳排放,低碳农业生产率也会因此受到影响。为了有所区分,在接下来的实证中,将以 2004 年作为节点,分别探讨 1994~2003 年与 2004~2012 年这两个阶段影响低碳农业生产率增长的关键因素。Hausman 检验表明对低碳农业生产率的回归分析应选择固定效应的面板数据 Tobit 模型。利用 STATA 软件进估算,回归结果如表 6-1 所示。

表 6 - 1　　　　　　低碳农业生产率增长及其成分的影响估计

变量名	1994~2003 年			2004~2012 年		
	EFF	TECH	LTFP	EFF	TECH	LTFP
常数项	0.8806 ***	1.1628 ***	1.0601 ***	1.0385 ***	1.1992 **	1.2508 ***
	(0.084)	(0.260)	(0.261)	(0.188)	(0.492)	(0.468)
农村基础教育水平	0.1454	-0.4957 *	-0.4417 *	0.0154	-0.4012	-0.4097
	(0.094)	(0.292)	(0.260)	(0.132)	(0.344)	(0.327)
农业公共投资	-0.0188	0.0010	0.0028	0.0031	0.0003 *	0.0036 *
	(0.003)	(0.009)	(0.009)	(0.002)	(0.005)	(0.005)
经济发展水平	0.0555	0.1458 **	0.1288 *	-0.0076	-0.0142	-0.0213
	(0.019)	(0.589)	(0.0592)	(0.008)	(0.021)	(0.020)
农业开放度	—	—	—	0.0018	-0.0596 *	-0.0577 **
				(0.012)	(0.031)	(0.029)
种植业所占比重	0.0721	0.0435	0.0912	0.0196	0.3086	0.3164
	(0.071)	(0.221)	(0.222)	(0.202)	(0.529)	(0.503)
畜牧业所占比重	-0.0403	-0.0082	0.0629	-0.2140	0.1028	-0.0871
	(0.075)	(0.231)	(0.0232)	(0.219)	(0.573)	(0.545)
自然灾害	-0.0403 *	-0.0725	-0.1146 *	-0.0468 *	-0.2311 ***	-0.2838 ***
	(0.023)	(0.070)	(0.070)	(0.027)	(0.071)	(0.068)

注：括号内数字为标准误差，***、**、*分别表示自变量在1%、5%和10%的置信水平下通过显著性检验。

（一）第一阶段：1994~2003 年

由表 6 - 1 可知，在惠农型"中央一号"文件全面出台之前，我国低碳农业生产率增长主要受农村基础教育水平、经济发展水平以及自然灾害等因素影响，均在 10% 的水平下通过显著性检验。而农业公共投资、种植业所占比重与畜牧业所占比重均未通过显著性检验，表明这些因素不是影响本阶段（1994～2003）低碳农业生产率增长的关键性因素。

其中，基础教育水平对低碳农业生产率具有显著的负向影响，即在其他条件保持一致不变的前提下，农村劳动力中初中及以上文化程度劳动者所占比重越高，其低碳农业生产率水平反而越低，这与应瑞瑶（2011）、钱丽（2013）等学者相近研究的结论基本一致。究其原因，可能在于该阶段我国农村基础教育水平的提高多归结于初、高中学历农民所占比重的增加，大专及以上学历的人才仍极为缺乏。而低碳农业发展所需要的多为高素质（大专及以上学历）农民，一方面能明白低碳农业的重要性，更为重要的是能掌握并熟练运用各类低碳农业技术；相比较而言，处于中等文化素质（初、高中学历）的农民从事农业生产通常更倾向"高投入、高产出"模式，对农业低碳生产行为与低碳农业技术关注较少，该群体人数的增加显然不利于低碳农业发展。

经济发展水平与低碳农业生产率呈现显著的正相关，即在其他条件不变的情况下，人均GDP增加能促使低碳农业生产率得到提高。这也很好地诠释了社会经济的开放性，不同部门（如工业与农业）之间并不是完全封闭的，综合经济水平的提升也会带来农业生产技术的变革与农业现代化步伐的快速推进。在一般人看来，农业现代化意味着农用物资投入的增加以及农用机械的广泛采用，由此会加剧温室气体排放，进而使得低碳农业发展受到影响。就这个论断而言，虽具有一定的科学性却不完全正确。首先，农业现代化是否会引发温室气体排放的增加？虽然短期内是如此，但从长期来看可通过技术的不断革新尽可能规避这一问题。其次，农业现代化是否会影响低碳农业发展？答案是不确定的，固然农业现代化进程有引发温室气体排放增加的可能，但对农业生产效率通常具有正向影响，会带来农业物质产出与生态（碳汇）产出的双增长，而这能显著影响低碳农业水平的测度。就本阶段而言，显然经济发展水平提升所引发的农业生产技术变革与农业现代化推进带来的正向作用更为突出，有力地推进了低碳农业发展。

自然灾害与低碳农业生产率呈现显著的负相关，即在其他条件保持不变的前提下，农作物受灾面积所占播种面积比重越高，其低碳农业生产效率越低。这与那些单纯研究农业全要素生产率影响因素或环境规制下农业生产效率影响因素的学者所获取的研究结论基本一致（钱丽，2013；李谷成，2014）。具体到低碳农业，农作物一旦遭受自然灾害，其经济产出必然受到影响，进而生态产出——农业碳汇也受到影响；但碳排放由于主要受农用物资投入和农业生产规模影响，并不会因此减少。结果便是：农业生产投入不变，遭受自然灾害之后农业好产出会减少，坏产出却基本维持不变。很显然，在该情形下低碳农业生产率必然受到影响，农作物受灾率与低碳农业生产效率呈现负相关也就不难解释了。

另外，自然灾害与技术效率呈现显著负相关；农业基础教育水平、经济发展水平则与农业前沿技术进步分别呈现显著负相关和正相关；而其他变量均未通过显著性检验。上述三个模型得出较为一致的结论是，1994～2003年，我国低碳农业发展主要与农村基础教育水平、社会经济发展水平以及自然灾害情况紧密相关，而与农业公共投资、农业产业结构调整关系不大。

（二）第二阶段：2004～2012年

基于数据的可获取性以及变量的重要性，本阶段在保留原有自变量的基础上，增加了变量对外开放度。上一阶段之所以未考虑该变量，主要在于无法从相关年鉴获取所需数据。不过从另一方面讲，农产品贸易完全放开始于我国加入世贸组织之后，因此，考察2002年之后农业开放度对我国低碳农业生产率的影响具有较强的代表性与科学性。由此可见，在本阶段加入农业开放度变量是非常合理的。

结合表6-1可知，惠农型"中央一号"文件连续颁布之后，我国低碳农业生产率主要受农业公共投资、农业开放度和自然灾害等三因素影响，分别在1%、5%和10%的水平下通过显著性检验。而农村基础教育水平、经济发展水平、种植业所占比重与畜牧业所占比重均未通过显著性检验，表明这些因素不是影响本阶段（2004～2012）低碳农业生产率增长的关键性因素。其中，自然灾害通过显著性检验且方向依旧为负，这与前一阶段完全一致，故在此不做过多讨论。而接下来将着重探讨另外两个通过显著性检验的自变量。

　　农业公共投资与低碳农业生产率呈现显著的正相关，即政府涉农支出占财政总支出的比重越高，越有利于低碳农业生产率的提升。在前一阶段，虽然政府涉农支出所占比重也呈上升趋势，但可能受限于投资领域的选择、重复投资行为的时常出现，导致农业公共投资的配置效率低下，甚至许多地区的农业基础设施也亟待改善，其结果是农业公共投资未像我们预期的那样正向影响低碳农业生产效率。而本阶段，随着政府对农业发展重视程度的不断加大（主要体现在惠农型"中央一号"文件的连续颁布以及一些引导型农业政策的全面实施）以及农民自身认知水平的提升及决策的科学化，农业公共投资的一些项目选择更具有针对性，由此带来了农业基础设施的不断改善与农业技术水平的不断改进，进而促使农业生产效率得到提升。

　　农业开放度对低碳农业生产率具有显著的负向影响，即农业进口与农业总产值之间的比值越大，越不利于低碳农业生产率的提高。通常情况下，农业开放度越高，意味着更多的农产品进口，会在一定程度上挤占本地生产量，从而间接实现碳排放转移；但同时，进口品种的差异也可能伴随着碳汇损失，而此时是否会对低碳农业生产率产生影响主要取决于碳排放转移所带来的潜在收益是否能抵消碳汇减少所引发的损失。而就现阶段来看，我国农产品进口以隐含碳较少的品种为主，出口却以碳汇效益较为突出的品种为主，正是由于这种不合理的农产品贸易结构，在一定程度上制约了我国低碳农业发展。

　　另外，自然灾害与技术效率呈现显著负相关；而农业公共投资、农业开放度和自然灾害则与农业前沿技术进步分别呈现显著正相关、负相关和负相关；而其他变量均未通过显著性检验。上述三个模型得出较为一致的结论是，2004～2012年，我国低碳农业发展主要与农业公共投资、农业开放度以及自然灾害情况紧密相关，而与农村基础教育水平、经济发展水平以及农业产业结构调整关系不大。

四 讨论与启示

通过分析不同阶段我国低碳农业生产率增长的影响因素可得出两点结论：其一，农村基础教育水平、农业公共投资、经济发展水平、农业开放度与自然灾害或一直，或在某个阶段对我国低碳农业发展产生了显著影响；而农业产业结构调整却一直未通过显著性检验，可见目前我国的农业产业结构多以无序、随机地调整为主，缺少针对性与规划性。其二，影响低碳农业生产率增长的主要因素并非一直不变，而是动态变化的。对两个阶段进行对比发现，除自然灾害这一变量外，各自剩下的两个变量却不大相同。可见，随着社会经济的发展，影响我国低碳农业发展的关键性因素也处于不断变化之中，这要求我们看问题要与时俱进，切忌墨守成规。

结合前文分析结论，可得出如下政策含义：第一，强化基础教育，着力提升农民素质。发展低碳农业离不开高素质的现代农民，针对当前农民文化程度普遍偏低的现实，政府应通过通识教育与技术培训相结合的方式全面提升农民素质，以为低碳农业发展提供基本的人力资源保障。第二，加大财政支农力度，加快推进农业科技创新步伐。足够的研究经费是确保农业科技研发顺利开展的基础，而针对我国农业科技贡献率仍大幅落后于发达国家这一现实，有必要加大财政对农业研发的支持力度，以推进农业前沿技术进步。第三，完善基础设施建设，增强农业抗灾能力。自然灾害对农业发展具有显著的负面影响，而基础设施建设严重滞后是诱发水旱灾害频发的重要原因，为此各地尤其是经济落后地区应加强农业基础设施建设，提升其农业抗击自然灾害的能力。第四，不断优化农产品贸易结构，降低潜在碳汇损失。一方面，尽可能出口碳排放产生量较少且碳汇效应突出的农产品，另一方面，多进口碳排放产生量较大且碳汇效应一般的农产品。第五，加大宣传力度，注重低碳农业示范区建设。中央和各级政府应采用各种方式宣传低碳农业，以便让低碳理念深入人心；同时，在不同地区开展低碳农业发展示范区建设，通过树立典型的方式以点带面实现低碳农业全面发展。

第二节　农户低碳农业技术采纳的影响因素分析

一　数据来源

得益于湖北省高等学校优秀中青年科技创新团队"农业资源与环境经济问题研究"与华中农业大学首批人文社会科学定点研究项目"农业废弃物利用与产业可持续发展的联动机制研究"的联合资助,同时依托国家食用菌产业技术体系产业经济研究室的农户固定观察点,采用随机抽样与典型调查相结合的方式,围绕农业废弃物利用与低碳农业生产行为等问题,分别对武汉市新洲区和湖北省随州市进行了实地问卷调研,同时辅以深度访谈,以弥补问卷自身设计所存在的一些不足。本次调研时间选择在 2012 年暑假,调研员为华中农业大学经济管理学院 11 名拥有丰富调研经验且接受过相关培训的硕士/博士生以及一名带队老师。本次调研共获取问卷 411 份,其中有效问卷 403 份,有效率为 98.05%。从有效问卷分布区域来看,武汉市新洲区 202 份,湖北省随州市 201 份,二地基本一致。

由于本次调研主要是为了探究农业废弃物利用与其产业可持续发展间的联动机制,因此在相关问题的设计上主要偏重于农业废弃物利用。问卷具体由五部分组成:①基本情况。此部分涉及三个方面,一是受访地区的基础设施与环境条件,包括是否拥有河流(水库)、生活饮水来源、公路与集市、网络电视以及废弃物处理设施等;二是被调查者家庭基本情况,包括家庭总人口、劳动力数量,户主及家庭成员的性别、年龄、文化程度、务农年限、兼业与否等;三是家庭经营规模与收支情况,包括耕地面积、各类农作物种植面积、家庭纯收入、农业纯收入、家庭支出与农业支出等。②农业废弃物及环境保护认知状况。主要涉及循环农业相关概念的认知,农户自身所拥有的环保意识和农户对农业废弃物的认知,本研究所涉及的低碳农业生产行为的相关因变量及部分自变量出自此部分。③农业废弃物循环利用方式及意愿。其中,废弃物种类主要包括作物秸秆、畜禽粪便、谷（果）壳及生产性废弃物（农膜、农药瓶、包装盒等）；废弃物处理方式分为肥料化、饲料化、能源化、基质化、工业原料化等循环利用模式与直接遗弃这一非环保方式。④农户对农业废弃物循环利用技术和信息的需求。主要涉及农户对农业废弃物循环利用技术的认知程度、关注程度以及获取相关技术的路径与难易程度，当然还涉及农户对这些技术的内在需求与紧迫性。⑤农户针对农业废弃物循环利用的一些观点与感受。均为主观问题，采用的是五分量表，以期获取农民心中的真实想法。

二 调查地区概况

在具体调研目的地的选择上，本次采用的是"三镇"策略，即在随州和新洲分别选择 3 个典型镇，然后结合当地实际情况在每个镇选择 1 ~ 3 个村庄进行问卷调查。其中，随州地区选择的是三里岗镇、万店镇和厉山镇；新洲地区选择的是辛冲镇、刘集镇和邾城街，以及少数来自其他乡镇的农户。本次调研所涉及的具体行政村如表 6 - 2 所示。

表 6 - 2　　　　　　　　　　调研所涉及的具体区域

地区	调研涉及行政村	问卷数量（份）	比重（%）
随州市	三里岗镇吉祥寺村、三里岗镇贾家湾村、三里岗镇杨家棚村、万店镇双河村、万店镇夹子沟村、厉山镇勤劳村、厉山镇富足村	202	50.12
武汉市新洲区	辛冲镇干河村、辛冲镇罗平河村、辛冲镇双桥村、辛冲镇周河村、辛冲镇马河村、刘集镇刘集村、刘集镇铁甲村、刘集镇顾岗村、邾城街胜英村、邾城街詹河村、邾城街陈先村、汪集街河口村、双柳街原种场村、仓埠街彭泗村	201	49.88

其中，随州调研是每个镇选择 1 个典型村，这 3 个典型村分别是因种植香菇而闻名遐迩的三里岗镇吉祥寺村和以水稻、棉花等传统农作物种

植为主的万店镇双河村与厉山镇勤劳村;除此之外,还调查了少部分来自三里岗贾家湾村、杨家棚村、万店镇夹子沟村、厉山镇富足村的农户。新洲方面,则是在每个镇选择 1～3 个典型村,其中,辛冲镇选择的是干河村和双桥村,刘集镇选择的是刘集村、铁甲村和顾岗村,邾城街选择的是胜英村;与此同时,也随机调查了来自辛冲镇罗平河村、周河村、马河村、邾城街詹河村、陈先村以及汪集街河口村、双柳街原种场村、仓埠街彭泗村的部分农户;这些村庄多为传统农业,粮食作物以种植水稻为主,经济作物则包括棉花、花生与蔬菜等。

三 调查对象的基本情况分析

由于本节内容为微观实证研究,将以农户作为研究对象,因此有必要了解其基本情况。为此,在接下来的研究中,将对受访农户的基本信息进行一个大致的归纳总结,以深化我们对农村以及农业生产现状的宏观认识。具体而言,内容涉及农户家庭基本特征、农地利用规模与结构特征以及农户投入与经营收入情况。

(一) 农户家庭特征分析

本次接受调查的 403 个农户共有人口 1787 人,户均 4.13 人。其中,拥有劳动力 1096 人,户均 2.72 人,劳动力所占总人口的比重为61.33%。当然,具体到各个家庭必然有所区别,农户家庭规模与劳动力规模分组情况如表 6-3 所示。

表 6-3　　　　　　　受访农户家庭规模及劳动力数量

人 数	家庭规模		劳动力	
	户数	比重 (%)	户数	比重 (%)
2 人及以下	47	11.66	227	56.33
3 人	61	15.14	60	14.89
4 人	107	26.55	83	20.60
5 人	100	24.81	28	6.95

人数	家庭规模		劳动力	
	户数	比重（%）	户数	比重（%）
6人及以上	88	21.84	5	1.24
合计	403	100.00	403	100.00

由表6-3可知，农户家庭人口规模主要集中在4人或5人，其中4人组成的家庭数量最多，有107户，占到了样本总量的26.55%；5人家庭紧随其后，为100户，也占到了受访家庭总数的24.81%；6人及以上家庭、3人家庭依次排在三、四位，其数量分别为88户和61户，占总样本量的21.84%和15.14%；相比较而言，2人及以下家庭数量最少，只有47户，仅占受访总数的11.66%。总体来看，基本符合正态分布，较好地呈现了农村现状，样本选取具有代表性。至于家庭构成，以老中青结合为主，即两老人一对夫妻一小孩或者一老人一对夫妻一小孩；除此之外，一对夫妻俩小孩、一对夫妻一小孩的家庭也占了相当比例。

家庭劳动力数量主要集中在2人或以下，一共涉及227户（其中2人的有189户），占到了样本总量56.33%，一般是家庭中的夫妻二人或者是户主和达到劳动年龄且已辍学在家的孩子；紧随其后的是拥有4个劳动力的家庭，一共83户，占受访家庭总数的20.60%，通常是家庭中的两老人以及一对中年夫妻，或者一老人一对中年夫妻外加一劳动适龄辍学青年，或者一对中年夫妻一对年轻夫妻；排在第三位的是拥有3个劳动力的家庭，一共60户，占样本总量的14.89%，一般为一老人一对中年夫妻，或者是一对中年夫妻和劳动适龄辍学青年；劳动力数量为5人或者6人及以上的家庭所占比例相对较小，分别仅占受访家庭总数的6.65%（28人）和1.25%（5人）。

近年来，伴随着越来越多青壮年劳动力进城务工，留守农村的多为妇女、孩子以及一些中老年人，呈现出较为明显"三八、六一、九九"

特征①。严峻的现实使得家庭琐事多降临到了家中长辈身上，中老年人被迫更多地扮演起户主角色。本次调查也验证了这一点，发现受访家庭户主年龄普遍较大，且务农年限较长。具体情况如表6-4所示。

表6-4　　　　　　　户主年龄与务农年限交叉统计

调查项目		年龄				合计
		30岁及以下	31~40岁	41~50岁	51岁及以上	
务农年限	10年及以下 人数（人）	16	14	5	1	36
	10年及以下 比例（%）	44.44	38.89	13.89	2.78	8.93%
	11~20年 人数（人）	0	25	26	9	60
	11~20年 比例（%）	0.00	41.67	43.33	15.00	14.89%
	21~30年 人数（人）	0	8	85	25	118
	21~30年 比例（%）	0.00	6.78	72.03	21.19	29.28%
	31年及以上 人数（人）	0	0	15	174	189
	31年及以上 比例（%）	0.00	0.00	7.94	92.06	46.90%
合计	人数（人）	16	47	131	209	403
	比例（%）	3.97	11.66	32.51	51.86	100.00%

结合表6-4可知，户主年龄超过50岁的家庭数量最多，达到了209户，占了样本总量的一半以上（51.86%），紧随其后的依次是户主年龄介于41~50岁和31~40岁的家庭，数量分别为131户和47户，占受访家庭总数的32.51%和11.66%；相比较而言，户主年龄为30岁或低于30岁的农户数量最少，仅有16户，只占到了样本总量的3.97%。从中不难发现，户主年龄与其所对应的农户数量呈现较为明显的正相关，这主要受青壮年劳动力外出务工影响，当然另一方面也受中国传统文化影响，即凡事皆由长辈做主。从务农年限来看，超过30年的户主数量最多，达到了189人，占到了样本总量的46.90%；紧随其后的是务农年限介于

---

① "三八"指"三八"节，代指妇女。因多数男劳力外出打工，妇女成为农业生产的主力军。"六一"指"六一"节，代指儿童。父母一方或双方外出打工不能解决孩子的教育问题，儿童多留守在当地接受教育。"九九"指农历九月初九，既是重阳节，也是老人节，代指老人。

21～30 年和 11～20 年的户主数量，分别为 118 人和 60 人，占受访农户总数的 29.28% 和 14.89%；务农年限为 10 年或低于 10 年的户主最少，仅有 36 人，只占样本总量的 8.93%。由此可见，户主务农年限多在 20 年以上，具有极为丰富的务农经验，可以推断其对农业废弃物的循环利用以及低碳农业生产行为的认知及其意愿表达是在相当长的务农过程中凝集而成，所以我们对其展开深入研究是有价值的。

由于家庭户主多以中老年人为主，且多出生于中华人民共和国成立之初至"文化大革命"之前，其受教育机会相对有限，文化程度普遍偏低，以初中及以下学历为主，拥有高层次学历的人极为稀少。同时，受限于自身文化素质与经营水平的差异，不同家庭年际纯收入也存在较大区别，近半数家庭（49.87%）户均收入在 2 万元以下。户主受教育程度与其家庭年际收入情况详见表 6－5。

表 6－5　　　户主文化程度与其家庭年际纯收入交叉统计

调查项目			收入（元）					合计
			10000 及以下	10001～20000	20001～30000	30001～50000	50000 以上	
学历	不识字或认字很少	人数（人）	17	12	11	2	2	44
		比例（%）	38.64	27.27	25.00	4.55	4.55	10.92%
	小学	人数（人）	37	11	22	14	14	98
		比例（%）	37.76	11.22	22.45	14.29	14.29	24.32%
	初中	人数（人）	57	42	43	42	10	194
		比例（%）	29.38	21.65	22.16	21.65	5.15	48.14%
	高中或中专	人数（人）	11	12	10	14	14	61
		比例（%）	18.03	19.67	16.39	22.95	22.95	15.14%
	大专及以上	人数（人）	0	2	0	3	1	6
		比例（%）	0.00	33.33	0.00	50.00	16.67	1.49%
合计		人数（人）	122	79	86	75	41	403
		比例（%）	30.27	19.60	21.34	18.61	10.17	100.00%

由表6-5可知,拥有初中学历的户主最多,达到了194人,占到了样本总量的近一半(48.14%);小学学历紧随其后,为98人,占受访户主总数的24.32%;排在三、四位的是享受过高中(含中专)教育和识字很少(或不识字)的户主,数量分别为61人和44人,占样本总量的15.14%和10.92%;拥有大专及以上文化程度的户主非常少,仅有6人,只占到了受访户主数的1.49%。从中不难发现,超过80%的户主文化程度处在初中及以下水平,由此凸显了我国农民文化程度普遍偏低这一事实,这对我国推进农业现代化,发展循环农业、绿色农业和低碳农业都是极为不利的。农户收入方面,以10000元以下的家庭居多,占到了样本总量的30.27%(122户);年均收入在20001~30000元、10001~20000元和30001~50000元的家庭数量较为接近,依次为86户、79户和75户,分别占受访家庭总数的21.34%、19.60%和18.61%,由此表明,近6成(59.55%)农户年际纯收入介于10000~50000元;相比较而言,家庭年收入超过50000元的农户数量最少,只有41家,仅占样本总量的10.17%。

进一步分析表明,户主文化程度与其年际纯收入水平在一定程度上呈正相关。为了论证这一观点,我们将30000元作为衡量一个农户家庭收入高低与否的标准,超过30000元的农户可视为中—高收入家庭。结合表6-5可知,户主不识字或识字较少,中-高收入家庭所占比重仅为9.10%;户主为小学文化程度,中—高收入家庭所占比重迅速提升至28.58%;不过在户主学历为初中时,中—高收入家庭占比有所下降,跌至26.80%,此处违背了正相关属性;户主为高中或中专学历时,中—高收入家庭所占比重迅速反弹,提升至45.90%,已接近家庭总数的近一半;而当户主拥有大专或以上学历时,中—高收入家庭占比进一步提升,增至66.67%,占据了该约束条件下家庭总数的2/3。不同收入区间下的家庭数量分布论证了户主文化程度与其年际纯收入间所可能存在的正相关性,而对不同学历层次户主的实际家庭收入水平进行测度则让该观点得到了进一步验证。测算结果表明,户主不识字或识字很少的44个家庭户均年收入为18522.73万元;户主为小学学历的98个家庭户均年收入为

26194.90 元，户主为初中文化程度的 194 个家庭户均年收入为 25558.76 元；户主拥有高中或中专学历的 61 个家庭户均年收入达到了 34672.13 万元；而户主为大专及以上学历的 6 个家庭户均年收入更是达到了 40500.00 元。

（二）耕地利用规模与结构特征

本次调研的 403 个农户共经营耕地 2122.21 亩，户均 5.27 亩，折算到个人平均每人拥有耕地 1.19 亩，略低于全国平均水平。其中，水田 1279.49 亩，户均 3.17 亩；旱田 842.72 亩，户均 2.09 亩。水田多于旱田，这主要是因为本次所选择的调研地区位于江汉平原和鄂北丘陵，地势较为平缓，水热条件较好，适宜于水稻生长。具体到随州与新洲，两地耕地利用规模与结构特征又有所区别，详见表 6-6。

表 6-6　　　　　　随州、新洲二地受访农户耕地规模与结构特征

地区	耕地		水田		旱田	
	总量（亩）	户均（亩）	总量（亩）	户均（亩）	总量（亩）	户均（亩）
随州	1317.89	6.52	947.59	4.69	370.30	1.83
新洲	804.32	4.00	331.90	1.65	472.42	2.35
合计	2122.21	5.27	1279.49	3.17	842.72	2.09

通过表 6-6 可知，虽从二地随机获取的有效样本量基本一致，但其耕地规模与结构特征均有所不同。一方面，就户均耕地而言，随州为 6.52 亩/户，而新洲只有 4.00 亩/户，随州要明显多于新洲；究其原因，主要在于新洲区隶属于武汉，而武汉作为我国华中地区的中心城市，随着其主城区的不断向外扩张，用地需求量剧增，由此导致大量农用地被政府征用。另一方面，就耕地结构来看，随州以水田为主，户均拥有水田 4.69 亩，占其耕地总量的 71.90%，而新洲则以旱田为主，户均拥有旱田 2.35 亩，占其耕地总量的 58.74%；导致这一差异的根源在于二者农业功能定位的不同，当然这与其所处地理位置是密切相关的；其中，随州属于常规性作业，农作物种植以水稻为主，故水田在当地占了较大

比重;反观新洲,由于靠近武汉城区,其农业属于城郊农业,为了追求
效益最大化,农民普遍热衷于蔬菜等经济作物的种植,而水稻等粮食作
物种植规模相对较少,这也使得旱田在当地扮演了更为重要的角色。为
了更为清晰地展现随州、新洲二地受访农户耕地规模差异,将耕地面积
划分为1亩及以下、1.01~3亩、3.01~5亩、5.01~8亩、8亩以上等5
个级别,然后进行分类统计,结果如表6-7所示。

表6-7　　　　　　　随州、新洲二地受访农户耕地规模分布区间

耕地面积	合计		随州		新洲	
	户数	比重	户数	比重	户数	比重
1亩及以下	35	8.68	8	3.96	27	13.43
1.01~3亩	114	28.29	31	15.35	83	41.29
3.01~5亩	122	30.27	60	29.70	62	30.85
5.01~8亩	71	17.62	56	27.72	15	7.46
8亩以上	61	15.14	47	23.27	14	6.97
合计	403	100.00	202	100.00	201	100.00

结合表6-7可知,就两地综合情况来看,超过半数的受访农户耕地
面积介于1.01~5亩之间。具体而言,耕地面积在3.01~5亩的农户数量
最多,有122户,占受访农户总数的30.27%;紧随其后的是耕地面积在
1.01~3亩的农户,一共114户,占到了样本总量的28.29%;排在三、
四位的依次为耕地面积在5.01~8亩和8亩以上的农户,分别为71户、
61户,占到了受访农户总数的17.62%和15.14%;耕地面积等于或少于
1亩的农户最少,仅有35户,只占有效样本量的8.68%。分区域来看,
随州的情形要明显好于新洲,其超过80%的农户耕地面积在3亩以上,
超过50%的农户在5亩以上,超过20%农户在8亩以上;反观新洲,超
过半数的农户耕地面积等于或少于3亩,仅有不到15%的农户耕地面积
超过5亩,不到7%的农户耕地面积超过了8亩。虽从两地比较来看,随
州受访农户所拥有的耕地面积要普遍多于新洲受访农户,但无论是随州
还是新洲,户均耕地超过8亩的农户数量都相对较少,可见二地人多地

少的矛盾依旧突出，农业规模化经营、产业化发展任重道远。

四 理论框架、变量设置与模型选择

（一）理论框架

1. 低碳农业技术的概念界定

赵其国（2011）在探究低碳农业内涵的基础上，认为耕作制度的优化、优良品种的培育、施肥技术的改进、保护性耕作的实施以及新型（生物）能源的研发等均可归为低碳农业技术。郭辉等（2011）将低碳农业技术归纳为五个方面，即新型的育种技术、土肥的更有效利用、可再生能源的开发、农业生产废料的再利用以及立体农业的多模式尝试。祝华均等（2012）在结合国内外文献资料的基础上，将低碳农业技术分为两类，即农业固碳技术与农业减排技术。前者主要包括植物固碳与土壤固碳，其中，提高产量是有助于增强农作物固碳能力（张君等，2005），而合适的农田管理措施与多样化的耕作制度则是提高土壤固碳能力的关键（Franzluebbers，2005；Doran et al.，1998；盛学良等，2004；彭华等，2009）。后者是指在农业的整个生产环节（包括产前、产中和产后）控制和减少碳排放的技术，具体涉及三个方面，产前与产中的农业投入要素的减少、替代与高效技术的运用，生产过程中减少碳排放的生产管理技术，产中与产后的污染修复技术等（王昀，2008）。高雪萍（2013）认为，由于低碳农业是典型的资源节约型与环境友好型农业，因此农业生产过程中能源、化肥、农药与水等要素的减量化投入均可看作低碳农业技术。总体而言，低碳农业生产技术一般是由低碳农业内涵引申而出，相关文献主要探讨具体技术的构成与分类，对其概念的界定却较少涉及。在笔者看来，所谓低碳农业生产技术，就是指在整个农业生产环节中，一切有助于提升农业碳汇能力或减少农业碳排放量的各类生物与工程技术的集合。低碳农业技术的广泛采用有助于生态环境保护与农业经济发展的协调共进，为此，在未来的农业发展中我们应重视低碳农业技术的研发与推广。

2. 低碳农业技术推广与应用的重要性

低碳农业技术的推广与应用有助于农业生产的清洁化与节能化，与当前大力推进生态文明建设的理论诉求是相一致的。新中国成立尤其是改革开放以来，科技进步、土地承包制度变革以及政府惠农政策的不断实施共同推进了我国农业快速发展，各类农产品产量都大幅提升，相当一部分居于世界前列甚至第一。但在欣喜的同时，我们也得正视发展过程中存在的一些问题，如生态环境遭到破坏，农业碳排放量持续增加。导致这一切的根源主要在于我国较为粗放的农业生产模式，产量的提升主要依赖于农用物资投入的增加。以化肥为例，1978年全国化肥施用量仅为884万吨，而到了2012年已增至5838.8万吨，增加了5.6倍，年均递增5.71%。事实上，化肥只是我国农业物资投入量增加的一个缩影，农药、农用柴油以及农膜等投入的动态变化特征也基本一致。针对当前我国农业生产"高碳"这一现实，有必要加大对低碳农业生产技术的研发力度，并尽快推广与应用。低碳农业技术所能带来的好处也是全方位的：其一，能有效减少农业面源污染，实现农业的清洁化生产，这无疑有利于农业生态环境的保护；其二，能减少农用物资的使用，实现节能化生产，这显然有利于农业乃至整个社会的可持续发展；其三，这与当前国家的大政方针是相统一的，党的十八大报告中提出了大力推进生态文明建设战略，而推广与采用低碳农业技术与这一理论诉求是相一致的。

低碳农业技术的应用与推广是我国大力发展低碳农业的必然选择，更是我国应对全球碳减排责任分担的重要武器。虽然从国家层面来看，目前尚无关乎低碳农业发展的纲领性文件或政策制度体系，但党的十八大报告对生态文明建设的叙述中明确提出了低碳发展战略。而作为低碳经济的重要组成部分，低碳农业发展也应尽快付诸实施。但如何推进呢？必要的政策、制度保障固然重要，但如果缺少相关的技术支撑，一切将无从谈起。可见，要想真正践行低碳农业发展战略，我们必须注重低碳农业技术的研发、应用与推广。换言之，可理解为低碳农业发展离不开低碳农业技术的支持，而低碳农业技术的应用与推广则是发展低碳农业的必然选择。除此之外，低碳农业技术的广泛应用还有助于我国应对全球碳减排的责任分担。众所周知，在 2009 年哥本哈根召开的《联合国气候框架公约》缔约大会上，以中国、印度等发展中国家为代表的现有碳排放大国与美国、日本、欧盟为代表的历史累计碳排放大国难以就碳减排的责任分担完全达成一致。在这种情形下，我国如能广泛采用低碳农业生产技术，将能极大减少农业碳排放量，使低碳农业生产水平得到大幅提升，由此可以增强我国在全球碳减排责任分担谈判中的话语权，使国家利益得到充分保障。

3. 低碳农业技术与农户行为的互动机理

农户是采用低碳农业技术的行为主体，但自身素质、认知水平、对未来的预期等一系列因素都可能影响农户的意愿选择。由此可见，低碳农业技术能否被广泛采用与农户行为特征存在一定的关联性，二者相互影响，互为因果。一方面，低碳农业技术的突出特性能够吸引农民广泛采用。相比传统农业技术，低碳农业技术具有节能、环保性质，虽在短期内未必能给农户带来直接的经济效益，但其生态效益却不能低估，因为低碳农业技术的大范围采用有助于农业碳排放量的减少，空气质量能有效得到改善，进而形成公共福利。从长期来看，随着农户对低碳农业技术了解程度的增加以及操作熟练性的提升，其在节能、增产方面也将发挥更为突出的作用，此时，低碳农业技术的采用不仅能提升社会生态福利，还能给农户带来实实在在的经济效益。另一方面，农户能否合理运用将会影响低碳农业技术的效率与可持续性。任何一项新型技术的应用与推广对农户自身的专业素养与技能水平都有一定的要求，都会对农户传统的知识结构与行为方式带来挑战。在这种情况下，能否尽快适应并合理运用将成为该项技术最终成败与否的关键。很显然，低碳农业技术的应用与推广也将面临类似困境，即农户或由于自身能力欠缺，或由于操作失误，或由于其他各种不可预知原因导致低碳农业技术的应用未能达到预期效应，受此影响，低碳农业技术在农民心目中的形象会受到不同程度损害，一些承受风险能力稍差的农户甚至可能直接选择放弃。总体而言，低碳农业技术的突出特性能吸引农户采纳应用；但反过来，农户应用效果的好坏又能决定低碳农业技术的运行效率及持续性；由此可见,二者相互影响,互为因果。而要想实现二者的互动协调,一方面应加大对低碳农业技术的宣传力度,让更多的农民对其有所了解;另一方面,应着力提升农民的专业素养,并了解他们对低碳农业技术的内心看法,然后针对问题提出策略以确保低碳农业技术的运行效率及可持续性。

(二) 变量设置

1. 因变量选择

模型的因变量是农户对低碳农业技术采纳应用的情况。基于本次问卷调查所获取的有效信息,并结合研究目的,主要考察两类低碳农业技术,分别是化肥节约型技术与农药节约型技术。对于化肥、农药的使用量,通常存在三种情形,一是标准量使用,即按照说明书要求的配备比例严格操作;二是增量使用,即在农业生产过程中使用超出说明书规定的化肥、农药量;三是减量使用,即使用低于说明书规定的化肥、农药量。很显然,标量使用行为属于中规中矩,也是较为常见的类型;增量使用是典型的高耗生产模式,虽对生态环境破坏较大,但由于生产效益较好,也得到了不少人的认可;减量使用属于名副其实的低碳生产行为,从理性经济人的角度出发,农民绝不会为了单纯的环保行为贸然减量,之所以敢于减量也是在于其产出并未受到明显影响,既然在化肥、农药减量的情形下还能保证农业产出的不变,可见,其具体操作方式必然有一些独到之处,可归为一类技术;换言之,农用物资的减量化使用即可定位为低碳农业技术。具体到化肥、农药,可分别命名为化肥节约型技术和农药节约型技术。鉴于实践过程中存在增量、标量与减量三类情形,利用二分法将因变量界定为"是""否"的做法不可取;为此,在对因变量进行赋值时需摒弃二分类变量,而选择多元有序变量。具体赋值原则是,农户如果增量使用化肥、农药,赋值为0;标量使用化肥、农药,赋值为1;减量使用则赋值为2。

2. 自变量选择

农户低碳农业技术的采用受到多重因素影响。不过,在探讨其解释变量之前,有必要对与农业技术采纳相关的研究成果进行梳理。一些学者和专家研究表明，被调查者的个人特征、家庭特征、认知特征、政策与环境特征通常会对其技术采纳行为产生重要影响。这些结论也在分析其他类似技术的认知与采纳过程中得到了验证。其中，唐博文等（2010）在探究农户采用新品种、新农药使用以及农产品加工三类技术时，就将户主的个人特征、家庭特征以及一些外部环境特征作为自变量，具体包括户主年龄、受教育程度、专业技能、社会公职、耕地面积、对技术作用的认知、参加技术培训、信息的可获得性、借款难易、参加合作组织、外出务工比例、农户年收入等。罗小锋（2010、2011）在分析农户采用新品种和无公害生产技术的影响因素比较、耕地节约型技术与劳动节约型技术影响因素及其二者差异时，相关的自变量选择也基本遵循该分析框架。刘占平等（2012）在分析农户采用"两型农业"技术意愿及影响因素时，户主自身特征与其家庭特征也是其考虑的重点，同时还涉及了技术信息的渠道来源以及农户对"两型农业"的认知。黄玉祥等（2012）在探究农户节水灌溉技术认知及其影响因素时，将解释变量归为四个方面，即户主自身特征、家庭生产特征、技术认知特征和政策与环境特征。王奇等（2012）在分析农户采用有机农业技术影响因素时，自变量也由四部分组成，分别为农户个人特征、农户家庭特征、外部因素和环境因素。由此可见，在探究农户是否愿意或者已经采纳某项新型农业技术时，农户（户主）个人特征、家庭特征都是学者们考察的重点；但与此同时，也有不少学者会结合该项技术的实际特点，纳入一些心理感知、政策支持以及环境特征等方面的变量，借以提升模型的解释与预测能力（Bernath，2008；Afroz，2009；何可，2013）。鉴于此，结合上述学者的已有研究成果、本书研究目的以及湖北省农村自身所拥有的特殊属性，主要设计以下三类自变量：

（1）个人特征变量。个人即指户主，具体变量包括户主的性别、年龄、文化程度、务农年限与干部身份。其中，男性赋值为1，女性赋值为0，预期方向为正，即户主为男性采用低碳农业技术的频率更高，年龄以实际周岁为准，预期方向不可知；文化程度划分为5个层次，不识字或识字很少赋值为1，小学赋值为2，初中赋值为3，高中（中专）赋值为

4，大专及以上赋值为 5，作用方向预期为正；务农年限以实际从事农业活动的年数为准，预期方向为正；户主如果是干部赋值为 1，是群众则赋值为 0。

（2）家庭特征变量。包括家庭劳动力数量、耕地面积与家庭人均收入。家庭劳动力数量以实际劳动力人数为准；耕地面积以农户实际种植的耕地规模为准，如存在土地流转也须考虑在内；收入水平用家庭成员人均纯收入替代，且以当年实际金额为准。

（3）其他变量。除个人特征、家庭特征变量之外，其他一些可能与农户低碳农业技术采纳存在相关性的变量集合。具体由 4 个变量组成，分别是户主是否听说过低碳农业概念、家中是否安装有线电视、家中是否拥有有线网路以及家庭是否参加农业合作经济组织。其中，答案为"是"均赋值为 1，为"否"赋值为 0。

表 6-8 向我们呈现了自变量与因变量的具体含义及描述性统计结果。

表 6-8　　　　　　　　　**变量的具体含义和描述性统计**

	模型变量	代码	赋值	均值	标准差	预期方向
因变量	低碳农业技术	y_1	使用化肥时，是否按照说明书的配备比例操作？ 增量 =0；标准量（以说明书为准）=1；减量 =2	0.77	0.537	
		y_2	使用农药时，是否按照说明书的配备比例操作？ 增量 =0；标准量（以说明书为准）=1；减量 =2	0.66	0.540	

续表

	模型变量	代码	赋值	均值	标准差	预期方向
自变量	1. 个人特征变量 / 性别	x_1	女 = 0；男 = 1	0.90	0.294	+
	年龄	x_2	实际周岁	51.59	11.647	?
	文化程度	x_3	识字很少 = 1；小学 = 2；初中 = 3；高中（中专）= 4；大专及以上 = 5	2.72	0.896	+
	务农年限	x_4	实际从事务农的年数	31.37	14.395	+
	干部身份	x_5	群众 = 0；干部 = 1	0.04	0.193	+
	2. 家庭特征变量 / 劳动力数量	x_6	家庭劳动力人数（人）	2.74	1.199	—
	耕地面积	x_7	家庭实际经营的耕地数量（亩）	5.27	4.309	—
	收入水平	x_8	家庭成员人均纯收入（万元）	0.65	0.505	+
	3. 其他变量 / 低碳农业认知	x_9	是否听说过低碳农业概念？否 = 0；是 = 1	0.29	0.456	+
	有线电视	x_{10}	家中是否已安装有线电视？否 = 0；是 = 1	0.67	0.469	+
	有线网络	x_{11}	家中是否拥有有线网络？否 = 0；是 = 1	0.25	0.435	+
	农业合作经济组织	x_{12}	是否参加农民专业合作组织？否 = 0；是 = 1	0.13	0.341	+

注："+"表示该自变量与因变量存在正相关关系；"—"表示该自变量与因变量存在负相关关系；"?"表示该自变量与因变量的关系无法判断。家庭劳动力遵照一般的统计口径进行计算，即只统计 16 周岁及以上且经常参加集体经济组织或家庭副业劳务的劳动力（何可等，2013）。

（三）模型选择

结合其他学者的相关研究并兼顾本书研究目的，在影响农户低碳农业技术采纳的因素中，将重点考察户主的个人特征、家庭特征其他方面的一些因素对其低碳农业技术采纳的影响。模型的一般形式：

农户低碳农业技术采纳影响因素 = f（户主个人特征、家庭特征、其他因素）+ μ（随机干扰项）

基于前文分析可知，因变量为离散变量，且为有序分类变量。通常

情况下，分析此类问题采用的是 Logistic 离散选择模型或者 Probit 离散选择模型。本书将选用多元有序 Logistic 回归模型对农户低碳农业生产技术采纳的影响因素进行研究（蒋磊，2013）。该模型的原理是以 $X = (x_1, x_2, \cdots, x_m)$ 为自变量向量，其中 m 表示变量个数，y 为多分类有序因变量，k 为其水平数（本研究中 $k = 3$）。y 取 j 水平的概率为 $\pi_j = P(y = j|X)$，$j = 1, 2, \cdots, k$，取 p_i 为 π_i 的估计值。在此基础上，构建多元有序回归模型（王济川等，2001；陈艳华等，2011）如下：

$$p_i = \exp\left[a_i + \sum_{i=1}^{m} b_i x_i\right] \Big/ \left\{1 + \exp\left[a_i + \sum_{i=1}^{m} b_i x_i\right]\right\} \quad (6-3)$$

$$p_j = \frac{\exp\left[a_j + \sum_{i=1}^{m} b_i x_i\right]}{1 + \exp\left[a_j + \sum_{i=1}^{m} b_i x_i\right]} - \frac{\exp\left[a_{j-i} + \sum_{i=1}^{m} b_i x_i\right]}{1 + \exp\left[a_{j-1} + \sum_{i=1}^{m} b_i x_i\right]}$$

$$j = 2, 3, \cdots, (k-1) \quad (6-4)$$

$$p_k = 1 - \exp\left[a_{k-1} + \sum_{i=1}^{m} bixi\right] \Big/ \left\{1 + \exp\left[a_{k-1} + \sum_{i=1}^{m} b_i x_i\right]\right\} \quad (6-5)$$

式（6-3）～式（6-5）中，a_i 为回归截距的估计值，即模型的常数项；b_1，b_2，$\cdots$，b_m 为相对应自变量回归系数的估计值。

五 实证分析过程

（一）农户低碳农业技术采纳情况

表6-9显示了农户对两类低碳农业技术的实际采纳应用情况。其中，对于化肥节约型技术，仅有5.68%的受访农户在农业生产中完全施行，其化肥施用量要低于说明书中所规定的配备比例，切实践行了农业生产资源节约化思想；66.15%的农户表现得中规中矩，农业生产活动中严格按照说明书规定施用化肥，既不增加也不减少；而余下28.17%的农户化肥施用量要高于说明书规定，增加量多为10%～30%，部分农户甚至超量100%。至于农药节约型技术，其情形与化肥节约型技术基本类似，在农业生产活动中完全施行的农户仅占受访农户总量的3.36%；近6成（59.69%）的农户维持标准量；超过1/3（36.95%）的农户农药使

用量要高于说明书规定，增量多为 10%、15%、20% 和 30%，当然，也有少数农户使用量超出标准量 50% 甚至 100%。由此可见，在我国当前的农业生产活动中，资源投入减量型低碳技术虽得到了一些农民的认可，但采用率较低。

表 6 - 9　　　　　　　　农户低碳农业技术实际应用情况

技术类型	化肥节约型技术			农药节约型技术		
	增量	标准量	减量	增量	标准量	减量
样本数（户）	109	256	22	143	231	13
百分比（%）	28.17	66.15	5.68	36.95	59.69	3.36

注：需要说明的是，基于本书研究目的与变量的构成情况，在实证分析中剔除了一些重要信息缺失的问卷，最后实际使用的样本量为 387。

（二）影响农户低碳农业技术采纳的因素分析

1. 多重共线性检验

利用 SPSS 17.0 统计软件，选用多重共线性诊断法检验各自变量之间是否存在多重共线性问题。首先，将性别作为因变量，其他 11 个变量作为自变量，利用"Enter"法进行回归分析，得到多重共性诊断结果如表 6 - 10 所示。然后，依次选用文化程度、务农年限、干部身份、劳动力数量、耕地面积、收入水平、低碳农业认知、有线电视、有线网络和农业合作经济组织等其他 11 个自变量重复上述运行过程。综合全部回归结果来看，在多数情况下，容差值（Tolerance）都在 0.8 以上，而方差膨胀因子（VIF）则在 1.2 以内。当然，也存在一些容差值偏小的情形，不过其最小值为 0.169，高于 0.1 的警戒线；与之对应，方差膨胀因子（VIF）的最大值为 5.901，也低于 10.0。为此，我们可认为各自变量之间不存在多重共性。限于篇幅关系，仅列出了以性别作为因变量的多重共性检验结果，其他 11 个变量的类似结果未被列出。

表6-10 多重共线性检验结果（性别为因变量）

模型		共线性检验统计量		是否存在共线性问题
		容差	VIF	
性别	年龄	0.175	5.724	否
	文化程度	0.688	1.454	否
	务农年限	0.170	5.879	否
	干部身份	0.956	1.045	否
	劳动力数量	0.926	1.080	否
	耕地面积	0.942	1.062	否
	收入水平	0.901	1.110	否
	低碳农业认知	0.860	1.162	否
	有线电视	0.940	1.064	否
	有线网络	0.872	1.147	否
	农业合作经济组织	0.928	1.078	否

注：容差（Tolerance）与方差膨胀因子是诊断多重共线性的两大度量指标。其中，容差值介于0~1之间，VIF值介于1~∞之间，二者互为倒数。通常情况下，容差小于0.1，VIF大于10，即可认定存在共线性问题。

2. 农户化肥节约型技术采纳影响因素分析

利用 SPSS 17.0 统计软件，估算化肥节约型技术多元有序 Logistic 回归结果如表6-11所示。从回归结果来看，性别、务农年限、干部身份、耕地面积、对低碳农业的认知、是否参加农业合作经济组织等6个变量的概率值（Sig）小于0.1，均通过了显著性检验；未能通过显著性检验的变量有年龄、文化程度、劳动力数量、收入水平、是否安装有线电视和是否拥有有线网络，表明这些变量不是影响农户选择化肥节约型技术的关键因素。

表6-11　　　　　化肥节约型技术多元有序 Logistic 模型估计结果

自变量		β	S. E.	Wald	Sig.
个人特征变量	性别	0.987 ***	0.378	6.819	0.009
	年龄	-0.033	0.022	2.168	0.141
	文化程度	-0.123	0.149	0.684	0.408
	务农年限	0.033 **	0.018	3.289	0.070
	干部身份	2.562 ***	0.645	15.781	0.000
家庭特征变量	劳动力数量	-0.078	0.095	0.679	0.410
	耕地面积	-0.049 **	0.027	3.331	0.068
	收入水平	0.211	0.237	0.786	0.375
其他变量	低碳农业认知	0.872 ***	0.277	9.879	0.002
	有线电视	0.153	0.242	0.403	0.526
	有线网络	-0.008	0.271	0.001	0.975
	农业合作经济组织	1.985 ***	0.412	23.176	0.000

注：β 为偏回归系数，其符号表示自变量对因变量的作用方向；S. E. 为回归系数的样本标准差；Wald 是卡方值；Sig. 为概率值，用来判断解释变量的显著性；*** 、** 、* 分别表示自变量在1%、5%和10%的置信水平下通过显著性检验。

由偏回归系数绝对值的大小可知，影响农户采用化肥节约型技术的关键因素按贡献从大到小排列依次为干部身份、是否加入农业合作经济组织、性别、对低碳农业的认知、耕地面积、务农年限。具体而言：

（1）个人特征变量中，性别对因变量的作用方向为正（$\beta = 0.987 > 0$）。由此可见，相比女性户主，男性户主更愿意选用化肥节约型技术。调研结果同样表明，男性户主中，选择化肥施用减量化和标准化的人数分别占 8.80% 和 68.00%；而女性户主中这一比例分别仅为 2.70% 和 48.65%。究其原因，这可能与男性与生俱来的性格特征有关，相比女性，男性更富冒险精神与开拓精神。减少化肥施用量固然能减少农业投入成本并使土壤土质得到更好保护，但操作不当却也易导致农作物减产，进而引发一定的经济损失。在这种机遇（成本减少、土壤保护）与风险（收益可能降低）并存的情况下，男性通常更愿意尝试新事物，从而选择资源（化肥）节约型技术。务农年限对因变量的作用方向也为正（$\beta = $

0.987 > 0)。务农年限长短在一定程度上也反映了农户从事农业生产活动的熟练程度,因为长期务农必然可以积累大量的实践经验,使其在侍弄庄稼时更得心应手。在农业生产中化肥是最为重要的物资性投入之一,虽见效快,但成本高且易破坏土壤土质;务农年限较长的户主一方面自身具有较高的农业生产技艺,能为化肥减量施用提供技术保障;另一方面则在于他们长期与土地接触,对土地有着深厚的感情,不希望农地因为化肥的过量使用而土质下降;也许正是由于这两方面的原因,务农年限较长的户主更愿意选择化肥节约型技术。干部身份对因变量的作用方向为正（$\beta = 2.562 > 0$）。通常而言,干部相对于普通村民拥有更为丰富的社会阅历、更为开阔的视野与眼界,且对国家方针政策较为了解,所以更愿意接纳并运用以化肥节约型技术为代表的低碳农业生产技术。

（2）家庭特征变量中,耕地面积对因变量的作用方向为负（$\beta = -0.049 < 0$）。即农户拥有的耕地面积越大,越不愿意采用化肥节约型技术,这与前文的理论预期并不一致。这可能与当前我国现行的农业生产模式有关,即耕地面积较少时倾向于劳动密集型生产方式,精耕细作,以尽可能实现收益最大化;而当耕地面积较多时则以资源密集型生产方式为主,粗放型经营,主要依赖于化肥、农药以及农膜等农用物资的大量投入实现收益的增加。也许正是基于这个原因,当耕地面积较多时,农民更愿意增加化肥投入。

（3）其他变量中,低碳农业认知对因变量的作用方向为正（$\beta = 0.872 > 0$）,且贡献程度较大。近年来,随着低碳经济理念的逐步深入人心,低碳农业概念应运而生,并逐步被人们所熟知。对低碳农业概念有所了解的人,更能理解发展低碳农业的必要性与紧迫性,而化肥作为农业碳排放最为重要的源头之一,每年引发了数千万吨的温室气体排放,很显然,化肥施用量的减少将有助于农业碳减排目标的实现。正是基于此,那些了解低碳农业概念的人相比普通农户更愿意采用化肥节约型技术。是否加入农业合作经济组织对应变量的作用方向也为正（$\beta = 1.985 > 0$）,其贡献程度仅次于干部身份。农民合作组织（如农业合作社）可通过规模经营,实现产供销、农工贸一体化经营,将千家万户的小生产演变为大生产，进而推进农业的产业化经营。其中在生产环节，由于统一组织生产且实现了规模化经营，客观上可以降低单位面积的农用物资投入，尤其是以化肥等为代表的大宗农业物资。这也就不难解释为什么加入合作组织的农户采纳化肥节约型技术的频率更高。

3. 农户农药节约型技术采纳影响因素分析

农药节约型技术多元有序 Logistic 回归结果如表 6 – 12 所示。从回归结果来看，性别、文化程度、干部身份、耕地面积、是否安装有线电视等 5 个变量的概率值（Sig）小于 0.1，均通过了显著性检验；未能通过显著性检验的变量有年龄、务农年限、劳动力数量、收入水平、对低碳农业的认知、是否拥有有线网络、是否加入农业合作经济组织，表明这些变量不是影响农户选择农药节约型技术的关键因素。

表 6 – 12　　　　农药节约型技术多元有序 Logistic 模型估计结果

自变量		β	S. E.	Wald	Sig.
个人特征变量	性别	0.734 **	0.371	3.916	0.048
	年龄	− 0.013	0.022	0.341	0.559
	文化程度	0.402 ***	0.148	7.399	0.007
	务农年限	0.023	0.018	1.575	0.209
	干部身份	2.320 ***	0.644	12.966	0.000
家庭特征变量	劳动力数量	− 0.026	0.092	0.079	0.778
	耕地面积	− 0.063 **	0.027	5.484	0.019
	收入水平	0.346	0.228	2.305	0.129
其他变量	低碳农业认知	0.350	0.257	1.855	0.173
	有线电视	0.407 *	0.233	3.039	0.081
	有线网络	0.082	0.264	0.097	0.755
	农业合作经济组织	− 0.150	0.326	0.211	0.646

注：β 为偏回归系数，其符号表示自变量对因变量的作用方向；S. E. 为回归系数的样本标准差；Wald 是卡方值；Sig. 为概率值，用来判断解释变量的显著性；***、**、* 分别表示自变量在 1%、5% 和 10% 的置信水平下通过显著性检验。

由偏回归系数绝对值的大小可知，影响农户采用农药节约型技术的

关键因素按贡献从大到小排列依次为干部身份、性别、是否安装有线电视、文化程度和耕地面积。具体而言:

（1）个人特征变量中,性别对因变量的作用方向为正（$\beta = 0.734 > 0$）,这与化肥节约型技术遇到的情形一致,同样是男性户主更愿意采纳应用此类低碳农业技术。统计结果也论证了这一点,在男性户主中,选择农药使用减量化和标准化的人数分别占3.41%和61.54%;而女性户主中这一比例分别只有2.78%和41.67%。其原因也在于男性相比女性更具开拓精神与冒险精神,在利益的驱使下更敢于接受新生事物。文化程度对因变量的作用方向也为正（$\beta = 0.402 > 0$）。相比化肥较为单一的品种构成与属性特征,农药不仅种类繁多且性能各异,对其特性的完全解读与不同品种的合理搭配都有助于农药使用量的减少,但这要求农民具有一定的文化素养与知识储备,所以文化程度较高的农民更愿意选择农药节约型技术。干部身份对因变量的作用方向也为正（$\beta = 2.320 > 0$）,相比普通村民,丰富的社会阅历、开阔的视野与眼界,加之对国家方针政策较为了解,这一切因素的汇集使得那些拥有干部身份的农户家庭更愿意接纳并运用农药节约型技术。

（2）家庭特征变量中,耕地面积对因变量的作用方向为负（$\beta = -0.063 < 0$）,即农户拥有的耕地面积越大,采用农药节约型技术的频率越低,这一点类似于化肥节约型技术。究其原因,可能同样受我国现行的农业生产模式影响,即拥有耕地面积较少的农户倾向于精耕细作的劳动密集型生产方式,产出的增加主要依赖于人力投入,对农药等农用物资的使用合理且富有成效,农用物资利用效率较高,为其减量化投入奠定了基础;而一旦农户拥有较多的耕地,受限于自身劳动力缺乏且人工聘请成本较高这一现实,使其在农业生产过程中更偏爱资源密集型方式,以粗放型经营为主,效益的增加主要依赖于化肥、农药以及农膜等农用物资的大量投入。可能正是基于此,拥有较多耕地的农户在农业生产中更倾向于农药的增量使用,而选择减量或标准量投入的人相对较少。

（3）其他变量中,是否安装有线电视对因变量的作用方向为正（$\beta = -0.407 > 0$）,即安装了有线电视的农户家庭更愿意采用农药节约型技术。相比一般卫星电视，有线电视最大的特点就是拥有一些市、县甚至镇一级的电视台，这些电视台经常会对当地适时的风土人情、气候变化以及水热条件等情况进行介绍，其中也包含一些涉农节目，以科学指导当地农民从事种养殖活动。同时，有线电视通常还具有定期提供农业信息服务的功能，以文字的形式将这些内容通过电视接收机传递给广大农民朋友。前文曾阐述，相比化肥的简单，农药由于种类繁多且性能各异，在使用过程中对农户自身的认知能力与技术水平有更高的要求。而通过有线电视，农民可以获取大量关于如何高效使用农药的相关知识，并深入了解农药节约型技术，然后基于成本减少原则，逐步将这些技术运用到实际的农业生产活动中。

六　讨论与启示

通过前文分析可知，在两类低碳农业技术的实际应用中，化肥节约型技术受性别、务农年限、干部身份、耕地面积、对低碳农业的认知、是否参加农业合作经济组织等 6 个因素的影响；农药节约型技术则受性别、文化程度、干部身份、耕地面积、是否安装有线电视等 5 个因素的影响；二者存在一定的异同之处。其中，共同点是性别、干部身份与耕地面积对两类低碳技术的采用都能产生直接影响且方向一致，即户主为男性，或户主拥有干部身份或耕地面积相对较少的家庭更愿意使用低碳农业技术。不同点是化肥节约型技术还受务农年限、对低碳农业的认知、是否参加农业合作经济组织这三类因素；而农药节约型技术则受文化程度和是否安装有线电视两类因素制约。之所以存在差异，其实与二者自身属性是密切相关的。化肥由于种类相对单一，且在配比、施用环节中对技术水平要求稍低，所以其节约型技术的推广对更看重自身经验与平台大小，而务农时间较长的农民通常积累了丰富的施肥经验，合作组织的兴起则为该技术的推广提供了更为广阔的实施平台，对低碳农业概念有所了解则进一步坚定了他们使用化肥节约型技术的信念。至于农药，由于构成复杂、种类繁多，且在配比、使用过程中操作步骤更为烦琐，这些特点使得其节约型技术的推广需要农民拥有更多的专业知识储备,而文化程度较高的农民通常自身专业素养较高,安装了有线电视的农户则可通过一些涉农节目获取所需信息,由此农民自身专业知识能力得到了极大提升,也就更愿意采用农药节约型技术。

年龄、劳动力数量、收入水平、家中是否拥有有线网络等4个变量在两个模型中均未通过显著性检验。其中,年龄是一把"双刃剑",年龄大在一般情况下意味着见多识广,各方面处事经验更为丰富;但同时年龄大也可能让人少了一些锐气与冲劲,守成有余而开创不足。很显然,在低碳农业技术的采纳与应用中,年龄因素成了X因素,当然,可能会有人纠结于"年龄"与"务农年限",因为后者在农户化肥节约型技术采纳模型中通过了显著性检验,而在常人看来,两变量存在一定的相关性;但事实上,二者并不存在明显的相关关系,前面的多重共线性诊断已经论证了这一点。劳动力数量未通过显著性检验可能的解释是:虽然从通俗理解来看,家庭劳动数量较多意味着采用劳动密集型生产方式的可能性更大,为了节约农用物资成本更应采用低碳农业技术,但现实的情况是,劳动力与农业劳动力并不能画等号。因为当前从事农业生产活动的多为中老年人,而青壮年劳动力多外出务工,家庭劳动力多并不意味着从事农业生产活动的劳动者多,且每个家庭最终投入了多少个劳动力或者劳动日也无规律可循。收入水平未通过显著性检验可能的原因是:一个家庭的收入高低并不完全由农业决定,对于那些主要依赖农业收入的家庭,收入越高对各类新型农业技术的关注度通常更大,其采纳低碳技术的可能性也就越大;但对于那些以外出务工收入或兼业收入为主的家庭,农业在家中的地位普遍偏低甚至可能处在边缘位置,在这种情形下,即使收入较高,其关注各类农业新型技术(当然也包括低碳农业技术)的意愿也不会太强烈,采用的可能性就更低了。家中是否拥有有线网络未通过显著性检验让人略感意外,因为方便的网络条件有助于人们利用电脑获取自己所需的各类信息,进而指导自己的生产实践活动。按照这个逻辑,拥有有线网络的农户能较为轻松地获取各类低碳技术的相关知识,并了解具体操作方法,进而指导其农业生产活动。但现实却并非如此,可能的原因是,由于从事农业生产的农民多为中老年人,对电脑的操作不太熟练甚至完全不会使用，或者将电脑的用途定位为娱乐和新闻阅览工具而较少涉及农业信息的咨询。

既然明确了影响农户低碳农业技术采用的关键性因素，那么有必要结合研究结论探讨相应对策，以便让低碳农业生产技术深入人心并被更多农户所选择应用，进而切实推进我国低碳农业快速发展。笔者认为，可以从四方面着手：第一，强化宣传与教育，让低碳农业理念深入人心。目前，在广大农村，对低碳农业形成一定认知的农户极为稀少，由于对相关概念缺少必要的了解，也在一定程度上影响了他们的行为抉择。实证分析也论证了这一点，即对低碳农业拥有一定认知的农户采用化肥节约型技术的频率更高。由此可见，农户从概念上理解低碳农业的重要性。有鉴于此，今后我们应通过专家讲座、科普读物发放以及电视节目引导等多种方式强化对低碳农业的宣传与教育，以便让更多的农民对低碳农业有一个直观的了解，进而坚定其选择低碳农业生产技术的决心。第二，定期开展专项培训，全面提升农民专业技能。前文实证结果表明，文化程度与农户低碳农业技术（化肥节约型技术）选择呈正相关，这很好地诠释了知识对于一个普通农民的重要性，因为学历水平越高，其对专业知识的掌握与驾驭能力就越强，这将有助于其认可并采用各类新型农业技术，当然也包括低碳农业技术。但很明显，受年龄以及自身家庭环境制约，通过不间断的课堂学习提升农民的文化知识这一做法已不可行。为此，我们只能另辟蹊径，通过定期培训这一模式实现农民专业技能的提升。不过，在培训内容的选择上，应坚持抓大放小的原则，不求面面俱到，但求学有所获。第三，加强农村信息化建设，保证有线电视、有线网络进入千家万户。农村各方面的基础设施建设与城市相比几乎都存在明显差距，这一点在信息化建设方面体现得尤为突出，有线电视、网络覆盖面远不及城市。前文分析结果也表明，是否安装有线电视显著影响农户对低碳农业技术（化肥节约型技术）的选择；至于网络服务，虽然当前对农民影响不够明显，但随着农民认知水平的提升以及对电脑依赖性的加强，相信在不久的将来电脑也会在农民农业生产活动中扮演更为重要的角色。有鉴于此，今后应强化农村信息化建设，着力缩小其与城市的差距,让有线电视、有线网络能真正进入千家万户,并造福于民。第四,不断完善农业合作经济组织的功能与服务,积极引导零散农户参与其中。农业合作经济组织又称农业合作社,是指农民尤其是以家庭经营为主的农业小生产者为了维护和改善各自的生产及生活条件,在自由互助和平等互利的基础上,遵循合作社的法律和规章制度,联合从事特定经济活动所组成的企业组织形式(吕新业等,2008)。前文已经验证,加入农业合作经济组织有助于农民选用化肥节约型技术,切实践行农业低碳生产。正是基于此,我们一方面应不断完善农业合作经济组织的功能与服务体系,让这一组织形式得到更多人的认可;更为关键的是,应加大宣传力度,多措施并举,积极吸纳零散农户参与其中,这样既能享受农业合作经济组织带来的实惠,又有助于低碳农业技术的全面推广,一箭双雕。

第三节　本章小结

本章一方面结合低碳农业自身所特有的禀赋特征,确定相关解释变量,进而从中分析导致低碳农业生产率变化的主要原因;另一方面以农户行为作为切入点,探究影响其低碳农业技术采纳的主要因素。主要研究结论如下:

(1)在惠农型"中央一号"文件全面出台之前,我国低碳农业生产率增长主要受农村基础教育水平、经济发展水平、自然灾害等三因素影响,均在10%的水平下通过显著性检验。而在"中央一号"文件连续颁布之后,则主要受农业公共投资、农业开放度、自然灾害等三因素影响,分别在1%、5%和10%的水平下通过显著性检验。基于研究结论,可得出如下政策含义:第一,强化基础教育,着力提升农民素质。第二,加大财政支农力度,加快推进农业科技创新步伐。第三,完善基础设施建设,增强农业抗灾能力。第四,不断优化农产品贸易结构,降低潜在碳汇损失。第五,加大宣传力度,注重低碳农业示范区建设。

（2）利用多元有序 Logistic 模型探究影响低碳农业技术采纳的因素可知：化肥节约型技术受性别、务农年限、干部身份、耕地面积、对低碳农业的认知、是否参加农业合作经济组织等六因素的影响；农药节约型技术则受性别、文化程度、干部身份、耕地面积、是否安装有线电视等五因素的影响；而年龄、劳动力数量、收入水平、家中是否拥有有线网络等 4 变量在两个模型中均未通过显著性检验。基于研究结论，为了让更多的农户应用低碳农业生产技术，可从四方面着手：一是强化宣传与教育，让低碳农业理念深入人心；二是定期开展专项培训，全面提升农民专业技能；三是加强农村信息化建设，保证有线电视、有线网络进入千家万户；四是不断完善农业合作经济组织的功能与服务，积极引导零散农户参与其中。

第七章

国外低碳农业发展的经验与启示

前面一些章节主要探讨了我国农业碳排放/碳汇现状、当前低碳农业生产率水平、时空特征以及影响低碳农业发展的主要因素,对我国低碳农业发展现状有了一个大体认知,并明确了其所存在的不足。而为了保证后续政策建议的针对性与可行性,本章将以国外作为研究对象,探讨其在低碳农业发展过程中一些好的经验与做法;在此基础上,阐述国外经验对中国低碳农业发展所带来的启示。具体而言,本章内容分为三节:第一节为国外低碳农业发展经验,将从政策制度与工程技术两个层面对相关经验进行介绍;第二节为国外低碳农业发展对中国的启示;第三节是对本章内容进行小结。

第一节 国外低碳农业发展经验

为了更好地应对全球气候变暖趋势,世界各国除了重视工业碳减排之外,在农业生产领域也开始尝试节能减排,换言之,即大力发展低碳农业。相比我国,美、欧、日等国家和地区由于更早地步入工业文明社会,经济、社会、文化发展程度相对较高,更容易接受一些新生事物。而低碳农业作为低碳经济衍生出的一个全新概念,在这些发达国家和地区早已深入人心,相关政府与农民更是通过实际行动积极践行农业低碳发展,由此积累了丰富的经验,这对推进我国低碳农业发展大有裨益。

接下来，文章将从政策制度与工程技术两个层面对国外低碳农业发展经验进行归纳与总结，以期为我国低碳农业政策体系的构建提供理论支撑。

一　政策制度层面

农业保护性耕作促进政策。保护性耕作是继刀耕火种、传统人力/畜力耕作和机械化耕作后的又一次革命，更是低碳农业生产方式的重要表现形式。为了普及保护性耕作方式，美国政府在 21 世纪之初颁布的《农场法案》中，提出了一项"保护安全计划"（该计划于 2008 年改名为"保护管理计划"），主要内容是：对于农民的一些环境友好行为（比如，加强对土地等资源的保护、完善农业基础设施建设、推进天然防护林保护工程等），美国政府将通过两种方式予以支持，一是采取分摊成本的方式进行资助，二是直接对其进行现金奖励。除了上述提及的环境友好行为之外，还涉及保护性耕作技术的示范、推广与管理。在保护性耕作促进政策的引导下，一些高素质农民会定期测度土壤肥力、绘制地图、查看病虫害，并广泛种植具有抗虫特性或能适应除草剂的农作物品种，以此确保耕地的免耕或少耕。为了保证该政策的有效推行，政府部门也从多处着手：一是建立动态数据库，详细记录不同耕作方式与保护措施所需成本，以为补贴额度的确定与奖励政策的制定提供必要的参考依据。二是强化宣传与教育，加大培训力度，以此引导农民实施保护性耕作，同时定期或不定期组织高校、科研院所与信息机构、农机企业等通力合作，共同开展保护性耕作技术的试验、示范以及咨询。三是成立志愿顾问团，主要由农业专家组成，其工作内容是基于当地土壤、地形以及水热条件有针对性地制订保护性耕作技术方案，帮助农民确定合适的农艺模式并选择与之配套的农机具。在农业保护性耕作促进政策的推动下，近年来美国保护性耕作面积不断扩大，并已逐步成为主流的耕作制度。统计结果显示，至 2007 年保护性耕作所占耕地比重已接近 2/3，达到了 63.2%，涉及品种主要包括以玉米、小麦等为代表的粮食作物和以棉花、蔬菜、马铃薯等为代表的经济作物。有研究表明，实施免耕后每公顷耕地一年可减少碳排放 0.42 ~ 0.87 吨（朱丽娟等，2012）。

农村新能源计划政策。农业、农村、农民共同构成了"三农"问题，三者虽侧重点不一，但仍需一体化考虑。可能正是基于该原因，国外在探究低碳农业政策的过程中，并未局限于农业本身，而是将视角进一步拓展到农村，探究其新能源政策。为了更好地引导农村广泛利用新能源，在过去的十多年里，美国政府颁布了一系列能源政策法规，比较有代表性的包括《2005 年能源政策法案》《2007 年能源独立与安全法案》《2008 年紧急经济稳定法案》以及《2009 年经济复兴与再投资法案》等，其对新能源战略的重视程度可见一斑。具体实践中，为了加快推进新能源的使用，美国政府采取了以税收抵扣、减（免）税和特殊融资等为代表的一系列补贴和激励政策。其中，为了激励农民提高能源利用效率，美国农业部每年给予的补贴都达数千万美金，补贴领域以能源项目为主，涉及风动机、化粪池以及太阳能热水系统。对于补贴额度也有一些规定，即不能超过项目总成本的 25%，按照该标准折算可知，每个项目可获取补贴 0.15 万 ~ 25 万美元，同时还可贷款 0.5 万 ~ 1000 万美元。上述政策的施行极大促进了美国农村新能源的使用与推广，如美国绝大多数的生物燃料加工厂坐落于农村且由农民自主经营。更为重要的是，还有力推进了其新能源立法建设与未来的目标设定，比如，在 2007 年颁布的《能源自主与安全法案》中就曾明确提出，到 2022 年美国的生物乙醇与生物柴油产量须达到 1.08 亿吨，到 2030 年必须替代全国化石燃料使用量的 30% 以上；在 2009 年颁布的《清洁能源和安全方案》中则对美国碳减排目标进行了规划，提出其 2020 年碳排放较 2005 年减少 17% 的战略目标。

农业碳交易政策。农作物在生长过程中会大量吸收（捕捉）空气中的二氧化碳，并利用光合作用将其贮存至作物秸秆和根部细胞中（郭鸿鹏等，2011）。由此可见，农场主的一些种植活动与全球温室气体减排诉求是相符合的。科学研究也论证了这一点，有研究表明，1 英亩（约合 6.07 亩）玉米地每年可贮存二氧化碳 0.5 吨。鉴于农业尤其是种植业具有较强的聚碳（也就是碳汇）功能，且有助于减少温室气体排放，美国政府自 2003 年年末起就允许农民将这种贮存方式的碳作为一种指标于芝加哥气候交易所（CCX）进行拍卖出售，以获取相关收益。在早期，碳指标售价较低，每吨仅为 1~2 美元，后来售价不断提升，并于 2008 年达到 7 美元/吨。作为世界上第一个以温室气体减排为贸易内容和主要目标，且独立于政府部门之外的纯民间市场交易平台，芝加哥气候交易所建立的碳交易体系拥有法律约束力，在推进全球温室气体减排、保护环境方面发挥了重要作用。目前，交易所提供给农民的选择主要包括 8 类温室气体排放权期货以及 2 类温室气体排放期权交易合约。在具体实践中，交易所首先会基于一个 4 年先导计划对需要购买碳排放权的企业进行资格认定，通常只有减排二氧化碳能达到 10% 的大企业才有资格登记，并购买相应减排指标以抵消自身所引发的温室气体排放。同时，由于 CCX 只是一个私营实体且无政府资助，农民在出售碳贮存指标时还需借助农场局、农协等政府部门或农业合作组织。为了顺利出售碳贮存指标，农民首先需到农场局或农民协会进行登记；其次由农场局或农协审查其土地利用状况、农作物品种选择与种植情况、保护性耕作方式与农具选择，以确定单位面积碳的贮存含量，并进行数据汇总，形成数据库；最后，由农场局同芝加哥气候交易所进行接洽，进行相关的碳交易活动，并将所获取的收益分配给农民。

低碳引导型农业财税政策。广泛采用低碳农业技术是发展低碳农业的关键（郑远红，2014），但与传统农业生产技术相比，低碳农业技术普遍具有研发推广困难、投资需求大、周期长、见效慢且社会（个人）资本参与度低的特性。为此，政府应制定低碳引导型农业财税政策，通过财政资金支持低碳农业技术的研发与推广，进而实现低碳农业的快速发展。就全球范围来看，美国、欧盟与日本在低碳农业财税政策的制定上均有一些值得中国借鉴的经验。具体而言，主要表现在三个方面：一是农业补贴方面，美国的做法是仅对环境友好型农业生产方式实施补贴，且定期会对农业生产者农场内的自然资源以及环境保护情况进行检测，政府则依据检测结果核定补贴标准或者确定是否提供补贴；欧盟于 2008 年对农业补贴政策进行了改革，农户补贴金额多少不再取决于产量多寡，而与环境保护、动物福利等因素密切相关，例如，农户对自身农场周边河流、林木的保护行为，英国政府会提供一定的补偿费用；对于低碳农业技术的研发与推广，德国政府会给予大量资金支持。二是农业发展的直接支付方面，欧盟在 2011 年的共同农业政策改革中，明确要求各成员国需将直接支付资金（费用）的至少 30% 反馈给生产者，让其用于应对全球气候变化或环境保护的生产实践活动，具体措施包括农作物的多样化种植、耕地的"生态重点区"与自然景观建设等，同时还设置了直接支付最高限额（不超过 30 万欧元），规避了不符合要求（如未从事农业生产活动）的申请者，支付对象也有所扩展，进一步涉及了年轻农户与小农户。三是农业贷款、税收方面，为了鼓励农民对低碳农业进行投资，日本先后出台了一系列政策，拟从贷款、税收等方面给予优惠，其中，在 2005 年出台了《农业环境规范》，对于自愿开展环境保护型农业生产活动的农户，可享受优惠贷款及政府的相关补贴；2007 年，日本进一步出台了《促进有机农业发展基本方针》，主要明确了对有机农业技术体系的资金支持与财政补贴，具体涉及有机农业技术的研发、采用与推广；2009 年与 2010 年，日本还先后推出了《土壤保护补贴政策》与《低碳型创造就业产业补助金政策》，对改良土壤、清洁种植以及循环低碳农业发展模式的相关补贴标准做了详细说明。

二 工程技术层面

农业生态固碳技术。又称为农业碳封存（Carbon Sequestration）技术，指将碳由气态转化为固碳，直至作物吸收或土壤储存，这也是当前最为前沿、最为适用的低碳农业发展方向。不过，关于农业固碳技术，目前多停留在试验层面，以探索性研究为主。其中，Baker（2005）提出了一种新型农业碳固存方法，即通过覆盖作物的方法甚至种植同类作物，该方法不仅可以封存更多的气态碳，还克服了免耕或条形耕作法采用之后部分作物在秋耕和冬季来临之前可能出现的微生物呼吸不足现象，而微生物正是土壤固碳的最为重要的来源。Hutchinson（2007）以加拿大和热带地区为例，围绕如何提升固碳能力这一问题进行了探究，结果表明：

增加种植频率（缩短休耕期）、减少翻耕强度与频率、对农作物残留物进行有效管理、推行农林业复合发展模式等方式均能有效增强碳封存能力；除此之外，提高农用地肥力、于准废弃耕地覆盖农作物秸秆、杜绝毁林开荒等措施都能极大增强土壤的固碳能力。

为了尽快推广农业固碳（碳封存）技术，一些学者开始探究相关的政策手段。Richards（2004）总结了农业碳封存的七种政策工具：①合同补贴型，即政府诱导私人参与保护和扩大碳汇项目，可由政府按照合同所明确的补贴价格（美元/吨）支付给土地所有者，也可以设定一个碳固存的目标额度，再与土地所有者进行谈判以确定一个最适价格；②政府生产型，政府可以选择直接产出碳汇量，按估计使用自己所有的土地资源或者租用和购买额外的土地，在这种情况下，农业部门可以提供相关的农/林业技术以及需要接受监管的劳动力；③市场补贴与征税型，政府可以强制与不情愿的一方进行合作，在一些规定的减排地区，联邦政府可以通过贸易补贴控制 SO_2 排放，州政府通过征收费用降低有害气体的产生；④命令强制与监管型，政府通过行政监管手段控制土地所有者的碳汇量；⑤契约型，政府通过委托研发的方式来生成信息定制合同；⑥政府主导型，通过自身机构直接提供技术支持，如农业推广服务、强行发展农业研究和计划；⑦管理型，号召尽可能多的州参与森林采伐和补植项目。

Susan（2000）研究了农业碳封存的激励问题，认为其激励必须从实际总存量的变化中独立出来，因为农场一级的监测工作成本相对较高，同时还认为在美国应建立起作物覆盖与扩展保护性耕作项目相结合的农业碳封存长效激励机制。为此，作者提出了固碳激励项目所需具备的必要条件：①开放的参与性，即使那些未被认定为"高度侵蚀"的农地也应该包括在内；②鼓励增加农业残余物而非作物产量；③通过长期措施取代那些短期、易变的措施；④鼓励覆盖作物的种植和养护；⑤确保现行项目延续性以奖励保护性耕作。上述项目如能自行施行，将为现有农业生态环境带来巨大好处。与此同时，对一些常见农业管理方法所存在的利弊进行了列举：①加大化肥投入以实现农作物及其残余物产量的增加。其优点众所周知，无须过多阐述；其弊端主要包括：化肥施用会引发氧化亚氮排放，化肥生产需将化石能源作为原材料，减少了土壤对甲烷的吸收，增加了有机废物，加剧了水污染。②土壤保护措施以及作物覆盖。其好处是，固氮作物显著降低了对化肥的需求，部分作物品种可以减少杀虫剂的施用，通过降低风蚀抑制固体颗粒排放。③免耕。通过免耕，可减轻土壤侵蚀、降低化肥施用量以及减少拖拉机等农用机械使用所引发的燃油温室气体排放；但同时，免耕也存在一些不足，如降低了沼气使用率、增加了对除草剂的依赖性。

秸秆资源化利用技术。农作物秸秆是重要的碳固存载体，其不合理的处理方式（如焚烧）一方面会导致碳逆转现象，同时更是资源的极大浪费。为此，鼓励和引导秸秆产业化发展，对于提高农作物秸秆综合利用水平，保护生态环境，加快循环农业与低碳农业发展具有重要的现实意义。秸秆资源化利用技术正是在这种背景下应运而生，在发达国家表现得尤为突出，具体可分为以下三类：

（1）秸秆发电技术。秸秆是一类非常重要的清洁可再生能源，每 2 吨秸秆的热值就等同 1 吨标准煤，且燃烧时排放的二氧化硫与二氧化碳较少，能源效益与环境效益均比较突出。正是得益于该特性，秸秆发电技术的开发与利用得到了各国政府与科学家的广泛关注，以美、日为代表的一系列欧美发达国家都制订了相应计划，将秸秆发电技术作为二十一世纪发展可再生能源的重要工程。不过，全球最负盛名的秸秆发电案例出现在丹麦。为了建设清洁发展机制，使秸秆得到有效利用，丹麦政府很早就注重生物质能源和可再生能源的研发和利用力度，并于 1988 年率先建成了全球首座秸秆生物燃烧发电厂。与此同时，为了鼓励秸秆发电，丹麦政府还制定了一系列财税扶持政策。目前，丹麦已建成秸秆发电厂100 多家，以秸秆发电为典型代表的可再生能源已占其全国能源消费总量的24% 以上。

（2）秸秆还田技术。实施保护性耕作，促进秸秆还田是国外最为常见的农业废弃物循环利用方式。早在 20 世纪 30 年代，为了克服"黑色风暴"，美国人在其西部地区开展了保护性耕作的研究与应用，并于三四十年代通过秸秆覆盖法控制了西部大草原的风蚀现象。由于绝大多数耕地位于大草原地区，为了降低风蚀和水蚀的影响，加拿大也广泛采用了少耕和免耕耕作体系，以促进秸秆还田，其中近20%的耕地完全实现了免耕。另外，澳大利亚在农业生产中也广泛采用了免耕、少耕等秸秆覆盖保护性耕作技术，既利于新茬作物的生长，还极大降低了农业生产成本。当然，为了进一步推广和应用保护性耕作秸秆还田技术，美国、澳大利亚、加拿大、巴西、墨西哥以及欧洲和非洲先后出台了一系列政策，包括项目支持、财政补贴以及税收优惠等措施。

（3）秸秆饲料化技术。秸秆是食草牲畜最为重要的粗饲料来源之一，通常1吨普通秸秆的营养价值等同于0.25吨粮食的营养价值。但是，未经处理的秸秆通常消化率较低、粗蛋白质含量一般，且适口性较差，直接喂养牲畜的采食量普遍不高。而经过青贮、氧化等手段将秸秆饲料化就能极大提高其营养价值。为此，早在20世纪80年代，美国西部就开始将稻草、麦秸、玉米秆等农作物秸秆进行氨化处理，制造出富含充裕营养价值的秸秆饲料，并大范围推广。相比普通秸秆，氨化秸秆饲料的蛋白质含量提高了30%，饲料可消化物也达到了50%。

低碳农业机械化技术。美国农业具有现代化、机械化和专业化的特点，其高度发达的农业机械装备水平是其现代农业发展的重要标志，由此也引发了农业生产燃油消耗量的不断增加。美国农业部测算结果表明，2007年与食品相关的能源利用量已占国家能源总消费量15.7%。为了保持农业经济持续健康发展，实现农业低碳生产，在美国政府的积极引导下，与之相关的农业机械企业、大专院校、科研院所、协会组织等通力协作，共同推进农业机械的节能减排，成效显著。在具体的低碳农业技术研发与应用上，农业机械生产企业主要致力于燃油经济性与机械使用效率的提高，着眼于发动机创新与新型技术采用。

其中，在发动机创新方面的措施主要包括：①研发可利用生物燃油的新型发动机，并广泛运用于生产实践，然后逐步取代化石燃油，以达到温室气体减排目的。目前，世界500强、全球最大的农业机械制造商美国约翰迪尔公司所生产的发动机就能实现生物柴油与化石燃油的混合使用，生物柴油所占比重仅为5%，仍存在较大的提升空间。②广泛运用新型技术，提升燃油利用效率。在生产实践中，风扇驱动与冷却系统的配备可以实现燃油利用效率提升与动力消耗降低的双重功效。其中，约翰迪尔公司所设计的新一代Power Tech Plus发动机与原有发动机相比具有两方面显著特点：一是节能，燃油消耗可减少2%~7%；二是动力性能提升，且具有充足的额外功率储备。与此同时，还设计出了节油性突出的8R/8RT型拖拉机。

新技术应用方面的措施主要涉及：①广泛采用复式作业模式。所谓复式作业，即农业机械在同一时间完成多个作业项目，减少辅助作业时间，从而使农机具使用效率得到大幅提升，并实现燃油消耗与废气排放的双重减少。比如，7760型自走式摘棉机不仅可以连续不停顿地在田间进行采棉作业，而且采棉作业与机载打包还能同步实现；4930型喷药机通过对药液加注装置进行改装，极大提升了药液装载速度，在降低药液与燃油消耗量的同时大幅提高了喷药作业效率；而1590型免耕条播机则能一次性完成开沟、排种、施肥等多道工序，由此极大降低了燃油消耗量。②广泛运用全球定位系统（GPS）。该系统主要用于相关数据的采集以及田间耕作、播种、施肥、喷药、收割等农业生产活动的精准定位，并通过自动控制农用机械运动路径与作业参数的方式减少可能存在的重复劳动，进而实现农业生产效率的提升与燃油消耗量的减少。约翰迪尔公司所生产的大功率拖拉机、联合收割机等大宗农用机械均安装了GPS智能操作系统，农民获取相关信息服务也无须付费。数据统计表明，截至目前，已有超过半数的美国农场利用全球定位系统辅助农业生产。

第二节　国外低碳农业发展对中国的启示

作为传统农业大国，我国每年由于农业生产活动所引发的碳排放量已不容小觑，约占温室气体排放总量的17%。在全社会倡导节能减排的大背景下，发展低碳农业已成为大势所趋。而在探寻低碳农业发展路径的过程中，自我思考与探究固然重要，但"他山之石，也可攻玉"。为此，我们还应不失时机地借鉴国外低碳农业发展的先进经验，以避免自身发展进程太过曲折。结合前文分析，可得出以下几点启示：

第一，注重低碳农业相关的政策与制度建设。为了推进低碳农业发展，国外出台了一系列相关政策，比如农业保护性耕作促进政策、农村新能源计划政策、低碳引导型农业财税政策等。反观我国，低碳农业理念虽已深入人心，但其发展步伐仍较为缓慢。为了追求更大的经济利益，更多的农民选择了高碳生产方式，这显然不利于农业的可持续发展。究其原因，主要在于两方面：一是缺乏对农业低碳生产模式的政策支持。比如，对于低碳农业生产技术宣传不够、对于低碳农业行为主体（农民）的培训与教育不够、对于低碳农业生产行为的激励力度不够；而事实上，在推进低碳农业发展的进程中，低碳农业生产技术是基础，高素质农民是关键，有效的激励措施则是必不可少的催化剂，三者缺一不可。二是缺少对农业高碳生产行为的机制约束。比如，对于农药、化肥的无节制使用行为缺少制约，对于产后秸秆资源不合理的处理模式（随意丢弃、焚烧）缺少监督与管理；面对这些高碳生产行为之所以束手无策，缺少相应的法律与制度保障是关键。针对这些问题，我们有必要进行一些改进：一是颁布一些能促进低碳农业发展的相关政策，具体可以涉及低碳农业技术的研发与推广、农民科学素养的培养与提升、低碳农业发展激励模式的构建与施行等；二是完善立法与制度建设，对于一些不利于农业可持续发展甚至严重危害生态环境的农业生产行为（如秸秆焚烧），要从法律和制度上予以规避，其中，在章程的设计上要力求细致性与科学性，在制度的执行上要保证公正性与权威性，切实做到有法可依，执法必严。

第二，加大对低碳农业发展的财政支持力度。由于低碳农业具有外部性与公共物品的双重属性，且投资大、见效慢，以美国、欧盟以及日本为代表的一些发达国家和地区对于低碳农业生产行为都给予了一定的财税支持，虽然方式有所不同，但殊途同归，所追求目的基本一致。至于我国，由于缺少针对低碳农业发展的专项资金支持和税收减免政策，导致其低碳农业发展的动力明显不足。为此，政府应在借鉴国外先进经验的基础上，综合运用财政补贴、直接支付、低息甚至无息贷款、税收减免等多种政策工具，积极推进低碳农业发展，实现农业发展与生态环境保护的协调共进。具体而言，可从三方面着手：其一，加大对低碳农业的宣传与教育投入。让农民树立低碳农业观念是改变传统农业生产方式、发展低碳农业的重要前提，鉴于我国农民普遍文化程度较低，对新事物、新思想、新概念等掌握程度较低且接受速度较慢这一事实，政府有必要充分发挥宣传主导功能，安排专项财政资金，借助报纸、电视和网络等媒介，强化对低碳农业相关知识的宣传教育。其二，加大对低碳农业的补贴力度。目前，我国虽已施行一系列农业补贴政策，但却鲜有关注生态环境的，而为了践行低碳经济发展战略，全面推进低碳农业发展，在今后的农业补贴政策选择上应凸显环境保护因素，一是补贴提供低碳农用品的企业，以调动其生产积极性，具体措施包括亏损补贴、财政贴息贷款等；二是补贴使用低碳农用品的农户，以价格补贴为主；三是补贴退耕还林、还草行为，以更好地发挥农业碳汇功能。其三，充分发挥税收的资源配置调节作用。具体而言，可以施行"绿色化"税收制度，一方面，对于现行税收体系进行合理调整，增进其环境保护力度；另一方面，针对农村存在大量高碳企业这一不利现实，充分发挥税收的激励与约束作用，即可通过税收优惠促进高碳企业的产业升级，也可通过开征碳税抑制高碳企业发展。

第三，强化低碳农业生产技术的研发与推广。国外非常注重对低碳农业工程技术的研发与推广，尤其体现在农业生态固碳技术的研究和低碳农业机械化技术的研发上，其做法非常值得我们学习与借鉴。而针对我国低碳农业生产技术数量偏少且推广不好的现实，在今后应加大对低碳农业生产技术的研发力度，一旦时机成熟就尽快推广。具体可从三方面入手：其一，重视农业生态固碳技术的研发工作，力争早日应用于实践。目前对于农业生态固碳技术的研究多停留于试验阶段，离应用仍存在一定距离，与国外相比我国在该方面研究也具备了一定基础，为此，我们应抓住这个历史机遇，快速推进农业固碳技术的相关研究，拟通过作物吸收或土壤储存的方式减少农业生产活动所引发的温室气体排放，进而实现农业低碳生产。其二，全面推进农作物秸秆的资源化利用。目前，我国每年产生的农作物秸秆数量超过 8 亿吨，除部分用于还田、基质化和饲料化利用外，余下的大多数被随处丢弃或直接焚烧，由此对生态环境带来了极大的负面影响，如 2012 年 6 月湖北省出现大面积雾霾天气就是由于周边部分省份秸秆焚烧诱发所致。为了根治秸秆焚烧这一痼疾，我们应强化秸秆资源化利用技术的研发，开发出更多的秸秆利用技术，变废为宝，尽可能提升其附加值，让广大农民觉得有利可图，从而摒弃简单易行的秸秆焚烧处理模式，转而支持秸秆的资源化利用。其三，加大对农业机械节能减排性能的研发力度。目前，在我国一些平原地区尤其是粮食主产地区，农业生产已基本实现全面机械化，这在提高农业生产效率的同时也加剧了对农用柴油、汽油的需求，由此引发了大量的温室气体排放。因此，在今后我们应以美国为借鉴对象，积极探究农业机械节能减排技术，并开发新工艺，切实降低农业生产能耗水平。

第四，通过构建农业碳交易平台实现碳汇的经济价值。美国自 2003 年开始就允许农民在芝加哥气候交易所进行农业碳封存指标（农业碳汇）的交易，从中获取相关收益。反观我国，目前虽在北京、天津、上海、深圳、广州、湖北和重庆等地拥有 7 家碳排放权交易所，但业务涉及以林业碳汇为主，对农业（种植业）碳汇缺少必要关注。事实上，农作物与树木、牧草等同属植物范畴，其生长过程中也吸收了大量二氧化碳，产生了较强的碳汇效应。但在现实中，农业碳汇却屡遭人忽视，其成因主要源于两个方面：一是受先入为主思想影响，人们将注意力多聚焦于农业碳排放，受此影响，农业生产部门在多数场合被定义为了碳源；二是受农业自身功能定位影响，由于为人类提供了生存所必需的食物与原料，经济产出几乎成了衡量农业好与坏的唯一标准，而碳汇效应由于难以用货币衡量，其重要性容易被人忽略。既然农业产业部门拥有较强的碳汇能力，那么我们就有必要搭建农业碳交易平台，并对农业碳汇进行交易以实现其经济价值，然后反哺给农户，一方面可使其现金收益得到增加，更为重要的是，还能提升农户从事低碳农业生产的积极性，进而推进我国低碳农业发展。当然，要想实现农业碳汇的市场价值，我们还有很长的路要走：首先，需科学编制农业碳汇测算体系。在借鉴已有测算方法的基础上，对农业碳汇因子的选择既要考虑农作物碳吸收，还应兼顾土壤固碳、秸秆还田等，以确保碳汇指标体系构建的全面性与权威性。其次，完善农业碳汇的计量与监测。基于农业碳汇测算公式，选择合适的碳汇系数，定量评估我国以及各省级行政区的农业碳汇量，以此形成中国农业碳汇数据库。最后，不断构建与完善农业碳汇交易平台，并在政府的主导与监督之下，企业和农户依照市场规律进行农业碳汇交易。

第三节　本章小结

本章主要探阐述了国外低碳农业发展过程中一些好的经验与做法，在此基础上，探讨了这些经验做法可能带给中国低碳农业发展的一些启示。主要研究结论如下：

（1）相比我国，国外低碳农业发展无论是在政策制度层面、还是在工程技术层面，均有一定的独到之处。其中，在政策制度层面，先后颁布了一系列有助于低碳农业发展的纲领性政策，涉及农业保护性耕作、农村新能源利用、农业碳交易以及低碳农业财税支持等多个方面。在工程技术层面，主要包括：农业生态固碳技术，具体分为作物碳封存与土壤碳封存；秸秆资源化利用技术，可细分为秸秆发电、秸秆还田与秸秆饲料；低碳农业机械化技术，主要分为发动机创新措施与新技术应用措施。

（2）国外在农业低碳发展方面的一些经验与做法对推进我国低碳农业发展具有重要的理论与现实意义。从中可以获取一些启示：一是注重低碳农业相关的政策与制度建设，具体可以涉及低碳农业技术的研发与推广、农民科学素养的培养与提升、低碳农业发展激励模式的构建与施行等；二是加大对低碳农业发展的财政支持力度，包括低碳相关宣传与教育投入的加大、补贴力度的增加以及税收资源调节配置作用的运用；三是强化低碳农业生产技术的研发与推广，具体涉及农业生态固碳、农作物秸秆资源化利用以及农业机械节能减排等技术；四是通过构建农业碳交易平台实现碳汇的经济价值，具体分为三步，农业碳汇测算体系的编制、农业碳汇的计量与监测以及农业碳汇交易平台的构建与运行。

第八章

推进我国低碳农业发展的
对策建议

　　党的十八大召开之后，推进生态文明建设已成为我国未来发展的重大战略，大力发展低碳经济则是实现这一战略的重要举措。而作为低碳经济的重要组成部分，低碳农业发展理应加快推进步伐。不过结合前些章节分析可知，近年来我国低碳农业发展虽取得了一定成效，但增速较为缓慢、区域发展不均衡、技术效率偏低以及农户低碳农业技术采纳意愿较弱等一系列问题的存在困扰着其进一步发展。为此，本章将基于前文实证分析，并结合国外先进经验以及笔者自身的一些浅见，分别立足于宏观、中观和微观三个层次提出推进我国低碳快速发展的对策建议。具体而言，本章内容分为四节：第一节为宏观政策体系构建，着力于顶层设计，指引未来我国低碳农业发展的战略方向；第二节为中观协同监管机制构建，通过缩小地区差距实现低碳农业发展的区域平衡；第三节立足于微观视角着重强调农户低碳农业技术的采纳与其农业生产过程的低碳化；第四节是对本章内容进行小结。

第一节　完善低碳农业发展的政策保障体系，
强化宏观引导与顶层设计

　　近年来，随着农业温室气体排放与农业面源污染的不断加剧，低碳农业理念逐步深入人心，并被学界、政府部门所认同，大力发展低碳农业也由此成了社会各界的一致诉求。但是，截至目前，在相关政策制度的设计上，我们对低碳农业发展的关注度仍显不够。由于缺少强有力的政策保障与制度约束，导致其发展速度较为缓慢，未能达到一定的预期。为了解决这一问题，政府部门应逐步完善低碳农业发展的政策保障体系与制度约束框架，高屋建瓴，做好宏观引导与顶层设计，让生产实践者有规则可循。具体可以从以下四个方面着手：

（1）颁布《低碳农业法》，明确其概念、特点及重要性

"低碳农业"的提出虽已有些年头，但由于多为学术探讨，百花齐放、百家争鸣，概念界定难以达成统一。另外，对于低碳农业的自身属性，以及相比循环农业所具备的典型特征也缺少权威的阐述。很显然，上述问题的存在都极不利于低碳农业的宣传与推广，我国低碳农业发展缓慢的很大部分原因正是在于此。为了让低碳农业理念能真正深入人心，尤其是让广大农民所接受，笔者认为首要任务是出台《低碳农业法》，以法律条文的形式对其概念进行统一界定，加深社会各界对其理论内涵的认知与了解，真正意义上领悟何为"低碳农业"。除此之外，《低碳农业法》还应重点阐述两方面内容：一是低碳农业所具备的典型特征。尤其需要回答相比循环农业、有机农业其有何特点？发展低碳农业应注意哪些事项？二是发展低碳农业的重要性。需从经济效益、生态效益以及社会效益等多方面进行梳理，重点厘清发展低碳农业的紧迫性与现实意义。

（2）完善低碳农业发展的政策支持体系，营造良好的政策氛围

近年来，我国关于环境经济的政策体系已初具雏形，但离完善仍存在较大距离，这一点在低碳农业方面体现得尤为明显，具有较强针对性的政策严重缺乏。而现实中，能否得到政策的有效支持在很大程度上能决定一项事业的成败，即使低碳农业发展，也是如此。有鉴于此，政府部门在今后工作中应逐步完善低碳农业发展政策支持体系的构建，分别在财政、税收、金融以及组织运行等方面给予专项扶持。其中，财政上，一方面加大对涉农科研院所的支持力度，鼓励其研发低碳农业技术；另一方面对切实践行低碳生产方式的农业企业、农业合作组织以及个体农

户进行补贴，通过物质奖励的方式肯定其对低碳农业发展所做出的贡献；税收上，给予实施低碳生产的涉农企业税收优惠；金融方面，对于从事低碳农业生产的涉农企业、农业合作组织以及个体农户，在信贷上予以优先考虑甚至给予低息甚至无息贷款；除此之外，政府还应积极搭建农业碳交易平台，以使农业碳汇的经济价值得到体现。

（3）制定低碳农业发展中长期规划，实现整体工作的战略部署

我国仅用短短几十年就走完了发达国家几百年的发展路程，所取得的成就令全世界为之瞩目。但在这喜人成绩的背后却是对资源的过度索取以及对生态环境的无节制破坏。工业发展未能走出这个魔咒，农业亦如此。由于早些年"生态欠债"太多，要想在短期内拨乱反正、完全实现农业生产的低碳化也不太可能。正是基于此，在推进低碳农业发展的过程中我们要做好打持久战、攻坚战的准备，要有迎难而上的信念与战之必胜的决心。为了确保有效率，有必要通过制定低碳农业发展规划明确各个阶段尤其是中长期的发展目标，从而实现整个工作的战略部署。在目标设定过程中需坚持两个原则：一是内容清晰明了具有可操作性，切忌假、大、空。比如，特定阶段要完成哪些工作、需要达到什么程度、遇到困难又如何处置，阶段性目标的时间节点等，都需要有明确记载与说明。二是落实问责制，坚持责任到人。规划目标分解之后，要明确各个细分任务的责任人，并签订承诺书，如到截止时间未完成任务将给予行政问责，而对于超额完成的责任主体将给予通报嘉奖，同时也将作为先进评选、干部提拔的重要依据。

（4）完善与低碳农业相关的立法建设，做到有法可依、执法必严

常言道，不以规矩，不成方圆。这很好地诠释了规则的重要性，而现实中一些行为之所以屡禁不止在很大程度上是源于约束机制的缺失。具体到低碳农业，其发展较为缓慢也受相关法律制度不够健全的影响。鉴于此，应逐步完善与之相关的立法建设，尤其需对一些模棱两可的农业生产行为进行准确界定，同时严肃惩处力度，坚决打击那些严重破坏农村生态环境的农业生产方式，切实做到有法可依、执法必严。其中，对于涉农企业，需通过相关法律法规的制定规范其农业固体废弃物的处

置与废水、废气的对外排放，对于违反企业应处以罚款或者拘留其主要责任人；对于农业合作组织或者单个农户，主要是规范其农业废弃物尤其是农作物秸秆的处理方式，众所周知，秸秆于田间直接焚烧以及畜禽粪便的随意堆弃都会导致严重的农业立体污染，为此对于这两类行为应坚决予以法律约束，情节较轻者给予警告或者罚款，性质严重者应直接给予行政拘留。

第二节　构建低碳农业发展协同监管机制，缩小差距以达到区域平衡

除了总体水平偏低之外，区域发展不均衡则是我国低碳农业发展面临的又一大难题，具体表现在东、中、西三大区域低碳农业生产率依次递减，30个省（市、区）低碳农业生产率差异显著。如何尽快缩小地区差距、早日实现区域平衡将是今后我国政府必须考虑的问题。现实中，影响低碳农业水平的因素是多方面的，诸如生产手段、农资利用效率、受灾率、农民文化素质、农业公共投资等。但很显然，由于各个省份农业自身禀赋存在差异，通过完善所有要素而实现低碳农业水平区域均衡的模式是不可取的。可行的做法是，结合各地区农业自身禀赋特征，将30个省区归为几类，然后基于不同类别有针对性地制定对策；同时，为了保障政策的顺利贯彻与实施，需建立低碳农业发展协同监管中心。具体实施包括三个步骤：

（1）厘清制约各省（市、区）低碳农业发展的关键因素

我国幅员辽阔，不同地区水热条件、土壤结构、地质地貌往往会存在一些区别，这也在一定程度上影响了农业产业结构与产出水平，同时也是导致我国各地区低碳农业水平存在差异的重要原因。不过，要想缩小区域差异，仅仅了解这些面上的原因是不够的，有必要深入挖掘，找出影响各省（市、区）低碳农业发展的关键性因素。具体操作上分为三步：第一，需对各地区农业发展现状有一个较为全面的了解，明确各自

农业发展特点、历史演变规律以及未来发展趋势；第二，基于农业投入产出指标体系，计算各地区主要农用物资投入品的利用效率，并于省域间进行横向比较，明确各自的比较优势或比较劣势；第三，基于各生产要素效率的省域排序，找出各省（市、区）低于平均效率水平的生产要素，并将其定义为制约该地区低碳农业发展的关键性因素。当然，由于各地区低碳农业发展水平差异太大，各地区的制约因素数量必然也存在较大区别，部分较为发达的省份可能所有要素效率都超出全国平均水平，并无明显短板；发展适中的省份可能会包含一到两个；水平较低的地区则可能存在多个。总之，凡事无一定之规，实践中还需具体问题具体分析。

（2）分门别类且有针对性地制定对策以促进区域平衡

在找出制约低碳农业发展的关键性因素之后，接下来要做的就是政策的制定。不过，由于制约各地区低碳农业发展的因素不尽相同，采用"一刀切"的政策通常难以凸显其效果。鉴于此，我们应摒弃全国一盘棋的策略，而是制定差异化的政策以促进低碳农业发展区域平衡。但很显然，如果所有省份都制定相关政策，必然会导致政策体系的杂乱无章（因为政策太多），进而加剧主管部门的工作负担而影响政策的执行效率。为了规避这一问题，可行的办法是结合各地区低碳农业发展特征对30个地区进行分类，然后有针对性地制定政策。具体而言，基于所列出的影响各地区低碳农业发展的制约因素以及这些地区的农业产业结构特点（是种植业为主还是畜牧业为主）进行分类，且严格统一标准，一定要确保同一类地区具有共性特征。其中，对于低碳农业发展严重滞后的地区，财政、税收、金融等方面均需给予重点支持；对于发展水平一般的地区，政策支持要有所侧重，切忌面面俱到；对于发展水平较高的地区，多少给予一些支持即可；此外，对于偏科（某一方面差距较大）较为突出的地区，应选择重点突击，解决问题。

（3）构建低碳农业发展协同监管中心以确保政策顺利贯彻

政策制度的完善是为了服务于生产实际，既然基于各省区低碳农业发展现状提出了针对性对策，下一步工作就得确保政策的顺利贯彻与实施，以便缩小低碳农业发展的地区差距，进而实现区域均衡。如何能保证政策的顺利实施？笔者认为，仅仅将政策宣传到位是远远不够的，因为发展低碳农业是一个长期工程，仅凭朝夕之功是难以达到目的的，可见其具有"投入大、见效慢"的特征，这与一些政府所希望"短期出政绩"的宗旨是背道而驰的，在这种情形下，阳奉阴违的行为就有可能出现。为了避免此类现象的发生，应在进行政策宣传的同时强化监督与管理。鉴于此，可尝试建立低碳农业发展协同监管中心，其中，国家居于统筹地位，分东、中、西部分设分中心。具体操作上，国家结合各省（市、区）低碳农业发展现状分别制定切实可行的未来发展计划，然后将计划下发至各地区；而东、中、西部协同监管分中心则分别敦促辖区内各省份尽快完成国家所下达的任务计划。同时，在这个过程中，各协同分中心要多开展学习与交流活动，时刻总结经验教训，以更好地保证各地区低碳农业发展政策的顺利贯彻。

第三节　注重低碳农业技术的研发与推广，实现农业生产过程的低碳化

发展低碳农业不能停留于口头，更应落到实处，而这离不开低碳农业技术的广泛运用。但在实际推广过程中，却常常遇到一些货不对路、技术供给与需求难以匹配的问题。究其原因，主要是由于技术研发主体与需求主体相脱离所致。在现行体制下，我国低碳农业技术的研发主要依赖于高校、科研院所以及部分涉农企业，而农民参与度较低；但就需求主体而言，农民却占据了绝对主导地位，这与我国长期以来所施行的小农经济模式是密切相关的。供给与需求的脱节引发了低碳农业技术使用的低效率，这也在一定程度上制约了低碳农业发展。在这种不利情形下，如何提高农户低碳农业技术采纳率，全面实现农业生产过程的低碳化，将成为今后所需关注的重点。为了实现这一目的，可采取以下措施：

（1）深入农村调研，基于农户需求不断完善低碳农业技术研发工作

　　针对当前时常出现的技术供给与需求难以匹配的问题，相关大专院校、科研院所必须给予重视。解决的途径是，研究者不能只埋头于实验室与试验田，过于注重技术研发的理想化，而应联系农村实际，通过了解农户内心需求有针对性地研发相关技术。这个过程分为三步：首先，技术研发者应组织专业团队深入农村一线开展调研，主要围绕两方面展开，一是对各个地区的水热条件、土壤土质和产业结构有个大致了解，从专业角度探究某类低碳农业技术采用的可能性；二是通过走访、面对面交流的形式明确农户低碳农业技术选择偏好。其次，对反馈回来的调研信息进行加工处理，兼顾专业视角与农户个人偏好，找出二者契合点，将其作为新型低碳农业技术研发的备选。最后，研究人员基于备选清单着手相关研发工作，开发出与广大农户需求相一致的低碳农业技术，并不断更新完善。总之，适合的技术是低碳农业顺利推进的重要保障，我们必须重视技术研发工作，只有这样才能充分发挥技术的能动性。

　　（2）加大宣传力度，鼓励农户广泛运用低碳农业技术

　　近年来，流行一种说法叫"酒香也怕巷子深"或者"皇帝女儿也愁嫁"。这两句话虽是笑谈，但其所蕴含的深意却不容忽视，它凸显了商品营销的重要性。如何使商品营销富有效率呢？在笔者看来，良好的对外宣传是必不可少的。而在现实中，低碳农业技术作为一类特殊商品，我们有必要加大对其的宣传力度，以便让更多的农户了解它、认可它并最终运用它。不过，在宣传的过程中，存在一些值得注意的事项：第一，宣传内容需切合实际，避免过分宣扬。所谓宣传内容，就是指某项低碳农业技术所具有的显著特征及其采用可能带来的潜在收益。为了取得农民信任，在宣传中一定要坚持实事求是，切忌随意夸大其效用。第二，宣传方式提倡多元化，避免形式单一。由于个人素质差异较大，每个农民的知识接受与领悟能力通常也存在较大区别，这要求我们在进行低碳农业技术宣传时需因人而异，有针对性地选择相关的宣传策略。第三，宣传对象全面化，避免主体遗漏。在宣传过程中，力争让所有农户对低碳农业技术都能形成初步了解，而无种植大户与小户之分、粮食作物与经济作物之分、种植业与畜牧业之分。

（3）注重技能培训，引导农户真正实现农业生产过程的低碳化

强有力的宣传能让广大农户从内心接受低碳农业技术，但农户能否合理运用却能决定低碳农业能否顺利推进。因为低碳农业技术种类繁多、形式多样，可能涉及良种、节能农机具、高效化肥农药以及某种特定生产方式等，这些技术对农户自身水平都提出了较高要求，能否正确运用将在很大程度上决定该项技术的成败。虽然我国目前从事实际农业生产的农民普遍务农年限较长，经验丰富，但受限于较低的知识水平与较为狭窄的认知视野，导致其在面对以低碳农业技术为代表的新型农业技术时通常显得力不从心。为了克服这一问题，应定期对农户进行技能培训，进而提升其运用低碳农业技术的能力。为保证培训效果，应鼓励相关技术研发者深入一线给农民进行亲自讲解，这样做的好处在于：一方面，可进一步消除农户内心顾虑，增强其对低碳农业技术的信心；另一方面，对于一些操作过程中的疑难问题，技术研发者相比普通农技推广人员效率更高、作用更大；除此之外，还有助于不同类低碳农业技术之间的衔接与协调运用，进而引导农户实现整个农业生产过程的低碳化，切实为我国低碳农业发展添砖加瓦。

第四节　本章小结

本章基于前文实证分析，并结合国外先进经验以及笔者自身的一些浅见，提出了推进我国低碳农业快速发展的对策建议，由三个层次构成：①完善低碳农业发展的政策保障体系，做好宏观引导与顶层设计。内容包括四个方面，一是颁布《低碳农业法》，明确低碳农业的概念、特点及重要性；二是完善低碳农业发展的政策支持体系，营造良好的政策氛围；三是制定低碳农业发展的中长期规划，实现整体工作的战略部署；四是完善与低碳农业相关的立法建设，做到有法可依、执法必严。②构建低碳农业发展协同监管机制，缩小差距以达到区域平衡，具体分为三个步骤，首先，厘清制约各省（市、区）低碳农业发展的关键因素；其次，

分门别类且有针对性地制定对策以促进区域平衡；最后，构建低碳农业发展协同监管中心以确保政策的顺利贯彻。③注重低碳农业技术的研发与推广，实现农业生产过程的低碳化。为实现这一目的，可从三方面着手，一是深入农村调研，基于农户需求不断完善低碳农业技术研发工作；二是加大宣传力度，鼓励农户广泛运用低碳农业技术；三是注重技能培训，引导农户真正实现农业生产过程的低碳化。

第九章

基本结论与研究展望

前八章在明确选题缘由与理论框架的基础上，首先认真梳理了我国农业碳排放/碳汇现状；其次基于农业全要素生产率思想，对我国低碳农业发展情况进行了较为深入的研究；最后立足于实证结果，并结合国外先进经验，提出了推进我国低碳农业快速发展的对策建议。而本章则是全书的终结，将主要涉及三方面内容：一是对前面章节的分析进行系统总结，归纳出整本书的中心观点；二是结合自身研究经历，实事求是地指出本书所存在的局限性；三是针对本书存在的不足，展望下一步研究方向。

第一节　基本结论

（1）我国农业碳排放/碳汇量总体均呈上升趋势，且省域间差异明显；在强度方面，农业碳排放强度呈持续下降态势而农业碳汇强度处于波动上升状态

在科学构建农业碳排放/碳汇测算指标体系的基础上，对我国及其30个省（市、区）的农业碳排放/碳吸收量进行了核算，并从总量、强度和结构三方面分别探讨了二者的时序演变规律及空间分异特征。结果表明：①2012年我国农业碳排放总量为27715.38万吨，较1993年增加了34.30%；其中，农地利用、稻田和牲畜养殖所导致的碳排放量分别占农

业碳排放总量的 39.34%、23.12% 和 37.54%。分阶段来看，农业碳排放总量呈现较为明显的"快速上升—波动上升—下降—缓慢上升"的四阶段变化特征；农业碳排放强度一直呈现减少趋势，但不同时期减少幅度存在差异；农地利用碳排放、稻田碳排放与牲畜养殖碳排放总量均呈上升趋势，其中农地利用碳排放所占比重一直处于上升趋势，而稻田与生产养殖碳排放所占比重均有不同程度降低。分区域来看，传统农业大省尤其粮食主产省区是我国农业碳排放的主要来源地；农业碳排放强度总体呈现西高东低的特征，即西部 > 中部 > 东部；基于碳排放比重构成差异，可将 30 个省（市、区）划分为农地利用主导型、稻田主导型、牲畜养殖主导型、复合因素主导型与均衡型等 5 类地区，其中以复合主导型省份最多。②2012 年我国农业碳汇总量为 72569.48 万吨，较 1993 年增加了 48.80%；其中，粮食作物和经济作物所引发的碳汇量分别占农业碳汇总量的 74.33% 和 25.67%。分阶段来看，农业碳汇总量呈现较为明显的"上升—下降—平稳—上升"的四阶段变化特征；其强度虽存在一定起伏，但总体也处于上升趋势；过去近 20 年里粮食作物碳汇与经济作物碳汇总量均保持上升趋势，但其增幅与变化形态又有所区别，粮食作物碳汇虽占据了我国农业碳汇总量的绝大部分，但其所占比重总体却处于下降态势。分区域来看，粮食主产省份和经济作物种植较为发达的省份是我国农业碳汇的主要来源地；农业碳汇强度总体呈现东北—华北高、西北—西南低的特征；基于粮食作物碳汇所占农业碳汇总量的比重差异，可将 30 个省（市、区）划分为绝对（完全）主导型、相对主导型、一般主导型、略微主导型与非主导型等 5 类地区，其中相对主导型与一般主导型省份较多。

（2）我国低碳农业生产率增长总体偏慢，且主要依赖于农业前沿技术的进步而非农业技术效率的改善

利用 DEA-Malmquist 模型对中国低碳农业生产率进行了测度并分析了其时序演变规律及源泉。研究结论显示：①1994 年以来我国低碳农业生产率增长偏慢，年平均增速仅为 0.80%，明显低于同期的农业绿色生产率、宏观经济生产率以及工业部门生产率。而按照其变化特征，可将我

国低碳农业发展历程划分为三个阶段，即平稳起伏阶段、波动下降阶段和波动上升阶段。其中，1993～1998 年为平稳起伏阶段，这一时期低碳农业发展水平虽存在一定波动，但累计生产率总体维持在 0.98 左右；1998～2002 年为波动下降阶段，除 2001 年略微反弹（增加 0.58%）外，其他各年低碳农业生产率均低于 1.0，相比前一年均处于下降态势；2002～2012 年为波动上升阶段，低碳农业发展水平由 0.9256 增至1.1645，10 年间增加了 25.81%，除了 2005 年和 2008 年之外，其他各年低碳农业生产率均高于 1.0。②在推进我国低碳农业发展上，农业技术效率改善所发挥的作用相对较小，其年均增长率仅为 0.04%，同时年际间反复性较强，变化规律不够明显，不过基于其演变轨迹仍可大致划分为三个阶段，即波动起伏阶段（1993～2001）、相对平稳阶段（2001～2006）和波动起伏阶段（2006～2012）。农业前沿技术进步在推进我国低碳农业发展上发挥了更为显著的作用，其年均增长率达到了 0.76%，虽然其演变轨迹也具有一定的非规律性，但结合其变化特点可大致划分为五个阶段，即起伏平稳阶段（1993～1998）、持续下降阶段（1998～2000）、波动上升阶段（2000～2007）、持续下降阶段（2007～2009）和持续上升阶段（2009～2012）。

（3）我国低碳农业生产率存在较为明显的空间非均衡性，总体来看，东部最高，中部次之，西部最低，地区差距逐步缩小并呈现出分散化的区域集聚特征

在测算并分析我国低碳农业生产率空间差异的基础上，分别利用 Kernel 密度函数和经济增长收敛理论探讨了其动态演进与收敛性；进一步，结合传统农业生产率，识别出了我国"低碳型"农业生产省份。研究结果表明：①分省域来看，低碳农业生产率均值较高的省份主要分布于我国东、中部地区，而均值较低的省份则集中在我国中、西部地区。从增长源泉来看，农业前沿技术发挥了更为重要的作用，而技术效率改善所起到的作用相对较少；对技术效率分解后可知，规模效率发挥的作用要大于纯技术效率。具体到三大区域，东部地区低碳农业生产率平均值最高，中部次之，西部最低。其中，东、中部地区均依赖于农业前沿

技术进步，技术效率贡献幅度相对较小且中部略优于东部；西部地区技术效率与农业前沿技术均处于恶化状态。②低碳农业生产率地区差距在样本考察期内缩小趋势较为明显，并逐步呈现出分散化的区域集聚特征。技术效率地区差距在样本考察期内经历了一个扩大、缩小、扩大的波动起伏过程，最终差距明显扩大，并逐步显现出综合集聚性特征；前沿技术进步地区差距在样本考察期内经历了扩大、大幅缩小、缩小的变化过程，最终地区差距明显缩小，且呈现出分散化的区域集聚特征。另外，全国及东、中、西部均不存在显著的 σ 收敛，但同时却存在显著的绝对 β 收敛与条件 β 收敛。③现阶段来看，忽视农业碳排放、碳汇因素会高估我国农业全要素生产率增长。具体到各个省，低碳农业生产率大于传统农业生产率的省份仅有辽宁、黑龙江、安徽、河南、甘肃和新疆，表明这 6 个地区农业生产相对低碳环保，从区域分布来看，东北、华北、华中、西北均有涉及。余下 24 个省（市、区）低碳农业生产率要小于传统农业生产率，农业生产相对高碳。其中，以北京、上海、广东、海南、江西、湖北、湖南、广西、四川、西藏、青海和宁夏等地情形较为严峻，其低碳农业生产率与传统农业生产率相比差距较大。

（4）影响我国低碳农业生产率增长的因素虽处于不断变化之中，但不受产业结构调整影响；而低碳农业技术采纳与否与户主个人特征关联较大

分析影响我国不同阶段低碳农业生产率增长的主要因素后发现：①在惠农型"中央一号"文件全面出台之前，我国低碳农业生产率增长主要受农村基础教育水平、经济发展水平、自然灾害三因素影响；而在"中央一号"文件连续颁布之后，则主要受农业公共投资、农业开放度、自然灾害等三因素影响。综合来看，农村基础教育水平、农业公共投资、经济发展水平、农业开放度与自然灾害或一直或在某个阶段对我国低碳农业发展产生了显著影响；而农业产业结构调整却一直未通过显著性检验，可见，目前我国的农业产业结构多以无序、随机地调整为主，缺少针对性与规划性。②强化基础教育、着力提升农民素质，加大财政支农力度、切实推进农业科技创新步伐，完善基础设施建设、增强农业抗

灾能力，不断优化农产品贸易结构、降低潜在碳汇损失，加大宣传力度、注重低碳农业示范区建设等措施的实施将有助于低碳农业生产率水平的快速提升。进一步，以农户行为为切入点，利用多元有序 Logistic 模型探究影响低碳农业技术采纳的主要因素，结果表明：①化肥节约型技术受性别、务农年限、干部身份、耕地面积、对低碳农业的认知、是否参加农业合作经济组织等 6 个因素的影响；农药节约型技术则受性别、文化程度、干部身份、耕地面积、是否安装有线电视等 5 个因素的影响；而年龄、劳动力数量、收入水平、家中是否拥有有线网络等 4 个变量在两个模型中均未通过显著性检验。②为了让更多农户采用低碳农业生产技术，可从四方面着手：一是强化宣传与教育，让低碳农业理念深入人心；二是定期开展专项培训，全面提升农民专业技能；三是加强农村信息化建设，保证有线电视、有线网络进入千家万户；四是不断完善农业合作经济组织的功能与服务，积极引导零散农户参与其中。

（5）推进低碳农业发展需从多方面着手，既要注重宏观政策体系与中观协同机制的构建，也要关注农户低碳农业技术的选择偏好

基于各章节的实证分析结果，并结合国外先进经验以及笔者自身的一些浅见，从宏观、中观和微观三个层次提出了推进我国低碳发展快速发展的对策建议，具体内容包括：①完善低碳农业发展的政策保障体系，做好宏观引导与顶层设计。近年来，虽然低碳农业理念正逐步深入人心，并被学界、政府部门所认同，发展低碳农业也成为社会各界的一致诉求。但是，在相关政策制度的设计上却存在明显欠缺。为了强化低碳农业政策体系的构建，可从四方面着手：一是颁布《低碳农业法》，明确低碳农业的概念、特点及重要性；二是完善低碳农业发展的政策支持体系，营造良好的政策氛围；三是制定低碳农业发展的中长期规划，实现整体工作的战略部署；四是完善与低碳农业相关的立法建设，做到有法可依、执法必严。②构建低碳农业发展协同监管机制，缩小差距以达到区域平衡。区域发展不均衡是我国低碳农业发展面临的又一大难题，具体表现在东、中、西三大区域低碳农业生产率依次递减，30 个省（市、区）低碳农业生产率差异显著。为了尽快缩小差距，可以实施"三步走"战略：

首先，厘清制约各省（市、区）低碳农业发展的关键因素；其次，分门别类且有针对性地制定对策以促进区域平衡；最后，构建低碳农业发展协同监管中心以确保政策顺利贯彻。③注重低碳农业技术的研发与推广，实现农业生产过程的低碳化。发展低碳农业离不开低碳农业技术的广泛运用，但在推广过程中却时常遇到一些货不对路、技术供给与需求难以匹配的问题。为了解决这一问题，可从三方面着手，一是深入农村调研，基于农户需求不断完善低碳农业技术研发工作；二是加大宣传力度，鼓励农户广泛运用低碳农业技术；三是注重技能培训，引导农户真正实现农业生产过程的低碳化。

第二节　研究不足

本书在厘清我国农业碳排放、农业碳汇现状的基础上，以低碳农业生产率为突破口，对我国低碳农业发展展开了较为深入的研究。从中了解了我国低碳农业生产率的时序演变轨迹、空间分异特征、省域动态演进及其收敛性；同时，还分析了影响其增长的关键性因素，并探讨了影响农户低碳农业技术采纳的影响机理。而后，结合前文实证分析，并在梳理与借鉴国外低碳农业发展经验的基础上，构建了推进我国低碳农业快速发展的激励机制与政策体系。总体而言，笔者虽尽全力做得深入、细致，但受限于数据的可获取性及研究能力限制，本书仍存在一些不足，主要体现在以下三个方面：

第一，在构建农业碳排放测算指标体系时忽视了农业碳汇的逆转特性。农业碳汇的实质是农作物在其生长过程中利用光合作用将二氧化碳封存至作物的果实与秸秆之中。不过，处理方式的差异却会导致秸秆截然不同的碳效应：一方面，如果秸秆于田间直接焚烧，其贮存的碳汇又会重新排放到大气中，即出现碳汇逆转现象；另一方面，如果秸秆用于还田则可起到固碳效用，维持其碳汇功能（田云，2014）；除此之外，如果秸秆用作工业原料、生活燃料、牲畜饲料等，产生碳排或维持碳汇功能还应视具体情况而定。实际研究中，基于相关方法虽可估算出各省（市、区）秸秆总量，但却无法判定不同处理方式所对应的秸秆数量（比如，直接燃烧量、还田量、用于其他用途的数量），故本书未考虑农作物秸秆的碳排效应。由此，可能会高估我国低碳农业生产率。

第二，在一些章节分析中采用的是大农业宏观口径，未能对一些具体指标进行剥离。在当前的农业统计口径中，农业劳动力、机械投入以及役畜等都属于广义农业口径，通常的处理方法是采用狭义农业总产值除以广义农业总产值的比重作为权重进行分离（李谷成，2008），以确定狭义农业的投入指标，但由此会引发巨大的工作量和其他问题的衍生。为此，本书借鉴 Wu（2001）、Coelli（2003）、李谷成（2014）等学者的研究先例，采取广义农业口径确定投入与产出序列，虽然会存在结果上的偏差，但在实证分析上，其研究结果较为理想，处于可以解释的范围之内。

第三，在分析农户低碳农业技术采纳行为时因变量涉及面较窄，未曾系统考察各类低碳农业技术。在本书的微观实证部分，仅仅考察了化肥节约与农药节约两类投入品减量型低碳农业技术，其他减量型技术未曾纳入，因而难以全面把握影响农户低碳农业技术使用的各类关键性因素。事实上，除了减量型技术之外，还存在多类与低碳农业相关的技术与发展模式，比较有代表性包括：立体种养节地技术、节能技术、清洁能源技术、种养废弃物再利用技术、农产品加工废弃物循环利用技术以及"三品"（为无公害农产品、绿色食品和有机食品的合成）基地模式、区域产业循环模式与农业观光休闲模式。本书考察的低碳农业技术之所以较少，主要是由于笔者先前对低碳农业技术缺少足够了解且对农户认知水平缺乏信心，使得问卷设计考虑的不够周全，进而一定程度影响了最终的实证分析。

第三节　研究展望

针对本书撰写所存在的不足，今后将围绕以下几个方面展开进一步研究：

（1）综合了解我国各省区农作物秸秆的具体处置情况，并将其引入农业碳排放/碳汇的核算体系之中。农作物秸秆不纳入核算体系最有可能的结果是导致碳排放量的低估与碳汇量的高估，进而在一定程度上影响低碳农业生产率评价的准确性。为了解决这一问题，有必要对当前我国农作物秸秆规模、不同处置方式与其对应的数量有一个全面了解。对于各省区所拥有的秸秆资源数量，可利用当前已成熟的方法进行测度。而难点在于不同处理方式所对应秸秆数量的确定，为了保证结果的合理性，得多方面着手，坚持部门（泛指不同级别的农业主管部门）咨询、实地考察与农户访谈相结合的方式，然后利用多种方法进行评估，结果获取后计算其平均值作为最终的数据选择。

（2）避免投入—产出数据的广义农业口径，分别探究农林牧渔各个部门的低碳农业生产率水平。本书在分析低碳农业生产率时采用的是大农业宏观口径，虽方便操作，但也容易引起争议，同时也不利于农业各部门间横向比较。众所周知，广义的农业由农业（种植业）、林业、牧业和渔业等四大产业部门组成，各自均有自身发展特点，且投入指标也存在较大区别。而在接下来的研究中，应想办法将农业劳动力、机械投入、役畜等广义农业口径的公共投入指标进行合理分解，然后结合四大产业部门各自所独有的投入指标和产出指标（包括生产总值、碳排放与碳汇），分别核算各个部门的低碳农业生产率，并在进行内部比较的同时明确各自在全国所属位置。当然，如何对这些广义农业口径的公共投入指标进行分离是研究目的能否实现的关键，这也是笔者接下来将要重点探究的问题之一。

（3）微观领域研究要更加深入具体，对于不同种类低碳农业生产技术农户是否采纳的背后原因有一个系统了解。农户是实施农业生产活动的行为主体，相关低碳农业技术能否被广大农户接受并采纳在一定程度上能决定低碳农业发展的成败。而为了方便低碳农业技术的推广与应用，了解农户之所想，尤其是明确影响其技术选择的关键性因素就显得尤为重要。为此，在今后的研究中，将结合各类低碳农业技术所拥有的自身特点，有针对性地设计相关问卷，然后深入农村展开大规模调研，获取第一手资料，从中了解影响农户各类低碳农业技术采纳与运用的主要因素，在进行归纳总结并得出一般性规律之后，将这些有用的信息反馈给技术研发部门与农业主管部门，便于其科学决策的制定。

（4）研究内容需进一步拓展，尤其要强化理论部分研究，进而实现理论探讨与实证分析的协调统一。本书虽对我国低碳农业发展现状、时空特征以及驱动机理进行了较为全面的梳理，并结合国外经验提出了相关对策建议，但仍存在一些未曾涉足的研究领域，亟须我们进一步拓展与完善：一是缺少相关的博弈分析，忽视了不同主体的利益诉求。低碳农业作为一种新型农业发展模式，其发展结果关乎多方主体利益，包括农户、涉农企业、政府主管部门、技术推广部门以及社会民众等，由于各自所处位置不同，其利益诉求也必然存在差异，有必要借助博弈分析，找出多方利益平衡的契合点。二是重外延轻内涵，对现象背后的本质把握不足。本书总体以基本现象描述为主，而缺少对深层次原因的挖掘，未能达到"透过现象看本质"的目的。三是理论分析不够深入，与实证研究没有形成较好的衔接。本书所提炼的思想性、规律性东西较少，理论高度不够，与实证研究联系不够紧密。为此，在今后的研究中应充分利用已有实证基础，实现理论升华，让低碳农业研究达到更高的境界。

参考文献

1. 陈静、李谷成、冯中朝等：《油料作物主产区全要素生产率与技术效率的随机前沿函数分析》，《农业技术经济》2013 年第 7 期。

2. 陈秋红：《湖南省碳源与碳汇变化的时序分析》，《长江流域资源与环境》2012 年第 6 期。

3. 陈诗一：《中国的绿色工业革命》，《经济研究》2010 年第 11 期。

4. 陈艳华、林依标、黄贤金：《被征地农户意愿受偿价格影响因素及其差异性的实证分析：基于福建省 16 个县 1436 户入户调查数据》，《中国农村经济》2011 年第 4 期。

5. 储荣、周芳：《森林碳汇与经济增长的库兹涅茨倒"U"形研究》，《中南林业科技大学学报》2012 年第 10 期。

6. 董锋、龙如银、周德群等：《环境规制下的资源型城市转型绩效及其影响因素分析》，《运筹与管理》2013 年第 1 期。

7. 董红敏、李玉娥、陶秀萍等：《中国农业源温室气体排放与减排技术对策》，《农业工程学报》2008 年第 10 期。

8. 董先安：《中国地区收入差距的基本事实与初步检验：1952—2002 年》，见蔡昉、万广华主编《中国转轨时期收入差距与贫困》，社会科学文献出版社 2006 年版。

9. 董亚娟、孙敬水：《区域经济收入分布的动态演进分析—以浙江省为例》，《当代财经》2009 年第 3 期。

10. 段华平、张悦、赵建波等：《中国农田生态系统的碳足迹分析》，《水土保持学报》第 25 卷，2011 年第 1 期。

11. 范金、杨中卫、坂本博：《中国城镇居民消费差距的动态演进及分类决定》，《管理评论》2012 年第 7 期。

12. 方福前、张艳丽：《中国农业全要素生产率的变化及其影响因素分析——基于 1991—2008 年 Malmquist 指数方法》，《经济理论与经济管理》2010 年第 9 期。

13. 方精云、杨元合、马文红等：《中国草地生态系统碳库及其变化》，《中国科学：生命科学》2010 年第 7 期。

14. 方时姣：《绿色经济视野下的低碳经济发展新论》，《中国人口·资源与环境》2010 年第 4 期。

15. 冯碧梅：《湖北省低碳经济评价指标体系构建研究》，《中国人口·资源与环境》2011 年第 3 期。

16. 冯之浚、周荣、张倩：《低碳经济的若干思考》，《中国软科学》2009 年第 12 期。

17. 付加锋、庄贵阳、高庆先：《低碳经济的概念辨识及评价指标体系构建》，《中国人口·资源与环境》2010 年第 8 期。

18. 高明、徐天祥、欧阳天治：《农户行为的逻辑及其政策含义分析》，《思想战线》2013 年第 1 期。

19. 高文玲、施盛高、徐丽等：《低碳农业的概念及其价值体系》，《江苏农业科学》2011 年第 2 期。

20. 高雪萍：《水稻种植大户应用低碳农业技术的行为研究》，《科技管理研究》2013 年第 14 期。

21. 勾红洋：《低碳阴谋—中国与欧美的生死之战》，山西经济出版社 2010 年版，第 66 页。

22. 谷家川、查良松：《皖江城市带农作物碳储量动态变化研究》，《长江流域资源与环境》2012 年第 12 期。

23. 郭鸿鹏、马成林、杨印生：《美国低碳农业实践之借鉴》，《环境保护》2011 年第 21 期。

24. 郭辉、张术环：《政府在低碳农业技术创新中的角色探析》，《前沿》

2011 年第 9 期。

25. 郭庆旺、赵志耘、贾俊雪：《中国省份经济的全要素生产率分析》，《世界经济》2005 年第 5 期。

26. 郭兆迪、胡会峰、李品等：《1977～2008 年中国森林生物量碳汇的时空变化》，《中国科学：生命科学》2003 年第 5 期。

27. 韩海彬、赵丽芬：《环境约束下中国农业全要素生产率增长及收敛分析》，《中国人口·资源与环境》2013 年第 3 期。

28. 韩岳峰、张龙：《中国农业碳排放变化因素分解研究——基于能源消耗与贸易角度的 LMDI 分解法》，《当代经济研究》2013 年第 4 期。

29. 韩召迎、孟亚利、周治国等：《区域农田生态系统碳足迹时空差异分析—以江苏省为案例》，《农业环境科学学报》2012 年第 5 期。

30. 何可、张俊飚、田云：《农业废弃物资源化生态补偿支付意愿的影响因素及其差异性分析——基于湖北省农户调查的实证研究》，《资源科学》2013 年第 3 期。

31. 贺亚亚、田云、张俊飚：《湖北省农业碳排放时空比较及驱动因素分析》，《华中农业大学学报（社会科学版）》2013 年第 5 期。

32. 黄玉祥、韩文霆、周龙等：《农户节水灌溉技术认知及其影响因素分析》，《农业工程学报》2012 年第 18 期。

33. 蒋磊、张俊飚：《农户木耳生产规模影响因素分析——基于黑龙江和吉林省调查数据的实证研究》，《中国农业大学学报》2013 年第 5 期。

34. 李碧芳：《基于 SBM-DEA 模型的中国大豆全要素生产率分析》，《河南农业科学》2010 年第 3 期。

35. 李波、张俊飚、李海鹏：《中国农业碳排放时空特征及影响因素分解》，《中国人口·资源与环境》2011 年第 8 期。

36. 李波、张俊飚：《基于投入视角的我国农业碳排放与经济发展脱钩研究》，《经济经纬》2012 年第 4 期。

37. 李波、张俊飚：《我国农作物碳汇的阶段特征与空间差异研究》，《湖北农业科学》2013 年第 5 期。

38. 李长青、苏美玲、杨新吉勒图：《内蒙古碳汇资源估算与碳汇产业发展潜力分析》,《干旱区资源与环境》2012 年第 5 期。

39. 李长生、肖向明、S. Frolking 等:《中国农田的温室气体排放》,《水土保持研究》2003 年第 5 期。

40. 李创新、马耀峰、张颖等:《1993~2008 年区域入境旅游流优势度时空动态演进模式——基于改进熵值法的实证研究》,《地理研究》2012 年第 2 期。

41. 李谷成、陈宁陆、闵锐:《环境规制条件下中国农业全要素生产率增长与分解》,《中国人口·资源与环境》2011 年第 11 期。

42. 李谷成:《转型期中国农业生产率增长的分解、变迁与分布》,《中国人口·资源与环境》2009 年第 2 期。

43. 李谷成:《基于转型视角的中国农业生产率研究》,博士学位论文,华中农业大学,2008 年。

44. 李谷成:《中国农业的绿色生产率革命:1978—2008 年》,《经济学(季刊)》2014 年第 1 期。

45. 李谷成:《中国农业生产率增长的地区差距与收敛性分析》,《产业经济研究》2009 年第 2 期。

46. 李国志、李宗植:《中国农业能源消费碳排放因素分解实证研究——基于 LMDI 模型 [J].农业技术经济》2010 年第 10 期。

47. 李虎、邱建军、王立刚等:《中国农田主要温室气体排放特征与控制技术》,《生态环境学报》2012 年第 1 期。

48. 李俊杰:《民族地区农地利用碳排放测算及影响因素研究》,《中国人口·资源与环境》2012 年第 9 期。

49. 李胜利、金鑫、范学山等:《反刍动物生产与碳减排措施》,《动物营养学报》2010 年第 1 期。

50. 李涛、傅强:《中国省际碳排放效率研究》,《统计研究》2011 年第 7 期。

51. 李迎春、林而达、甄晓林:《农业温室气体清单方法研究最新进展》,《地球科学进展》2007 年第 10 期。

52. 刘恒新、李斯华、何进:《美国低碳农业机械化技术发展及对中国的启示》，《世界农业》2012 年第 6 期。

53. 刘华军、鲍振、杨骞：《中国二氧化碳排放的分布动态与演进趋势》，《资源科学》2013 年第 5 期。

54. 刘华军、何礼伟、杨骞：《中国人口老龄化的空间分均衡及分布动态演进：1989～2011》，《人口研究》2014 年第 2 期。

55. 刘静暖、于畅、孙亚南：《低碳农业经济理论与实现模式探索》，《经济纵横》2012 年第 6 期。

56. 刘强：《中国经济增长的收敛性分析》，《经济研究》2001 年第 6 期。

57. 刘清泉、江华：《可持续发展视角下林业全要素生产率及影响因素——来自广东的证据》，《农村经济》2014 年第 1 期。

58. 刘生龙、张捷：《空间经济视角下中国区域经济收敛性再检验—基于1985—2007 年省级数据的实证研究》，《财经研究》2009 年第 12 期。

59. 刘思华：《发展低碳经济与创新低碳经济理论的几个问题》，《当代经济研究》2010 年第 11 期。

60. 刘玉海、武鹏：《转型时期中国农业全要素耕地利用效率及其影响因素分析》，《金融研究》2011 年第 7 期。

61. 刘月仙、刘娟、吴文良：《北京地区畜禽温室气体排放的时空变化分析》，《中国生态农业学报》2013 年第 7 期。

62. 刘再起、陈春：《全球视野下的低碳经济理论与实践》,《经济学动态》2010 年第 5 期。

63. 刘再起、陈春：《全球视野下的低碳经济理论与实践》，《武汉大学学报（哲学社会科学版）》2010 年第 5 期。

64. 刘占平、匡远配：《农户采用"两型农业"技术意愿的影响因素分析》，《农业技术经济》2012 年第 6 期。

65. 柳下再会：《以碳之名：低碳骗局幕后的全球博弈》，中国发展出版社2010 年版。

66. 卢俊宇、黄贤金、戴靓等：《基于时空尺度的中国省级区域能源消费碳排放公平性研究》，《自然资源学报》2012 年第 12 期。

67. 卢现祥、王宇：《发展低碳经济中的四大争议问题》，《福建论坛·人文社会科学版》2012 年第 10 期。

68. 罗小锋、秦军：《农户对新品种和无公害生产技术的采用及其影响因素比较》，《统计研究》2010 年第 8 期。

69. 罗小锋：《农户采用节约耕地型与节约劳动型技术的差异》，《中国人口·资源与环境》2011 年第 4 期。

70. 吕劲文、乐群、王铮等：《福建省森林生态系统碳汇潜力》，《生态学报》2010 年第 8 期。

71. 吕新业、卢向虎：《新形势下农民专业合作组织研究》，中国农业出版社 2008 年版，第 55 页。

72. 吕学都、王艳萍、黄超等：《低碳经济指标体系的评价方法研究》，《中国人口·资源与环境》2013 年第 7 期。

73. 马林静、王雅鹏、田云：《中国粮食全要素生产率及影响因素的区域分异研究》，《农业现代化研究》2014 年第 4 期。

74. 马伦姣：《发展低碳农业面临的挑战及对策思考》，《调研世界》2011 年第 2 期。

75. 马文红、韩梅、林鑫等：《内蒙古温带草地植被的碳储量》，《干旱区资源与环境》2006 年第 5 期。

76. 马晓旭：《我国低碳农业发展的困境及出路选择》，《经济体制改革》2011 年第 5 期。

77. 马晓哲、王铮：《中国分省区森林碳汇量的一个估计》，《科学通报》2011 年第 6 期。

78. 闵继胜、胡浩：《中国农业生产温室气体排放量的测算》，《中国人口·资源与环境》2012 年第 7 期。

79. 潘家华、庄贵阳、郑艳等：《低碳经济的概念辨识及核心要素分析》，《国际经济评论》2010 年第 4 期。

80. 彭代彦、吴翔：《中国农业技术效率与全要素生产率研究——基于农村劳动力结构变化的视角》，《经济学家》2013 年第 9 期。

81. 彭华、纪雄辉、刘昭兵等：《洞庭湖地区长期施肥条件下双季稻田生态系统净碳汇效应及收益评估》，《农业环境科学学报》2009 年第

12 期。

82. 齐绍洲、云波、李锴：《中国经济增长与能源消费强度差异的收敛性及机理分析》，《经济研究》2009 年第 4 期。

83. 钱丽、肖仁桥、陈忠卫：《碳排放约束下中国省际农业生产效率极其影响因素研究》，《经济理论与经济管理》2013 年第 9 期。

84. 全炯振：《中国农业全要素生产率增长的实证分析：1978～2007 年》，《中国农村经济》2009 年第 9 期。

85. 盛良学、黄道友、夏海鳌等：《稻田复种应用经济绿肥效应研究》，《中国生态农业学报》2004 年第 3 期。

86. 施丹：《经济增长理论和模型》，《中央财政金融学院学报》1996 年第 12 期。

87. 石慧、吴方卫：《中国农业生产率地区差异的影响因素研究》，《世界经济文汇》2011 年第 3 期。

88. 宋德勇、卢忠宝：《中国碳排放影响因素分解及其周期性波动研究》，《中国人口·资源与环境》2009 年第 3 期。

89. 苏洋、马惠兰、颜璐：《新疆农地利用碳排放时空差异及驱动机理研究》，《干旱区地理》2013 年第 6 期。

90. 谭秋成：《中国农业温室气体排放：现状及挑战》，《中国人口·资源与环境》2011 年第 10 期。

91. 唐博文、罗小锋、秦军：《农户采用不同属性技术的影响因素分析——基于 9 省（区）2110 户农户的调查》，《中国农村经济》2010 年第 6 期。

92. 田伟、柳思维：《中国农业技术效率的地区差异及收敛性分析》，《农业技术经济》2012 年第 12 期。

93. 田云、李波、张俊飚：《我国农地利用碳排放的阶段特征及因素分解研究》，《中国地质大学学报（社会科学版）》2011 年第 1 期。

94. 田云、李波、张俊飚：《武汉市碳排放的测算及影响因素分解研究》，《地域研究与开发》2011 年第 5 期。

95. 田云、张俊飚：《中国绿色农业发展水平区域差异及成因研究》，《农业现代化研究》2013 年第 1 期。

96. 田云、张俊飚:《中国农业生产净碳效应分异研究》,《自然资源学报》2013 年第 8 期。

97. 田云、张俊飚:《中国农业碳排放研究回顾、评述与展望》,《华中农业大学学报（社会科学版）》2014 年第 2 期。

98. 田云、张俊飚:《中国省级区域农业碳排放公平性研究》,《中国人口·资源与环境》2013 年第 11 期。

99. 田云、张俊飚、李波:《基于投入角度的农业碳排放时空特征及因素分解研究——以湖北省为例》,《农业现代化研究》2011 年第 6 期。

100. 田云、张俊飚、李波:《中国农业低碳竞争力区域差异与影响因素研究》,《干旱区资源与环境》2013 年第 6 期。

101. 田云、张俊飚、李波:《中国农业碳排放研究：测算、时空比较及脱钩效应》,《资源科学》2012 年第 11 期。

102. 田云、张俊飚、李波:《中国粮食主产区农业碳排强度估算及其分析》,《地理科学进展》2012 年第 11 期。

103. 田云、张俊飚、罗小锋:《中国种植业净碳效益与经济效益协调性区域比较研究》,《经济地理》2014 年第 3 期。

104. 田云、张俊飚、尹朝静等： 《中国农业碳排放分布动态与趋势演进——基于 31 个省（市、区）2002—2011 年的面板数据分析》,《中国人口·资源与环境》2014 年第 7 期。

105. 王兵、吴延瑞、颜鹏飞:《环境管制与全要素生产率增长：APEC 的实证研究》,《经济研究》2011 年第 5 期。

106. 王兵、吴延瑞、颜鹏飞:《中国区域环境效率与环境全要素生产率增长》,《经济研究》2010 年第 5 期。

107. 王才军、孔德亮、张凤太:《基于农业投入的重庆农业碳排放时序特征及减排措施研究》,《水土保持研究》2012 年第 5 期。

108. 王济川、郭志刚:《Logistic 回归模型：方法与运用》,高等教育出版社 2001 年版,第 78 页。

109. 王珏、宋文飞、韩先锋:《中国地区农业全要素生产率及其影响因素的空间计量分析——基于 1992 ~ 2007 年省域空间面板数据》,《中国农村经济》2010 年第 8 期。

110. 王梦夏:《低碳经济理论研究综述》,《首都经济贸易大学学报》2013 年第 2 期。

111. 王奇、陈海丹、王会:《农户有机农业技术采用意愿的影响因素分析——基于北京市和山东省 250 户农户的调查》,《农村经济》2012 年第 2 期。

112. 王奇、王会、陈海丹:《中国农业绿色全要素生产率变化研究:1992—2010 年》,《经济评论》2012 年第 5 期。

113. 王群伟、周德群、周鹏:《区域二氧化碳绩效及减排潜力研究——以我国主要工业省区为例》,《科学学研究》2011 年第 6 期。

114. 王书华、毛汉英、王忠静:《生态足迹研究的国内外近期进展》,《自然资源学报》2002 年第 6 期。

115. 王松良、Caldwell C. D. 、祝文烽:《低碳农业:来源、原理和策略》,《农业现代化研究》2010 年第 5 期。

116. 王修兰:《CO_2、气候变化与农业》,气象出版社 1996 年版。

117. 王昀:《低碳农业经济略论》,《中国农业信息》2008 年第 8 期。

118. 隈斌贤、李亚娟:《经济增长理论与模型:演变与发展》,《统计与决策》2001 年第 1 期。

119. 魏后凯:《中国地区经济增长及其收敛性》,《中国工业经济》1997 年第 3 期。

120. 吴丽丽、郑炎成、李谷成:《碳排放约束下我国油菜全要素生产率增长与分解—来自 13 个主产省的实证》,《农业现代化研究》2013 年第 1 期。

121. 吴贤荣、张俊飚、田云等:《中国省域农业碳排放:测算、效率变动及影响因素研究——基于 DEA-Malmquist 指数分解方法与 Tobit 模型运用》,《资源科学》2014 年第 1 期。

122. 吴易风:《经济增长理论:从马克思的增长模型到现代西方经济学家的增长模型》,《当代经济研究》2000 年第 8 期。

123. 伍楠林：《黑龙江省发展森林碳汇贸易实证研究》，《国际贸易问题》2011 年第 7 期。

124. 夏春萍、刘文清：《农业现代化与城镇化、工业化协调发展关系的实证研究——基于 VAR 模型的计量分析》，《农业技术经济》2012 年第 5 期。

125. 肖大伟：《黑龙江省发展低碳农业的模式选择与对策》，《农业现代化研究》2011 年第 6 期。

126. 肖玲、赵先贵、徐华兴：《山东省碳源与碳汇的动态变化及驱动因子分析》，《陕西师范大学学报（自然科学报)》2013 年第 2 期。

127. 谢高地、李士美、肖玉等：《碳汇价值的形成和评价》，《自然资源学报》2011 年第 1 期。

128. 熊俊：《从要素投入和全要素生产率看经济增长理论》，《江西社会科学》2002 年第 9 期。

129. 许广月：《中国低碳农业发展研究》，《经济学家》2010 年第 10 期。

130. 杨凤林、陈金贤、杨晶玉：《经济增长理论及其发展》，《经济科学》1996 年第 1 期。

131. 杨刚、杨孟禹：《中国农业全要素生产率的空间关联效应——基于静态与动态空间面板模型的实证研究》，《经济地理》2013 年第 11 期。

132. 杨钧：《中国农业碳排放的地区差异和影响因素分析》，《河南农业大学学报》2012 年第 3 期。

133. 杨俊、陈怡：《基于环境因素的中国农业生产率增长研究》，《中国人口·资源与环境》2011 年第 6 期。

134. 杨培源：《中国发展低碳农业的路径选择》，《江苏农业科学》2012 年第 7 期。

135. 杨文进：《"低碳经济"实质的若干质疑》，《福建论坛·人文社会科学版》2012 年第 10 期。

136. 杨小杰、杜受祜：《碳汇贸易的补偿机制研究——以川西草原碳汇项目为例》，《西南民族大学学报（人文社会科学版)》2013 年第 1 期。

137. 尹朝静、李谷成、卢毓：《中国农业全要素生产率增长分布的动态演进机制》，《统计与信息论坛》2014 年第 3 期。

138. 应瑞瑶、朱娅：《农民现代性与农业生产率的互动——基于江苏省农户的问卷调研》，《现代经济探讨》2011 年第 8 期。

139. 于金娜、姚顺波：《基于碳汇效益视角的最优退耕还林补贴标准研究》，《中国人口·资源与环境》2012 年第 7 期。

140. 虞晓红：《经济增长理论演进与经济增长模型浅析》，《生产力研究》2005 年第 2 期。

141. 袁鹏：《我国制造业劳动生产率地区差异的动态演进——基于自适应加权核密度的估计》，《当代财经》2008 年第 4 期。

142. 袁平红：《低碳农业发展的国际经验借鉴及对中国的启示》，《经济问题探索》2012 年第 8 期。

143. 曾大林、纪凡荣、李山峰：《中国省际低碳农业发展的实证分析》，《中国人口·资源与环境》2013 年第 11 期。

144. 曾国平、黄利、曹跃群：《中国农业全要素生产率：动态演变、地区差距及收敛性》，《云南财经大学学报》2011 年第 5 期。

145. 曾以禹、陈卫洪、李小军：《国外发展低碳农业的做法及其启示》，《世界农业》2010 年第 10 期。

146. 车维汉、杨荣：《技术效率、技术进步与中国农业全要素生产率的提高——基于国际比较的实证分析》，《财经研究》2010 年第 3 期。

147. 张大东、张社梅、黄伟：《浙江省农业系统碳源、碳汇现状评估分析》，《中国农业资源与区划》2012 年第 5 期。

148. 张广胜、王珊珊：《中国农业碳排放的结构、效率及其决定机制》，《农业经济问题》2014 年第 7 期。

149. 张建升：《省域全要素生产率地区差异的动态演进》，《经济经纬》2011 年第 6 期。

150. 张君、宫渊波、王巧红：《土壤现状及其对全球气候变化的响应》，《四川林业科技》2005 年第 5 期。

151. 张可云、张理芃：《国外低碳经济理论争议和政策选择比较》，《经济学动态》2011 年第 1 期。

152. 张莉侠、曹黎明：《中国低碳农业发展：基础、挑战与对策》，《农业经济》2011 年第 4 期。

153. 张莉侠、曹黎明：《中国低碳农业发展现状与对策探讨》，《经济问题探索》2011 年第 11 期。

154. 张志勇、王丽瑜：《西方现代经济增长理论及其新发展》，《东岳论丛》2009 年第 10 期。

155. 章上峰、许冰、胡祖光：《中国城乡收入分布动态演进及经验检验》，《统计研究》2009 年第 12 期。

156. 赵辉：《资本积累、技术进步与劳动力市场动态》，博士学位论文，暨南大学，2009 年。

157. 赵仅龙、董谦、许月明：《中国低碳农业发展机制选择》，《农业现代化研究》2012 年第 3 期。

158. 赵蕾、杨向阳、王怀明：《改革以来中国省际农业生产率的收敛性分析》，《南开经济研究》2007 年第 1 期。

159. 赵其国、黄国勤、钱海燕：《低碳农业》，《土壤》2011 年第 1 期。

160. 赵其国、钱海燕：《低碳经济与农业发展思考》，《生态环境学报》2009 年第 5 期。

161. 赵文晋、李都峰、王宪恩：《低碳农业的发展思路》，《环境保护》2010 年第 12 期。

162. 郑恒、李跃：《低碳农业发展模式探析》，《农业经济问题》2011 年第 6 期。

163. 郑立群：《我国各省区碳减排责任分担——基于公平与效率权衡模型的研究》，《干旱区资源与环境》2013 年第 5 期。

164. 郑远红：《国外低碳农业财税政策实践研究》，《世界农业》2014 年第 6 期。

165. 郑云：《建国以来河南省产业结构动态演进的特征分析》，《地域研究与开发》2010 年第 5 期。

166. 郑云：《中国农业全要素生产率变动、区域差异及其影响因素分析》，《经济经纬》2011 年第 2 期。

167. 智静、高吉喜：《中国城乡居民食品消费碳排放对比分析》，《地理科学进展》2009 年第 3 期。

168. 朱广芹、韩浩：《基于区域碳汇交易的森林生态效益补偿模式》，《东北林业大学学报》2010 年第 10 期。

169. 朱立志、冯伟、邱君：《秸秆产业的国外经验与中国的发展路径》，《世界农业》2013 年第 3 期。

170. 朱丽娟、刘青：《气候变化背景下美国发展低碳农业的经验借鉴》，《世界农业》2012 年第 8 期。

171. 祝华军、田志宏：《低碳农业技术的尴尬：以水稻生产为例》，《中国农业大学学报（社会科学版）》2012 年第 4 期。

172. 庄贵阳、潘家华、朱守先：《低碳经济的内涵及综合评价指标体系构建》，《经济学动态》2011 年第 1 期。

173. 祖立义、傅新红、李冬梅：《我国种植业全要素生产率及影响因素研究》，《农村经济》2008 年第 5 期。

174. ACIL Tasman Pty Ltd, Agriculture and GHG Mitigation Poliey：Options In Addition to the CPRS, August 2009.

175. Afroz R, Hanaki K, Hasegawa-KurisuK, "Willingness to Pay for Waste Management Improvement in Dhaka City" *Bangladesh Journal of Environmental Management*, Vol. 90, No. 3, January 2009.

176. Antle J M, Stoorvogel J J, Valdivia R. O, "Assessing the Economic Impacts of Agricultural Carbon Sequestration：Terraces and Agroforestry in the Peruvian Andes" *Agriculture Ecosystems and Environment*, Vol. 122, No. 4, December 2007.

177. Arevalo C, Bhatti J S, "Land Use Change Effects on Ecosystem Carbon Balance：From Agricultural to Hybrid Poplar Plantation" *Agriculture, Ecosystems and Environment*, Vol. 141, No. 3 – 4, May 2011.

178. Baker J M, Griffis T J, "Examining Strategies to Improve the Carbon Balance of Corn/soybean Agriculture Using Eddy Covariance and Mass Balance Techniques" *Agricultural and Forest Meteorology*, Vol. 128, No.

3 - 5, February 2005.

179. Bernath K, Roschewitz A M, "Explaining Landholders Decisions about Riparian Zone Management: The Role of Behavioral, Nnormative and Control Beliefs" *Journal of Environmental Management*, Vol. 89, No. 1, October 2008.

180. Brucel, Ruce L, John P G, "Will either Cap and Trade or a Carbon E-missions Tax be Effective in Monetizing Carbon As an Ecosystem Service" *Forest Ecology and Management*, Vol. 256, No. 12, December 2008.

181. Champernowne D, "The Production Function and the Theory of Capital: A Comment" *Review of Economic Studies*, Vol. 21, No. 2, February 1953.

182. Christine L G, Michael J A, Richard A B, et al. , "Forest Carbon Sinks in the Norehern Hemisphere" *Ecological Applications*, Vol. 12, No. 3, March 2002.

183. Coelli T J, Prasada R D S, "Total Factor Productivity Growth in Agricul-ture: A Malmquist Index Analysis of 93 Countries, 1980 - 2000", The Plenary Paper at the 2003 International Association of Agricultural Eco-nomics (IAAE) Conference in Durban, August 2003.

184. Doran J W, Elliott E T, Paustian K, "Soil Microbial Actvity, Nitrogen Cycling, and Long-term Change Carbon Polls as Related to Fallow Tillage Management" *Soil and Tillage Research*, Vol. 49, No. 1, January 1998.

185. Erneto G E, Rodriguez L C, Walen V K et al. , "Carbon Sequestration and Farm Income in West Africa: Identifying Best Management Practices for Smallholder Agricultural Systems in Northern Ghana " *Ecological Eco-nomics*, Vol. 67, No. 3, October 2008.

186. Fare R, Grosskopf S, Pasurka C A, "Environmental Production Functions and Environmental Directional Distance Functions " *Energy*, Vol. 32, No. 7, July 2007.

187. Fare R, Grosskopf S, Pasurka C A, "Multilateral Productivity Compari-sons When Some Outputs are Undesirable: A Nonparametric Approach"

The Review of Economics and Statistics, Vol. 71, No. 1, January 1989.

188. Franzluebbers, "Soil Organic Carbon Sequestration and Agricultural Greenhouse Gas Emissions in the Southeastern USA" *Soil and Tillage Research*, Vol. 83, No. 1, August 2005.

189. Greene W H, "On the Asymptotic Bias of the Ordinary Least Squares Estimator of the Tobit model" *Econometrica*, Vol. 49, No. 2, March 1981.

190. Hartman J, "UK report outlines policy for low-carbon economy" *Civil Engineering*, Vol. 73, No. 4, April 2003.

191. Hugh B, "Carbon Banking: Creating Flexibility for Forest Owners" *Forest Ecology and Management*, Vol. 257, No. 1, January 2009.

192. Hutchinson J J, Campbell C A, Desjardins R L, "Some Perspectives on Carbon Sequestration in Agriculture" *Agricultural and Forest Meteorology*, Vol. 142, No. 2 - 4, February 2007.

193. Islam N, "What Have We Learn from the Convergence Debate? A Review of the Convergence Literature" *Journal of Economic Surveys*, Vol. 17, No. 5, December 2003.

194. Jari Liski, Daniel Perruchoud, Timo Karjalainen, "Increasing Carbon Stocks in the Forest Soils of Western Europe" *Forest Ecology and Management*, Vol. 169, No. 1, January 2002.

195. Johnson J M F, Franzluebbers A J, Weyers S L, et al., "Agricultural Opportunities to Mitigate Greenhouse Gas Emissions" *Environments Pollution*, Vol. 150, No. 6, November 2007.

196. Kindler R, Siemens J, "Dissolved Carbon Leaching from Soil is a Crucial Component of the Net Ecosystem Carbon Balance" *Global Change Biology*, Vol. 17, No. 2, February 2011.

197. Kinzig, Kammen, "National Trajectories of Carbon Emissions: Analysis of Proposals to Foster the Transition to Low-carbon Economies" *Global Environmental Change*, Vol. 8, No. 3, March 1998.

198. Vleeshouwers L M, Verhagen A, "Carbon Emission and Sequestration by

Agricultural Land Use: a Model Study for Europe" *Global Change Biology*, *Vol.* 8, No. 6, June 2002.

199. Lal R, "Carbon Emission from Farm Ooperations" *Environment International*, Vol. 30, No. 7, September 2004.

200. Lambert D, Parker E, "Productivity in Chinese Provincial Agriculture" *Journal of Agricultural Economics*, Vol. 49, No. 3, March 1998.

201. Lin, Justin Yifu, "Rural Reforms and Agricultural Growth in China" *American Economic Review*, Vol. 82, No. 1, January 1992.

202. Locatelli B, Pedroni L, "Accounting Methods for Carbon Credits: Impacts on the Minimum Area of Forestry Projects under the Clean Development Mechanism" *Climate Policy*, Vol. 4, No. 2, February 2004.

203. Mao W, Koo W, "Productivity Growth, Technological Progress, and Efficiency Change in Chinese Agriculture After Rural Economic Economic Reforms: A DEA Approach" *China Economic Review*, Vol. 8, No. 2, February 1997.

204. Marland G, Mccarl B A, Schneider U, "Soil Carbon: Policy and Economics" *Climatic Change*, Vol. 51, No. 1, January 2001.

205. McMillan J, Whalley J, Zhu L, "The Impact of China's Economic Reforms on Agricultural Productivity Growth" *Journal of Political Economy*, Vol. 97, No. 4, April 1989.

206. Norse D, "Low Carbon Agriculture: Objectives and Policy Pathways" *Environmental Development*, Vol. 1, No. 1, January 2012.

207. Rainer Baritz, Guenther Seufert, Luca Montanarella, et al., "Carbon Concentrations and Stocks in Forest Soils of Europe" *Forest Ecology and Management*, Vol. 260, No. 3, June 2010.

208. Ree W E, "Ecological Footprint and Appropriated Carrying Capacity: What Urban Leaves Out" *Environment and Unbanization*, Vol. 4, No. 2, February 1992.

209. Richards K R, "A Brief Overview of Carbon Sequestration Economics and

Policy" *Environmental Management*, Vol. 33, No. 4, April 2004.

210. Romer P M, "Are Nonconvexities Important for Understanding Growth?" *American Economic Review*, Vol. 80, No. 2, February 1990.

211. Romer P M, "Increasing Returns and Long-run Growth" *Journal of Political Economy*, Vol. 94, No. 5, September 1986.

212. Ruben N, Lubowski, Andrew J, Plantinga, "Land-use Change and Carbon Sinks: Econometric Estimation of the Carbon Sequestration Supply Function" *Journal of Environmental Economics and Management*, Vol. 51, No. 2, March 2006.

213. Sebastiaan L, Detlef S, Annett B, "Old-growth Forests as Global Carbon Sinks" *Nature*, Vol. 455, No. 7210, September 2008.

214. Shaikh S L, Sun L L, Kooten G C, "Are Agricultural Values a Reliable Guide in Determining Landowners' Decisions to Create Forest Carbon Sinks?" *Canadian Journal of Agricultural Economics*, Vol. 55, No. 1, January 2007.

215. Solow R, "A Contribution to the Theory of Economic Growth" *The Quarterly Journal of Economics*, Vol. 70, No. 1, January 1956.

216. Solow R, "Technical Change and the Aggregate Production Function" *The Review of Economics and Statistics*, Vol. 39, No. 3, March 1957.

217. Susan Charnley, David Diaz, Hannah Gosnell, "Mitigating Climate Change through Small-scale Forestry in the USA: Opportunities and Challenges" *Small-Scale Forestry*, Vol. 9, No. 4, December 2010.

218. Susan S, "Agricultural Soil Carbon Accumulation in North America: Consideration for Climate Policy" *Global Environmental Change*, Vol. 10, No. 3, March 2000.

219. Tian Y, Zhang J B, He Y Y, "Research on Spatial-temporal Characteristics and Driving Factor of Agricultural Carbon Emissions in China" *Journal of Integrative Agriculture*, Vol. 13, No. 6, June 2014.

220. Tone K, "A Slacks-based Measure of Efficiency in Data Envelopment Anal-

ysis" *European Journal of Perational Research*, Vol. 130, No. 3, 2001.

221. Vleeshouwers L M, Verhagen A, "Carbon Emission and Sequestration by Agricultural Land Use: a Model Study for Europe" *Global Change Biology*, Vol. 8, No. 6, June 2002.

222. Wackemagel M, Ree W E, "Perceptual and Structure Harriers to Investing in Natural Capital: Economics from an Ecological Footprint Perspective" *Ecological Economics*, Vol. 20, No. 1, January 1997.

223. Wan N F, Ji X Y, Jiang J X, et al, "A Methodological Approach to Assess the Combined Reduction of Chemical Pesticides and Chemical Fertilizers for Low-carbon Agriculture" *Ecological Indicators*, Vol. 24, No. 1, January 2013.

224. Wen G, "Total factor Productivity Change in China's Farming Sector: 1952 – 1989" *Economic Development and Cultural Change*, Vol. 42, No. 1, January 1993.

225. West. T O, Marland G, "A Synthesis of Carbon Sequestration, Carbon Emissions, and Net Carbon Flux in Agriculture: Comparing Tillage Practices in the United States" *Agriculture, Ecosystems and Environment*, Vol. 91, No. 1 – 3, March 2002.

226. Woomer P L, Tieszen L L, "Land use change and terrestrial carbon stocks in Senegal" *Journal of Arid Environments*, Vol. 59, No. 3, November 2004.

227. Wu S X, David W, Stephen D, et al, "Productivity Ggrowth and Its Components in Chinese Agriculture After Reform" *Review of Development Economics*, Vol. 5, No. 3, March 2001.

228. Y Chung, R Färe, S Grosskopf, "Productivity and Undesirable Outputs: A Directional Distance Function Approach" *Environmental Management*, Vol. 51, No. 3, March 1995.

229. Yang X K, Borland J, "A Microeconomic Mechanism for Economic Growth" *Journal of Political Economy*, Vol. 99, No. 3, March 1991.